WENECJA
BAR

右頁上●フィフィの家族　右頁下●ブタペシュト、フィフィの家の前で
上●ブタペシュトのドナウ川岸でマルガリータと
下●ワルシャワの労働者の家でパーティー

SEP • 75 • E

十五の夏　上

佐藤　優

幻冬舎文庫

十五の夏　上

目次

下巻　目次

第一章　ＹＳトラベル

1

カイロ行きのエジプト航空機は、予定の出発時刻を3時間遅れ、午後4時に羽田空港を飛び立った。機種はボーイング707だ。1958年に就航した、年代物の機体だ。

エジプト航空のロゴは、古代エジプトの天空の神ホルスからとられているという。機内の内装には、ピラミッドのなかの象形文字が刻まれている。まるでツタンカーメン王（紀元前14世紀のエジプト王）の墓のなかにいるようだ。

それから、この飛行機にはスチュワーデスが一人も乗っていない。白いシャツを着た大柄で、小太りのスチュワードが数名乗っている。機内では、蠅が数匹ブンブン飛んでいる。窓に止まったのを見ると、だいぶ小柄な蠅だ。きっとエジプトから乗ってきたのだろう。

飛行機は満席だ。3人掛けの席が2列に並んでいる。空席は一つもない。僕の並びには、六本木で会社を経営しているという家族が座っていた。僕の席は窓側だ。僕の隣に社長さん、通路側には奥さんが座っている。小学3〜4年生の息子が、奥さんの前の席に座っている。

僕は「御家族で旅行しているのなら、席を替わりましょうか」と言ったが、社長さんと奥さんは「これでいいです」と答えた。

社長さんが僕に「どこに行かれますか」と尋ねた。

「カイロで乗り換えて、チューリヒに行きます。そこから列車でチェコスロバキアに入ろうと思います」

「東欧旅行ですか。珍しいですね」

「ええ。プラハからワルシャワに出て、それからブダペシュト、ベオグラード、ソフィアを回って、その後ブカレストに行ってからソ連に入ろうと思っています」

「モスクワでお父さんが働いているんですか」

「いいえ。ソ連や東欧に知り合いは一人もいません。一人旅です。まったくの観光旅行です」

「それはほんとうに珍しい。私たちもソ連や東欧は何回か旅行したことがあります。しかし、一人旅の日本人を見たのははじめてだ。あなたはどこの大学に通っていますか」

「大学生ではなく、高校1年生です」

「何歳ですか」

「15歳です」

社長さんと奥さんは顔を見合わせた。

僕がソ連、東欧を旅行することになったのは、高校入学に対する両親からの「御褒美」だ。僕は、今年、つまり1975年4月に埼玉県立浦和高等学校（浦高）に入学した。1年9組に配された。浦高では、教室をRoomの頭文字をとって19R（いちきゅうアール）と呼ぶ。古い木造校舎が僕たちの教室だが、この秋に鉄筋の新校舎が完成するので、そこに移ることになるという。

中学生時代に学習塾で、面白い先生たちと知り合った。そこで僕は社会主義に関心を持つようになった。僕が学習塾で特に影響を受けたのは、早稲田大学商学部出身の国語の岡部宏先生と、東京大学の理科I類から工学部に進んで、その後大学院を修了した数学の柏木正和先生だ。国語の先生は、ソ連や東欧は、一応、社会主義国だという。これに対して、数学の先生は、ソ連や東欧は、マルクスやレーニンが考えた社会主義国とは掛け離れた、官僚国家だという。ただし、国語の先生も数学の先生も、若いうちに自分の目でソ連や東欧など、日本と社会体制が異なる国を見ておくのはいいことだといって、僕が夏休みに冒険旅行に出ることを応援してくれた。特に数学の先生が、ときどき僕の団地に遊びに来て、父とビールやウイスキーを飲みながら、「優さんには、若いうちに旅行させて、見聞を広げさせておくといいですよ。将来、決して無駄になりません」と言ったことが効果をあげた。

旅行費用は、僕の手持ちの小遣いを入れて、48万円もかかる。僕は父の給与がいったいいくらか知らないが、浦和高校の3年間の授業料の10倍以上になることは間違いない。両親には申し訳ないと思ったが、好奇心を優先した。

　この事情をかいつまんで、社長さんに伝えた。社長さんは、「御両親は思い悩んだことと思うけれど、正しい決断ですよ。これから、あなたが経験することは、あなたの一生に大きな影響を与えることになると思う。きっと商社員や、外交官など、海外で生活する仕事を選ぶようになりますよ」と予言者のようなことを言う。

　社長さんの家族は、毎年、夏休みには、必ず家族で1カ月の海外旅行をするという。日本に一年中いると息が詰まりそうになってしまうことと、息子さんに海外生活を経験させ、将来、国際的に活躍してほしいと考えているからだという。今回は、フランスのマルセイユからアルゼンチンに向けて船に乗るのが主目的ということだ。カイロで、エジプト航空のパリ行きの飛行機に乗り換える。パリからマルセイユまでは列車で移動して、そこから船に乗るという。アルゼンチンは冬なので、セーターやオーバーコートを入れなくてはならず、荷物が多くなってたいへんだとこぼしていた。

「それにしても、初めての海外旅行なのにエジプト航空によく気付きましたね」と社長さんは言った。

　エジプト航空のこの便だと、東京から香港、バンコク、ボンベイを経てカイロに行くので20時間くらいかかる。さらにカイロから、ローマを経由してチューリヒに至るので、飛行機だけでも25時間くらい乗らなくてはならない。しかし、東京からカイロまでの航空運賃がわずか13万円なのである。日本航空やルフトハンザならば、チューリヒまで片道30万円以上を取られる。

最初、僕はカイロ経由でヨーロッパに入ることなんか、小指の先ほども考えていなかった。横浜から、ソ連船「バイカル号」でナホトカに出る。ナホトカから夜行寝台列車でハバロフスクに移動する。ハバロフスクからアエロフロート（ソ連航空）の国内線で、モスクワに移動する。モスクワから鉄道で、ポーランド、東ドイツ、それから西ドイツにちょっとだけ出て、チェコスロバキア、ハンガリー、ユーゴスラビア、ブルガリア、ルーマニア、そしてソ連領ウクライナのキエフに入ることを考えた。キエフからは飛行機で、モスクワ、タシケント、ブハラ、サマルカンド、ハバロフスクを経由して、再び列車でナホトカに出て、船で横浜に戻ってくることを考えていた。

高校生活にも少し慣れた4月末に僕は勇気を出して、大宮の銀座通りにある日本交通公社を訪れた。1階の受付で、「ソ連と東欧への個人旅行を計画しているのです」と相談したら、2階の海外旅行部に案内された。50歳くらいの課長さんが出てきた。課長さんは、僕の話を詳しく聞いてから、こう言った。

「交通公社では、ソ連や東欧の団体旅行を御案内しています。佐藤さんのお話に合う個人旅行をうちの会社ではうまく組み立てられないと思います。本来ならここで、『団体旅行がいいですよ』とお勧めするところですが、私は、佐藤さんのような若い人が、ソ連、東欧という社会主義国を見てくることにはとても意味があると思います」

「個人旅行で不安はないでしょうか」

「ソ連と東ドイツの場合、個人旅行でもホテル、切符、それに空港や駅の送迎を事前に予約して、お金を振り込んでおかないとビザ（査証）が出ません。だから、実際には、団体旅行と同じくらい安心して旅行をすることができます。東ヨーロッパの場合は、西ヨーロッパとほぼ同じように自由に旅行することができます。治安もいいので、旅行先としてはお勧めです。そう、専門の旅行会社の住所を書いておきましょう」

そう言って、課長さんは、日ソツーリストビューロー、日ソ旅行社、YSトラベル（山下新日本汽船）の住所と電話番号をメモ用紙にボールペンで書いて僕に渡した。

5月の連休明けに、僕は東京駅八重洲口にあるYSトラベルの事務所を訪れた。往復ともナホトカ航路を使おうと思ったので、船会社が母体のこの会社を選んだのだ。

高校の授業は、3時に終わる。僕は応援団と文芸部に所属していたので、3時半から5時までが応援団の練習で、5時から7時くらいまでは、文芸部の部室で、先輩たちから小説の読み方と書き方について習う。僕は小説を書く気持ちはまったくないが、本をよく読んでいる先輩の話から、知識を吸収したいと考えていた。

文芸部には、初見基さんという3年生がいる。初見さんのお父さんは、東京大学でドイツ語を教えているという。初見さんもドイツ語がかなりできるようだ。初見さんは、文芸部だけでなく、新聞部長と社会科学研究会の代表もつとめている。マルクス主義や哲学について、とてもよく知っている。共産党や社会党は、左翼でないと考えていて、新左翼運動に共感を持っている。そういえば、文芸部の部室には、ヘルメットや角材が隠してある。ヘルメットは黒色と赤色のものがある。3〜4年前まで、文芸部には新左翼系の活動家が何人もいたということだ。初見さんは、ハンガリーのマルクス主義哲学者ジョルジュ・ルカーチの本を一生懸命読んでいた。僕が学習塾に通っていたときに、数学の先生が、ルカーチについて「とても頭のいい人だ」と言っていたことを思いだした。それから、初見さんは、日本のマルクス主義哲学者では、福本和夫（1894〜1983）が重要という。福本和夫がルカーチの思想を正しく理解して、日本に伝えたのだという。

僕は、高校の図書室で、福本和夫について調べてみた。1894年生まれなので今年（1975年）で81歳になる。東京帝大を卒業した後に、旧制松江高校の教授になった。1921〜24年にドイツに留学してマルクス主義を研究した。ここでルカーチの思想の影響を受けたようである。帰国後、福本は「結合の前の分離」を唱えた。共産党は、まず徹底的に理論武装した前衛分子によるエリート集団として純化し、労働者階級を指導していくべきであるという考え方だった。

この考え方は、マルクス主義者は、少数の先鋭な意識を持った集団から、広く大衆の中に出て行かなくてはならないと主張する山川均（1880〜1958）と対立した。

兵庫県尼崎市に住んでいる僕の伯父は、山川均をとても尊敬していた。伯父の書斎には、刊行中の『山川均全集』が並んでいた。中学校の夏休みに伯父の家に長期滞在したとき、『山川均全集』を開いてみたことがある。もっとも内容はよく頭に入らなかった。

福本和夫は、山川均と対立したのだから、あまりいい奴ではないのだろうという印象が、図書室で百科事典や日本思想史関連の本を調べているうちにふくらんできた。もっとも、福本は1928年に特高警察に逮捕され、42年まで獄中にいたということだ。転向したので、監獄から釈放されたのであろうが、14年間の獄中生活に耐えるには強靭な精神力が必要とされる。それにあれだけ博識な初見さんが惚れ込むのだから、僕は、福本和夫も、山川均と並ぶ一流の思想家なのだと思った。

それにしても学習塾の数学の先生、初見さん、福本和夫に影響を与えたルカーチはどういう思想家なのだろうか。ルカーチを生みだしたハンガリーという国に僕は強い関心を持った。

ちなみに僕はハンガリーの首都ブダペシュトに住むスジゲトバリ・フェレンス君と中学1年生の秋から、もう2年半以上も文通している。フェレンス君に、「この夏休みにブダペシュトを訪れるかもしれない」ということを書いたら、「ホテルやユースホステルには泊まらずに、是非、うちに泊まれ」という返事をもらった。

僕は初見さんには、ソ連やハンガリーに行くことを事前に伝えないことにした。初見さんからソ連やハンガリーについていろいろ話を聞くと、その影響から離脱することができなくなって、現地に行く前に、固定したイメージができてしまうのではないかと恐れたからだ。

YSトラベルは、東京駅八重洲南口の向かい側、横断歩道を渡った正面のビルの1階にあった。ショーウインドーに大きな船の模型が置かれていた。いかにも船会社という中に入ると、すぐにカウンターに案内された。僕の担当は、20代後半の、聡明できれいな女性だった。この女性は、角が丸くなった「舟津素子」と書いた名刺を僕に渡した。トーマスクック鉄道時刻表やABC航空時刻表には、マジックで「P子」と書いてある。「P子」というのが舟津さんのあだ名だと僕は思った。

僕は、旅行案について話した。そうすると舟津さんは、「この計画だと東ドイツは落とさざるを得ません」と言った。僕は「どうしてですか」と尋ねた。

「日本銀行からの外貨持ち出し制限について御存じですか」

「知りません。何ですか。それは」

「日本銀行から、1人が1回の海外旅行で持ち出せる額は1500米ドルに制限されています。ソ連や東ドイツの場合、事前に交通費、ホテル代、食事代、送迎代、観光案内料を前払いします。そうするとインツーリスト（ソ連国営国際旅行公社）、ライゼビューロー（東独国営旅行公社）から予約と経費支払い済みの電報が届いて、その電報を添えて東京のソ連大使館、東ドイツ大使館に観光査証を申請します。そうして、ようやく査証が発給されます」

「ずいぶん面倒な手続きをとるのですね」

「そうです。あなたの旅行日程だとソ連、東ドイツ滞在経費だけで1500ドルを超えてしまいます」

「だって、お金は日本から振り込むんじゃありませんか。何で1500ドル枠にそれが食い込むのですか」

「日本から外国の最初の到着地まで、それから帰国のとき、最後に飛行機や船に乗った地点から日本までの運賃はどちらも日本円で支払うことができます。しかし、それ以外の経費は、この1500ドルの枠から支払わなくてはなりません」

「どうすれば問題を解決することができるでしょうか」と僕は舟津さんに尋ねた。

舟津さんは、少し考えてから、「2つ方法があるわ」と言った。

1つ目は、東欧の日程を大幅に縮めることだ。船で横浜からナホトカに出て、そこから夜行列車でハバロフスクに出る。ハバロフスクから、モスクワにではなく、キエフに飛行機で移動する。そして、キエフから列車でハンガリーのブダペシュトに行く。ブダペシュトに1週間くらい滞在して、今度は列車でモスクワに出る。そして、中央アジアとシベリアを回って、ナホトカから船で横浜に戻る。この場合、往復の船賃は日本円で支払うことができる。

2つ目は、モスクワまでの往復もしくは片道を航空機にする。日本航空の場合、IATA (International Air Transport Association、国際航空輸送協会) に加盟しているので、個人客に対して割引運賃は適用されず、モスクワ往復だと50万円近い出費になる。ただし、この航空運賃は日本円で支払うことができる。従って、1500ドルの枠を目一杯、ソ連、東欧内の移動や宿泊に用いることができる。1ドルは297円前後を推移しているので、約45万円で1500ドルを購入することができる。

舟津さんは、「両方の案で、日程と必要経費を試算して、郵便で送ります」と言った。

3日後に舟津さんから速達の手紙が届いた。それには、2つではなく、4つの方法が書いてあった。

第一は、東欧の滞在日程を大幅に縮める場合だ。費用は思ったよりも安く30万円くらいで収まる。

になる。

第二は、東京―モスクワ間を日本航空で往復した場合だ。これだと総経費が95万円くらい

第三は、東京―モスクワ間をアエロフロートで往復する場合だ。アエロフロートはIATAに加盟していない。だから割引切符を発行することができるが、実際に個人に対して、割引切符を発行することはないという。そこで、行きと帰りは、モスクワに行く団体旅行に加わって、飛行機を用いる。そうすれば、総経費を75万円くらいに抑えることができる。

第四は、新潟から日本航空もしくはアエロフロートでハバロフスクに行く。この部分の航空運賃は日本円で支払うことができる。これならば往復で13万円くらいなので、65万円ほどで、総経費を抑えることができる。

僕の小遣いは、高校に入学して少し値上げされた。中学3年生のときは月3000円だったが、いまは月5000円だ。それから考えれば、いちばん安い30万円だって、僕の小遣い60カ月、つまり5年分だ。95万円ならば15年10カ月分になる。こんなに巨額の経済的迷惑を親にかけることはできないと僕は思った。

僕は、父と母に舟津さんからの手紙を見せて相談した。父は、「結構高いな。アメリカ旅行の倍以上するな」と言った。

父は6時20分のバスで出勤する。父が6時頃、僕の部屋に入ってきた。僕はすぐに布団か

ら起きた。父は、「あれからお母さんと相談したが、モスクワまでアエロフロートで行くという案でいいよ。75万円だったら何とか工面することができる」と言った。

その日は、学校の授業がとても長く感じた。3時に授業が終わると、早足で北浦和の駅に行き、京浜東北線に飛び乗って、東京駅に向かった。

YSトラベルに着いたのは4時過ぎだった。僕は舟津さんに両親と協議した結果を話し、「モスクワまで、アエロフロートで往復しますので、プランを立ててください」と言った。

舟津さんは、ちょっと黙ってから、「お金はできるだけ節約した方がいいわね。会社には、これから教えることを私が勧めたとは言わないでね」と言った。

「わかりました」

「エジプト航空で、チューリヒから東欧に入るといいと思う。チューリヒまで13万円で行けるわ」

いったいどういうからくりになっているのだろうか。僕は舟津さんの目をみつめた。

2

「エジプト航空って、ピラミッドのあるエジプトの飛行機会社ですか」と僕は尋ねた。

「そうよ。学生がヨーロッパに旅行するときによく使う航空会社なの」と舟津さんは答えた。

「エジプト航空の東京支店に行って、切符を買えばいいんですか」

「いや、エジプト航空から直接切符を買うと日本航空と同じ額をとられるわ。安い切符を買うのにはからくりがあるの」

そう言って、舟津さんは、からくりについて説明してくれた。

四谷に「ITU（国際トラベラーズ・ユニオン）」という小さな旅行会社がある。ここはエジプト航空、タイ国際航空、パンアメリカン航空などさまざまな航空会社を用いた格安海外旅行を企画している。そのやりかたを簡単に言うと団体旅行の体裁にして、航空会社から割引運賃の適用を受けるということだ。エジプト航空を使うと、ヨーロッパ往復が18万円で可能だ。ちなみにこれは、ソ連船で横浜からナホトカまで出て、ハバロフスク－モスクワ間をアエロフロート国内線を用いて移動し、モスクワから列車でヨーロッパ主要都市を往復するよりも2割くらい安い。また、時間もずっと短い。しかも支払いは日本円で行うので、外貨持ち出し制限にもひっかからない。ソ連旅行を扱う旅行会社にとってはたいへんな脅威だ。

「いいんですか。そんなことを僕に教えて」

「だから、『会社（YSトラベル）には、私が勧めたとは言わないでね』と口止めしたでしょう。あなたが稼いだお金ならば、どんどん使わせて儲けてやろうと思うけど、あなたのお父さんが稼いだお金でしょう。それならばできるだけ節約しないとダメよ」と舟津さんは小声で言った。

タイ国際航空や中華航空（台湾）だとヨーロッパの往復切符しか売っていないが、エジプト航空だけは片道切符も販売している。舟津さんは、ITUの資料を取り寄せて僕の自宅に送ると言った。

その2日後に舟津さんからの速達が、大きな封筒でとどいた。謄写版刷りのITUの資料が入っていた。高校生がいきなり連絡してもまともに取り合ってもらえないといけないので、舟津さんが担当者に電話をして、「相談に乗ってあげてほしい」と伝えてあると書いてあった。

早速僕は、ITUに電話をした。担当の女性はとてもてきぱきした人だった。ITUの会員になって、団体旅行を申し込むという体裁にするので、会費3000円と着手金の5000円を払えば、残りの12万5000円は、出発の3週間前までに払い込めばよいという。ただ、お金を払い込んだ後、キャンセルしても、払い戻しはできないということだった。最後に、担当さんから「一回旅券の場合、パスポートに経由地の香港、タイ、インド、エジプト、イタリア、スイス、西ドイツを必ず記載しておいてください。そうでないと飛行機に乗せてもらえなくなることがあります。それから、イエローカード（国際予防接種証明書）は、種痘だけでなく、コレラも受けておいてください」と言われた。

既にパスポートは、埼玉県庁に申請してある。一回旅券で、渡航先は、ソ連、ポーランド、チェコスロバキア、ハンガリー、ユーゴスラビア、トルコ、ブルガリア、ルーマニアとしてある。「どうしたらいいんだろう」と思ったが、ITUのてきぱきした女性に尋ねることもできず、僕は受話器を置いた。それから、舟津さんに電話をして、「どうしたらよいか」と尋ねた。

舟津さんは、「とりあえずパスポートを受け取ってしまいなさい。それから渡航先追加の手続きをすればよい。渡航先追加の手続きはすぐにできるから、まずビザを取ってしまいましょう。それから、天然痘の予防接種は1回だけど、コレラは2回しないとイエローカードが有効にならないから」と言った。

確か、旅行案内にはYSトラベルがビザの取得を代行してくれると書いてあった。僕が何かしなくてはならないのだろうか？　そう思って舟津さんに「ビザは、YSトラベルが取ってくれるのでしょう」と尋ねた。舟津さんは、「そうだけど、今度、来たときに話す」と答えた。

それから2〜3日後に僕は、YSトラベルに舟津さんを訪ねていった。学校の授業を終えてすぐに電車に乗ったが、会社に着いたときは午後4時を少し回っていた。

舟津さんは、「今日は5時までしかあなたの相手をできないの。ごめんなさい」と言った。デートの約束でもあるのだろうか？　僕は「何か用事があるのですか」と尋ねた。

「そうじゃなくて、今日は勤務時間以降はストライキなの」

「ストライキですか」

「そうよ」と舟津さんは答えた。

YSトラベルは、ソ連や東欧とビジネスをする会社だ。経営陣も社会主義に共感を持っているのだろう。そういう会社でストライキが起きるのだろうか。僕の心の中で好奇心が膨らんだ。

「ソ連系の会社なのにストライキが起こるのですか」

「当然よ。わたしたちは、こき使われているだけなのに、相応の賃金をもらっていないわ」

「会社は儲かっているんですか」

「とっても儲かっているわよ。そうじゃなければ、私たちだって時間外ストなんてしないわ」

「時間外ストですか」

「そう。お客様には迷惑をかけたくないし、きちんと賃金が支払われるまで超過勤務はしないというストよ。5時からは職場集会があり、それに参加しないといけないから、あと45分で仕事を終えなきゃならないの」

「わかりました」

そう答えたものの、僕は好奇心をおさえられなくなって、さらに質問した。

「ソ連では労働者はストライキをできないんでしょう」

「できないわよ」

「どうしてですか」

「ソ連は労働者国家だから、ストライキをする必要が労働者にないというのが建前。しかし、実際は政府によって労働運動には強い圧力がかけられている。ソ連は、決して労働者が主人の国ではないわ」

「舟津さんは、ソ連に行ったことがありますか」

「会社の研修で何回か行ったことがあるわ。あの国は決していい国じゃない。観光で行く分には面白いわ。ただし、ソ連に住みたいとは思わない」

ソ連旅行を扱う旅行会社に勤めているのだから、舟津さんはソ連贔屓(びいき)かと思ったら、どうもそうではないらしい。

「舟津さんはロシア語ができるのですか」

「アルファベットが読めるくらい。ただし、仕事はすべて英語でできるので、不自由はないわ。ほんとうはロシア語の勉強もしたいのだけれど、毎日午後10時くらいまで残業で、日曜日も仕事をしているから、ロシア語に取り組む余裕がないの。社会人になると案外、勉強はできないものよ」

舟津さんは、腕時計を見て、「時間がないわ。そうビザのことだったわね。この会社を通じてビザを取ると一件あたり手数料が5000円取られる。それは無駄よ。お金を節約しないと」と小声で僕に囁いた。

舟津さんの説明によると、ビザでも手続きが面倒な国と、簡単な国がある。まず、ソ連、東ドイツはとても面倒だ。旅行社の推薦状、日程表とホテル代、交通費、送迎・観光のガイド代金と車両借り上げ費用を事前に振り込んだことを証明するインツーリスト（ソ連国営国際旅行公社）やライゼビューロー（東独国営旅行公社）の電報を揃え、大使館の領事部に2回行かないとならない。事務手続きがおそく、2週間はかかる。しかも窓口でかなり待たされるので、半日がかりになる。ソ連、東ドイツのビザについては、個人申請をする人はほとんどいないので、普通と異なったことをすると警戒されて、申請に一層時間がかかる。

ユーゴスラビアはビザがいらない。ブルガリアも入国時に無料で簡単に発給してくれるので、事実上、ビザがいらないと考えてよい。ルーマニアも日本人には、観光目的で航空機で入国するならば空港でビザを発給してくれる。無理して、東京で取る必要はない。

ポーランド、チェコスロバキア、ハンガリーについては、申請用紙に必要事項を記入し、写真を貼って、パスポートとともに提出すれば2〜3日で発給される。手数料で大使館から1230〜3500円取られるのに加え、YSトラベルに代行手数料を5000円も払うのはもったいない。自分でビザを取って手数料を節約したらいいというのが舟津さんの意見だった。

もう5時になりそうだ。僕は、「それでは今日はこれで失礼します」と言って席を立とうとしたら、舟津さんが「ちょっと待ってて」と言って、席を外した。

3分くらいして舟津さんが戻ってきて、「『あなたのことでスト破りをするから』と言って、組合委員長の了承をとってきたわ。必要なことは全部打ち合わせておきましょう」と言った。

舟津さんは、手にオレンジ色の本を持っていた。表紙に英語で何か書いてある。

「これはトーマスクックのヨーロッパ鉄道時刻表。東欧の鉄道時刻表も入ってるわ。これ以外に臨時便が出ることもあるけれど、ここにある列車は必ず運行している。ただし、時間は日本みたいに正確でなく、30分や1時間遅れることはよくあるので、乗り継ぎのときには3時間くらい余裕を見た方がいい」

「3時間もですか」

「そう。特に東欧では、国際列車になると一日に1〜2本しか運行していないことが多いので、乗り遅れると面倒なことになるわ」

「わかりました。この時刻表はいつ返せばいいですか」

「あなたにあげるわ。ただし会社には内緒でね。去年の夏号だけど、ほとんど変わってない。特に東欧については、ダイヤはまったく変わってない。ソ連や東欧は変化があまりないところなの。それから、日本みたいに簡単に切符を買うことができないことにも気をつけてね。切符を買うのに2〜3時間、窓口に並ぶこともある」

「そんなに待つんですか」

「そうよ。とにかくソ連や東欧はあまりいい国じゃない。もっともソ連の切符は、こっちで予約しておくから、トラブルは起きないと思うわ」

「トラブルが起きたらどうすればいいんですか」

「インツーリストの窓口で相談すればいい。インツーリストの職員はなかなか親切よ。ロシア人は困っている人に対してはやさしくなるので心配することはないわ」

「東欧の列車切符を日本で予約することはできないのでしょうか」

「できるけど、手数料と電報料で1万円くらい上乗せされるわよ。この会社を儲けさせることはない。あなたが自分の力でできることは、自分でやらないと」

この話を聞きながら、僕は舟津さんは不思議な人だと思った。社会主義国への旅行を仕事にしているのに、どうもソ連や東欧は好きでないようだ。会社のことも嫌っている。しかし、僕の旅行がうまくいくように親身にアドバイスをしてくれる。舟津さんはいったい何を考えているのだろうか。

舟津さんは、もう一度、店の奥に入っていった。そして、お盆にアイスコーヒーを2つ載せてもどってきた。

「のどが渇いたわ。アイスコーヒーでも飲みましょう」

「どうもありがとうございます」

インスタントコーヒーではなく、豆からひいたコーヒーだ。氷は入っていないが、よく冷えている。

「ロシア人もアイスコーヒーを飲むんですか」

「考えたことないけれど、見たことないわ。それにロシアのコーヒーは、とても濃いわ」

「苦いんですか」

「苦いというよりも、濃いわね。あなたはトルココーヒーを飲んだことがある」

「ありません」

「カップの中にひいたコーヒー豆の粉が少し残っているけれど、ああいう感じのコーヒーよ」

ソ連では、コーヒーまで日本と違うらしい。僕はソ連に対する好奇心を一層強めた。

「そうそう、経費の節約に関しては、予防注射を空港でしてもらうといい」

「空港でですか」

「そう。羽田空港に検疫所があるので、そこで天然痘とコレラの予防接種をして、イエローカードを発行してくれる。街の病院だと5000円くらいとられるけれど、空港ならば1000円で済むわ」

「どうもありがとうございます」

僕はアイスコーヒーを飲み終えて、時計を見た。6時半くらいになっている。僕は舟津さんに「今日はほんとうにありがとうございます。そろそろ失礼します」と言った。舟津さんは、僕を出口まで送ってくれて、「まだ組合の集会が続いているから、そっちに行くわ」と言った。

ソ連、東欧の旅行ガイドブックには、各国大使館の住所とビザの手続きについて書いてある。午前中が申請で、午後が受領だ。申請から発給まで、2~3日かかる。午前中、学校を休むわけにはいかないが、週1回くらいの遅刻は大目に見てもらえるので、数学や体育がない土曜日の午前中に申請することにした。そして、翌週の午後、うまいタイミングで受領する。大使館は4時か4時半にビザ業務を終了する。授業が終わるのが3時だけれども、浦和高校から北浦和の駅までは、早足で歩いても12分かかる。東京までは1時間かかるし、大使館はだいたい駅から離れたところにある。そうすると授業を早退しないと間に合わない。ただし、浦和高校には「Ⓣ」という独自の制度がある。職員室の前の黒板に、クラスごとの時間割が書かれているが、週に2〜3回、片仮名のトを○でくくった表示が出る。「図書館で自習せよ」という意味だ。浦和高校の教師や生徒はこれを「まるト」と呼んでいた。

浦和高校には、図書室ではなく、独立した立派な図書館がある。高校の学習参考書だけでなく、世界文学全集、日本古典文学全集、世界歴史講座、日本歴史講座、数学基礎論講座をはじめ、大学レベルの参考書が揃っている。百科事典は、英文のアメリカーナやブリタニカもある。浦和高校の先生で、学会の紀要に論文を書く人もときどきいる。そういう先生は図書館で遅くまで勉強している。教師が出張や休むとき「まるト」にするというのが原則だが、教科書の進むスピードが速く、一部の生徒が消化不良を起こしているときも教師は「まるト」にして、遅れ気味の生徒を救おうとした。浦和高校は、いわゆる進学校だったが、このような護送船団方式もとっていたのだ。

「まるト」で時間があくと、その後の授業を繰り上げるようにクラス委員が教師と折衝する。繰り上げに成功すると、その日はいつもより早く下校することができる。もっとも大多数の生徒はクラブ活動をしているので、少し早くクラブの部室に行って、自主トレーニングをしたり、本を読んだりする。僕は気の合う友だちと、高校のそばの「エスボン」か、旧中山道沿いの「赤い風車」という喫茶店に行って、小説について話をすることが多かった。

平均して週2回は、1時か2時に下校できるので、その機会を利用してパスポートを受領しようと思った。

結局、ビザ自力取得計画は、1回であきらめた。それは、ポーランド大使館でさんざん嫌な経験をしたからだ。

旅行ガイドブックを読むと、ポーランド人は親日的で、またワルシャワの街にも物資が溢れていて、ソ連やルーマニアとはだいぶ雰囲気が違うと書いてある。1968年の「プラハの春」をソ連軍の戦車が蹂躙(じゅうりん)した記憶が人々の頭に残っているチェコスロバキアでは、むやみに政治の話をしない方がよいと書かれている。ポーランド人は話し好きなので、特にタブーもなく話ができるようだという印象を僕はガイドブックを通じて抱いた。そこで、いちばん最初にポーランドのビザを取ることにした。

ポーランド大使館は、三田の慶應義塾大学からそう遠くないところにある。僕は山手線で恵比寿まで行って、あとは徒歩でポーランド大使館を訪れた。静かな住宅街にあるコンクリート製の立派な建物が大使館だった。入口を警備している警察官に「ビザの申請に来ました」と言うと、「どうぞ」と言って通してくれた。大使館の中に入ると薄暗い。領事部の窓口に行った。待合室には誰もいなかった。窓口には、身長が170センチくらいある痩せた中年の女性が立っていた。

「ビザの申請に来ました」と通じるかどうか不安だったが、僕は日本語で尋ねた。

「書類と写真を提出してください」とその女性は、きれいな日本語で答えた。日本語が通じるので僕は安心した。そして「日本語がおじょうずですね」と言ったが、相手はまったく反応しない。愛想笑いもしないが、怒っているわけでもない。まったく表情がないのだ。僕は気まずい思いをしたが、勇気を出して聞いた。

「申請書類をもっていないのですが、もらえませんか」

「なんで書類を書いていないんですか。旅行社で書類をもらってこなかったんですか」

「…………」

そう言って、領事官は厚紙に2枚の白い紙がついている申請用紙をくれた。

「どうやって、記入したらいいのでしょうか」と僕は恐る恐る尋ねた。

領事官の顔に表情が浮かんだ。般若の面のようになったのだ。

「あなたは、中学生ですか、それとも高校生ですか」

「今年、高校1年生になりました」

「なぜ、ろくに英語もできず、申請用紙も書けないのに、大使館に来るのですか」

「………」

「ちゃんと旅行会社を通じて申請しなさい」

「そうします」

「今回はいいです。次回からそうしなさい」

「わかりました」

そして、領事官は、僕にカーボン用紙を2枚渡して、「これをはさんで書くといいです。ブロックレター（活字体）で書いてください」と言った。そして、「今日の日付、あなたの、姓、名前、住所、職業はstudent（学生）と書いて」と言った。

「ポーランドを訪問する目的はなんですか」

「観光です」

「それならばvisitor（訪問者）と書きなさい」

「わかりました」

書類を書き終えたとき、僕は冷や汗で背中が冷たくなっていた。領事官は、「それではパスポートを預かります。今日は土曜日ですから、来週の火曜以降、できるだけ早く取りに来てください」と言った。正確な日本語だが、この中年女性には、まったく表情がなかった。

以前、モスクワ放送の東京支局長に会ったことがある。この人も日本語がとてもうまかったが、愛想がよかった。僕が「ソ連について関心がある」と言ったら、いろいろな資料をくれた。その後、「ロシア語を勉強したい」という手紙を出すと、モスクワ放送のロシア語講座の教科書を送ってきてくれた。ロシア人は、不親切だという話を聞いていたが、だいぶ印象が違った。ポーランド人は、少なくともロシア人よりはいい人たちだと思っていたが、どうも違う。旅行先からポーランドを削ろうかと思った。

高校に着いたのは10時半を少し回ったくらいの時間だった。ちょうど休み時間だったので3時限目からうまく授業に潜り込むことができた。授業が終わり、高校の食堂で油揚げと揚げ玉の載った腰が全然ない120円のうどんを食べた後、僕は浦和の須原屋に行った。須原屋は埼玉県最大の本屋だ。ここで、ポーランドに関する本を買いたいと思ったからだ。

須原屋に行って、本棚を端から見て歩いた。ポーランドに関する本は少ない。東欧の旅行ガイドブックは、日本交通公社から出ている1冊だけだ。他に平凡社から出ている『東欧の動乱』があったが、これはすでに買った。東京大学出版会のUP選書の棚を見ていると阪本楠彦『私のポーランド』というタイトルが目についた。立ち読みをしてみた。阪本さんは東京大学の農業経済学の先生だ。反体制的な大学教授のつもりだった。ポーランドは社会主義国なのであこがれて留学したが、最後、警察に拘束されて、留学期間を繰り上げて帰国するという話だ。面白そうなので買った。

それから家にまっすぐ帰って、勉強部屋に籠もってこの本を読んだ。ポーランド農業に関する説明は専門的だったが、地方に出張したときに、写真を撮っていたら、スパイ活動と勘違いされ警察に拘束されたということだ。手帳を押収されて、その中にポーランド人女性の名前が出てくると「こいつと寝たか」と次々尋問されるという。そして、「寝ていない」と答えると、「おまえ、ポーランド娘と寝ないとはよほどポーランドを嫌っているんだな」という尋問が続いたという。結局、誤解は解けて釈放されたが、阪本先生はホームシックになってしまい、帰国を早めたという話だった。

今日、ポーランド大使館であった領事官と、阪本先生の本に書かれているポーランドの警察官の姿が二重写しになった。僕はソ連、東欧を旅行することが少し恐くなってきた。両親にこの話をすると、「旅行をやめなさい」と言われると思ったので、今日あったことは、黙っておくことにした。ただし、舟津さんにはポーランド大使館の領事官のことと阪本先生の『私のポーランド』を読んだ感想について、正直に話しておこうと思った。

水曜日か木曜日に「まるト」があって、2時に授業が終わった。僕は恐る恐るポーランド大使館を訪れた。先週の土曜日に僕のビザ申請を受理した領事官が立っていた。今度は5～6人の行列ができていた。30分くらい待たされた。僕の前の人たちは、団体旅行をするのだろうか、いずれもパスポートの束を受け取って、ビザを1件ずつ確認していた。それで時間がかかったのだ。

僕の番になった。領事官と一瞬目が合った。領事官の表情にはまったく変化がない。鉄仮面のような顔をしていた。そして、パスポートにビザが押された頁を開いて僕に渡した。パスポートの査証欄にゴム印が押され、領事官のサインがなされている。そこにこの前書いて提出した黄色い厚紙と白い紙1枚がホチキスでとめてあった。僕が直接、ボールペンで記入した白い紙は取り去られていた。恐らく、白い紙に貼られた僕の顔写真と一緒に大使館に保管されているのだろう。それについて何か考えるととても嫌な気分になった。

僕は恵比寿駅から電車に乗り、五反田で降りた。高校の文芸部の先輩から、五反田駅の日本食堂にロシア風「ボルシチ」があるという話を聞いたからだ。五反田駅の日本食堂は改札を出た2階にある。ショーウインドーに、ビーフシチューのようなロウでつくったボルシチの見本が並んでいる。僕は階段をあがって、レストランに入った。ボルシチ定食を注文すると、すぐに出てきた。近くのテーブルでも同じメニューを食べている人がいる。ビーフシチューのようなとろみがない。トマトを使っているのかと思ったら、そうではない。むしろ汁はピンク色で、少し甘い。ビーツだけを使っているようだ。大きく切った人参、ジャガイモと牛のすね肉が入っている。肉は相当長時間煮込んだのであろうか、とろとろになっている。

ウエイトレスから「パンにしますか、ライスにしますか」と尋ねられたので、僕は「パンにします」と答えた。黒パンがくるかと期待したが、普通のバターロールだった。これならばご飯を頼めばよかったと思った。

食後には、桃のジャムがついたロシア紅茶が出てきた。僕は紅茶を飲みながら、ソ連旅行は予約がきちんと入るので何とかなるが、東ヨーロッパでは路頭に迷うのではないかと心配になってきた。

五反田駅から山手線に乗って、東京駅に向かった。電車の中で、「僕は何でこんなことをしているのだろうか」と考えた。浦和高校に合格してうれしかった。学校の授業もつまらないわけではない。ただ、みんな口には出さないけれど、大学受験のことばかりを考えている。クラブも応援団と文芸部に入った。生徒会本部にも出入りしている。しかし、中学校時代に通っていた学習塾のような面白さがこの学校にはない。僕が旅行の準備をしているのは、高校の生活が嫌になりはじめているからだ。間違いない。クラスで話していて面白いのは、埼玉大学附属中学からきた豊島昭彦君だけだ。豊島君は写真部と雑誌部に属している。お父さんは、国鉄の助役だ。大学を出ていない叩き上げだという。僕の父と同じだ。豊島君は僕のソ連、東欧旅行を自分のことのように楽しみにしている。豊島君はどういうわけか同級生を呼び捨てにせず、君付けで呼ぶ。浦高生はほとんど学帽をかぶらないのだが、豊島君は中学生のように銀杏（いちょう）のマークがついた帽子をかぶっている。

「佐藤君は、ほかの連中とちがう。革命家になるか、政治家になるか、ぼくにはよくわからない。小説家になるのかもしれない。僕と違う人生を送ることになるのは間違いないと思う。だから見ていて面白いんだ」

「僕は政治家になりたいなんて思ったことはない。文芸部に入ったけれど、先輩たちのように上手な文章をつづることはできない。豊島はどうして雑誌部に入ったんだ」

　雑誌部は「礎」という雑誌を年1回出している。

「僕は文章が書きたいんだ。ほんとうは新聞部に入りたいと思ったんだけど、あそこは政治意識が先鋭な人たちが多すぎる。率直に言って恐い感じがする」

「恐いくらいの方が面白いじゃないか。それに部長の初見さんは、抜群に頭がいい。ドイツ語も結構できると思う」

「だから、恐いんだよ。僕は臆病なんで、学生運動に巻き込まれたいとは思わない。ただ世の中のことは知りたいんだ」

「豊島は将来、何になりたいんだ」

「僕はたぶん平凡なサラリーマンになると思う。医者とか弁護士になりたいとは思わない」

「なれればいいと思う。でも臆病だから、そういう派手な職業にはつかないと思うんだ。ただ、佐藤君は何かをしでかすと思う。僕はそれを見てみたいんだ」

僕はちょっと腹を立てて「見世物みたいじゃないか」と言った。

豊島君は困った顔をしてこう答えた。

「そうじゃないよ。埼玉大学附属中学にはできのいい子どもたちが集まっている。ほんとうに頭のいい奴は、浦高なんかに来ない。学芸大附属高校や教育大附属高校などの国立高校に行くか、浦和西校か浦和市立高校に行く。浦高にくるのは、まじめで努力家だけど、つまらない奴が多い。僕もその一人だけどね。佐藤君はほかのみんなとは違う。佐藤君こそ将来何になろうと思っているんだ」

「僕は、中学校の英語の先生になりたいと思っている。そして、伊豆の大島か八丈島の学校に赴任したい。埼玉は海がないから、海に囲まれたところで仕事をしたいと思っている」

「それじゃ、学芸大か埼玉大の教育学部に進もうと考えているのか」

「まだ決めていない。ただ、ほんとうのことを言うと早稲田に行きたい。早稲田の露文で勉強したい」

「ロシア文学を勉強するのか」

「新聞記者は」

「ロシアの小説や評論を読んでみたいと思う。それよりも僕は（早稲田大学）高等学院に落ちた。だから、早稲田にはどうしても合格したいんだ」

「佐藤君は国立は狙わないのか」

「国立はきっと浦高の延長みたいな感じだろう。息が詰まりそうだ」

「たしかにこの学校の生活は息が詰まるよ。誰も勉強なんかしていないような顔をしている。しかし、みんな受験で頭がいっぱいで、家に帰ってからも死にものぐるいで机に向かっている。僕だって、写真を撮る以外は、たいていの時間、勉強している。でもほんとうは星新一や筒井康隆のSF小説を読むのが何より楽しいんだ」

「それだったら、勉強なんかしないで、SFを読んでいればいいじゃないか」

「それができないんだよ。どうも勇気がないんだ。成績が落ちるのが恐い」

「僕だって成績が落ちるのは嫌だよ。ただ、やりたいことがある。知りたいことがある。ほんとうは文学よりも哲学を勉強したいんだ。しかし、親がそれを許してくれないと思うから、ロシア文学を勉強して、大学で中学校の先生の免許をとる。あとは本を読みたい」

「佐藤君は中学校の先生にはならないと思う。そういうタイプじゃない。公務員とか教師は、佐藤君の感じじゃないよ。もしかしたら、外国の、それこそソ連かハンガリーの高校に転校してしまうんじゃないだろうか」

僕がソ連、東欧旅行の準備状況について、具体的な話をしているのは豊島君だけだ。豊島君は、羽田空港に見送りに行くと言っている。

山手線の中で、ソ連、東欧旅行から帰ってきた後、僕は浦和高校を退学することになるのではないかと、ふと不安になった。

電車は東京駅に着いた。僕は八重洲南口改札を出て、長い横断歩道を渡ってYSトラベルの扉を開けた。

カウンターで舟津さんは、別のお客さんと話をしていた。大学生のような感じだ。ぼくはこの大学生と舟津さんが、親しそうにしている姿を見て、少し嫌な感じがした。僕は、ソファで30分くらい待たされた。

「ごめんなさい。待たせてしまって」と舟津さんがソファの前にやってきて、僕に声をかけた。

「アイスコーヒーを飲む」

「いりません。喉は渇いていません」

「わかったわ。それでポーランドのビザはとれた」

僕は舟津さんに実情を話した。それから、阪本先生の『私のポーランド』を読んだ感想も話した。舟津さんは、笑い出した。

「笑い事じゃありません。こんな思いを毎回するのでは、僕の神経が参ってしまいます」

「大丈夫よ、あなたはそんなことぐらいで参ってしまう人じゃない」

舟津さんは、真顔になってこう言った。

「ポーランド大使館の職員の対応は、ソ連や東欧では普通のことよ。ただし、ソ連のインツーリストは親切だから、心配しないで大丈夫。モスクワの街を歩いている人も、みんな無表情よ。あなたが社会主義国の人々の無表情な感じを見ておくことはとても重要だと思うの。それから、ソ連でもポーランドでも、困ったときには、必ず助けてくれる人が出てくる。ロシア人もポーランド人も、旅行者に対しては親切よ。こういうことも若いうちに経験しておいた方がいい」

「舟津さんは、〝若いうち〟と言うけれど、舟津さんだって若いじゃないですか」

「どうもありがとう。ただ、大学を出て社会人になると、もう若い時代の感覚はもどってこない」

「どういうことですか」

舟津さんは少し沈黙してから答えた。

「あなたは石原吉郎という詩人を知っている」

「知りません。読んだこともありません」

「石原吉郎は、ソ連の捕虜になって、長い間シベリアに抑留されていた。シベリアに海はない。そこで、日本に帰るときには日本海を渡る。それだから、海にあこがれたの」

「あこがれですか」

「そうよ。海にあこがれて、あこがれて、収容所の中で、毎日、海のことばかり考えていた。そして、いよいよ帰国する日がやってきた。そして、実際に海を見たの。そのときに何を感じたと思う」

「感動して涙が出てきたのでしょうか」

「涙も何も出てこなかった。感動という気持ちすらが吹き飛んでしまった。ロシア文学を生みだしたのもソ連だし、石原吉郎を収容所に閉じこめたのもソ連よ。早いうちにソ連の姿を見ておいた方がいい。そうすると大学生になったとき、それから大学を卒業したときに役に立つと思うの」

「そういうものなのでしょうか」

「あなたのお父さんとお母さんが、高校1年生のあなたにアメリカではなく、ソ連を見せようとしているのは、とても正しいと思う。この旅行はあなたの一生に大きな影響を与えることになると思うの。だから私もとても入れ込んでいるのよ」

「でも、僕の旅行だけでなく、さっきの大学生の旅行にもだいぶ入れ込んでいるじゃないですか」

「普通に仕事をしているだけよ。ヘルシンキからどうやってロンドンに出るのがいいか、相談に乗っていただけよ。私たちは、お客さんの払うカネの上前をはねて給料をもらっているんだから。仕事はていねいにしなくてはならない。お客さんから聞かれたことには、お客さんが満足するまできちんと説明しなくてはいけないのよ」

　僕は舟津さんがあの大学生に入れ込んでいるのではないという話を聞いて、安心した。そうすると喉が渇いてきた。

「喉が渇いてきました。アイスコーヒーを飲みたいです」と僕は舟津さんに言った。舟津さんは席を立って、アイスコーヒーを2つ持ってきた。

「ポーランド大使館の領事だって、あなたに書類の書き方を教えてくれたじゃないの。決して意地悪をしているわけじゃない。社会主義国の役人は、みんなああいう対応なの。これにめげずにチェコスロバキア大使館、ハンガリー大使館にも行ってくればいい」

「いや、もう十分です。それから、ビザを申請するためには、学校を2時限遅刻しないとならないので、そう何回もできません。だから、ビザは代行で取ってください」

「学校は休まない方がいいわ。それだったらこちらで取る。いまあなたは写真を持っている？」

僕は、鞄を開けて封筒から写真を取りだした。舟津さんは引き出しから各国のビザの申請用紙を取りだして、それぞれにサインを求めた。

「サインは日本語でしますか、英語でしますか」

パスポートには、英語と日本語で署名がなされている。

「照合のときに問題が生じないように、英語でしておいた方がいいわ」と舟津さんは言った。

「パスポートを1週間くらい預かることになるけれど、大丈夫ね」

「特に問題ありません」と僕は答えた。

旅行手続きに関する話はこれで全部済んだ。アイスコーヒーは、まだ半分くらい残っている。僕は舟津さんにどこの大学を卒業して、何を専攻したか聞こうと思ったが、何となく聞きづらい感じがしたので、別の質問をすることにした。

「舟津さんは、社会主義に関心を持っていないんですか」

「いまはほとんど関心がないわ。私がいま一生懸命、情熱を傾けているのは、彫金。先生について勉強をしているの」

「彫金ですか」

「そう。何かをつくるのは楽しいわ」と舟津さんは言った。

1週間ちょうどで、チェコスロバキア、ハンガリー、ルーマニアのビザが揃った。その間に、羽田空港の検疫所に行って、僕はコレラと天然痘の予防接種を受けた。舟津さんは、ルーマニアのブカレストから、夜行寝台列車でキエフに入り、キエフからさらに夜行寝台列車でモスクワ、モスクワから飛行機で中央アジアのサマルカンド、ブハラ、タシケントに行き、タシケントからハバロフスクまで飛行機、ハバロフスクから夜行寝台列車でナホトカ、ナホトカからソ連客船バイカル号で横浜に戻ってくる日程を組んでくれた。総費用は17万円くらいだった。思ったよりも安かったが、それは、寝台列車は硬席、ホテルはシャワーだけのツーリストクラス、船は六等など、いちばん安いクラスを予約したからだ。

「特等から六等まであるんでしょう。六等でなく、せめて三等くらいにしてください」

「あなたは稼ぎがないいんだから贅沢は言わない。ソ連旅行の秘訣を教えてあげるわ」

「何でしょうか」

「客船は特等も六等も等級差別がまったくない。レストランも食事もまったく同じよ。それから、空き室があると、上の級に繰り上げられるの。だから六等の切符を買っていても、実際は二等か三等船室が割りあてられることになる」

「二等の切符を買った人はどうなるんですか」

「多分、二等よ。特等、一等は外交官とかビジネスマンが使うので、空き室が出ることはまずないから、繰り上がらないの。二等から六等までは、船室のつくりも一緒。ただ船底に近いと等級が低くなるの」

舟津さんが言わなければ、僕は一等を予約した。父と母が、沖縄から内地に渡ってきたときの経験で、「船は等級差別が激しいので、一等以上を予約しないとダメだ。船室も食事も、サービスも、同じ船に乗っていると思えないくらい違う」という話を聞いていたからだ。舟津さんのおかげで船代を3万円くらい節約することができた。

夜行寝台列車の硬席（二等）、軟席（一等）も違いは4人部屋か2人部屋かで、ベッドの大きさ、紅茶やお菓子の配布、食堂車のメニューなどにも差はなく、ベッドの硬さもまったく同じということだ。これで料金が軟席は硬席の1・5倍もする。

ホテルは、デラックスクラス、ファーストクラス、ツーリストクラスの3段階だが、食事も一緒で、ホテル内の利用できる施設にもまったく差別がない。また、デラックスクラスは部屋がかなり大きくなるので、空き部屋があっても繰り上げてくれないが、ツーリストクラスからはファーストクラスへの繰り上げがよく行われ、また、ファーストクラスを予約していても、ホテルの都合でツーリストクラスに移されることもよくあるという。ファーストクラスの室料はツーリストクラスの倍くらいする。しかし、実質的な差はない。すべては現地での運なのだ。

僕は舟津さんの案を聞いて、「これがいちばんいいと思います。予約してください」と言った。それから4～5日くらい経って、舟津さんから電話がかかってきた。

「モスクワのインツーリスト本社から返事が来ました。キエフからモスクワへの移動が飛行機になっている。だから、寝台列車ではなく、モスクワに1日多く滞在することになるわ。それからモスクワではデラックスホテルしか空きがないという返事だわ。仕方がないわね」

「わかりました」

「それから、サマルカンド、ブハラに各1泊、タシケントに2泊で申し込んだんだけれど、飛行機の関係で、サマルカンドは通過だけで、ブハラに2泊することになるわ。ブハラは数年前から外国人に開放されて、普通は1泊しか許可されないので、かえってこれはよかったかもしれない。ブハラのホテルと中央アジアの飛行機代がこちらで見積もったよりもずっと安かったので、モスクワのホテル代が跳ね上がるのと差し引きしても、最初の見積もりよりも少し安くなっている。これでOKしていいかしら」

「もちろんです。よろしくお願いします。ところで、宿泊するホテルはどこになりますか」

「ソ連の場合、宿泊するホテルは、その街に着くまでわからないの。空港か駅にインツーリストの職員が迎えに来ているから、宿がないということは絶対にない」

「モスクワの場合、どのホテルになることが多いのですか」

「日本人の場合、ホテル・ウクライナかホテル・ペキンが多いわね。北京ホテルの中華料理はまずいので有名よ。ブハラ、タシケント、ハバロフスクでは、外国人が泊まることができるホテルは1つしかない。確か、タシケントのホテル・ウズベキスタンは新築できれいなホテルのはずよ」

宿泊するホテルが事前にわからないとは、ソ連旅行はとても奇妙だと思った。

今年（1975年）は7月20日が日曜日なので、浦和高校も他の学校と同じく、前日の19日が終業式だった。通知表をもらったが、成績は散々だった。地理と現代国語と生物は5だったが、あとは4が目立った。英語と数学が3だったのがショックだった。中学校時代、英語と数学は5以外とったことがなかった。同級生の質が、中学校時代とは全然違うということを実感した。みんな夏休みは必死になって勉強するだろう。夏休み中、遊び歩くのは、恐らく僕だけだろう。ちょっと不安になったが、今さら旅行をやめるわけにはいかない。飛行機は21日、月曜日の午後1時に羽田空港を出発する。午前10時までに空港に行かなければならない。空港には、母と妹、それから豊島君が見送りに来てくれる。

3

7月20日の日曜日は、一日中、そわそわしていた。荷物はスーツケースとアタッシェケースに入れていくことにした。途中で一度、思い直して、リュックサックに荷物を入れてみた。この方が動きやすいが、何だか落ち着かないような感じがして、やはりスーツケースにもどした。

父が、「外国に行くとしばらく日本食を食べることができないので、今晩は、刺身とすき焼きにしよう」と言った。夏休みの間だけのことなので、大げさだと思ったが、黙って父の言うとおりにした。父も母も海外旅行に行ったことがない。もっとも父に言わせれば、太平洋戦争中に召集され、中国に行ったことと、日本が独立を回復する前に沖縄に渡ったので、海外旅行は二度したことがあるという。父の理屈を適用するならば、母は沖縄から日本への長い海外旅行に来ているということになる。

父は、マグロの刺身が好きだ。母はあまり刺身に関心がない。沖縄の久米島では、海に囲まれた生活をしていたので、魚は日常的に食べたが、煮るか、焼くか、揚げるか、かならず火を通して食べていたという。男たちは、蛸をとってきて、活き作りにして食べることがときどきある。母は小学校低学年の頃、ねだって蛸の刺身を食べたら、食あたりを起こし、2～3日間、七転八倒の苦しみを体験した。それから、刺身をあまり食べたいと思わなくなったということだ。

その年のお中元に、誰かがサッポロビールの缶ビールの詰め合わせを大量に贈ってきた。父は「缶ビールは鉄の臭いがする」といって、瓶ビールの方を好んだが、この年の夏は、贈られた缶ビールを飲んでいた。父は、ビールの缶を開けてこう言った。

「戦前、ビールは高級酒だったんだ。ウイスキーは普通の人の手に届かない。沖縄に行くときは、酒のことなど考えなかったが、ビールやウイスキーが、PX（米軍の売店）でただ同然で手に入る。タバコもラッキーストライクがとてもおいしい。お父さんが子どもの頃は、肉なんかなかなか食べることができなかった。カレーライスとコロッケに入っている肉が御馳走だった。沖縄では、島の人たちは豚肉をよく食べる。米軍の軍用食（レーション）では、ポーク（ランチョンミート）やソーセージがある。それからビフテキもよく食べた。ただ、一つだけ淋しいことがあった」

「なにが淋しかったの」

「日本ソバがないことだ」

「乾物屋で乾麺を売っていないの」

「売っていない。沖縄の人たちは日本ソバを食べない。那覇に1軒だけ日本ソバを出す食堂があるので、お母さんを連れていったことがある。ただ、お母さんは全然食べない」

母は笑いながら、「何か黒い色をした麺で、しかも醬油につけて食べるというので、気味が悪くて食べることができなかった」と言った。

「夏休みの間だけでも、外国に行ったら、優君も日本食が恋しくなるよ」と父は言った。

僕は日本食について考える余裕などなかった。ソ連に入れば、列車、飛行機、船の切符も、ホテルの予約もすべて済ましているので、無事日本に帰ってくることができる。問題は無事、ソ連国境までたどりつくことができるかだ。舟津さんからは、「8月15日にブカレストからキエフに向かう夜行列車は3本あるから、そのうちのどれかに必ず乗ってね。ソ連に入るのが遅れると、日程の組み直しでトラブルが起きるかもしれない。ホテルの部屋は何とかなっても、飛行機はいつもオーバーブッキングしているので、日程が大きくずれ込む可能性があるわ」と言われていた。

刺身もすき焼きも味がよくわからなかった。母が、「よく寝ておいた方がいい」と言うので、僕は午後10時過ぎに2階の3畳間に行って布団を敷いて横になった。しばらくしてミーコがやってきた。ミーコは黒白のブチ猫だが、模様が非対称で、由緒正しき雑種という感じだ。

僕は、「ミーコ、明日からしばらくお別れだね。これからソ連、東欧を見てくるからね。ミーコの好きなお土産を買ってくることはできないと思うけれど、ごめんね」と言った。

ミーコは、まん丸い目で僕を見つめている。雌猫は男に懐くというけれど、ミーコは確かに僕と父によく懐いている。

　お土産という言葉を出して、本田あずささんにもお土産を買ってこなくてはならないと思った。実は、僕は本田さんのお母さんから5000円のお餞別をもらったからだ。話は数日前のことだ。団地から大宮駅（東口）に行くバスの中で、偶然、僕は本田さんのお母さんと一緒になった。

　本田さんと僕は植竹中学校の同学年で、進学塾の早慶学院の同級生だった。中学校で、全学テストの順位をいつも本田さんと僕は争っていた。本田さんは慶應義塾女子高等学校に合格した。慶應女子の合格発表後に埼玉県立高校の入学試験がある。本田さんの実力ならば、浦和一女は絶対に合格する。しかし、本田さんは浦和一女を受けなかった。慶應女子が第1志望なので、浦和一女に合格しても辞退するつもりだと本田さんは前から言っていた。早慶学院の塾長は、「浦和一女に合格したが辞退した」と言うと箔がつくので是非受けろと勧めていたが、本田さんが「行くつもりがない学校に合格して、他の人のチャンスを奪うのはよくない」と言って、受験しなかった。

　本田さんは、普段は無口だけれども、意志が強い。今年の正月、本田さんからきた年賀状の内容を僕はよく覚えている。謹賀新年と書かれた後に、万年筆でこう添え書きがされていた。

「私は、物事のケジメがとても大切だと思う。佐藤君は、ものすごく真面目なところと、ふざけたところがある。どの辺でケジメをつけているのでしょうか？」

僕がわざとおどけたようなことを言い、あるいは番長グループとときどき一緒に遊んでいることが本田さんにとっては不思議なのだろう。確かに僕はケジメなどということについて考えたことはない。ふざけているときの僕もほんとうの僕だし、勉強しているときの僕もほんとうの僕だ。

本田さんのお母さんはとても博識だ。あるとき僕がバスの中で「月刊社会党」（日本社会党中央委員会機関誌）を読んでいると、本田さんのお母さんから、「左翼系の雑誌を読むのも、それはそれでいいです。ただ、そのときは同じテーマについて『文藝春秋』もきちんと読んでおいた方がいい」と言われた。本田さんのお母さんは、政治や経済についてとてもよく知っている。最初、僕は本田さんのお母さんは、大学の先生かと思ったが、そうではない。出版社に勤めているということだった。

バスの中で本田さんのお母さんと会ったときに話をもどす。

浦和高校に入ってから本田さんとは会っていない。本田さんのお母さんと会うのも初めてだ。本田さんの消息について尋ねると、生物部に入って、いまは動物の解剖に熱中しているという。生物部の活動で、夏休みも忙しくなりそうだという話だった。クラブ活動では慶應大学に進学した先輩たちがやってくるので、知的好奇心を十分に満たすことができるようだ。

「ただ、私は少し心配しているの」と本田さんのお母さんが言った。

「どういうことですか」

「慶應女子だと、全員がそのまま慶應（大学）に進学できるでしょう」

「それが慶應日吉、慶應志木、慶應女子の魅力じゃないですか」

「それはあまりよくないと思うの。緊張感がなくなる。だから、娘には大学進学の準備もしておけと言っているの」

「内部進学をすべり止めにして、別の大学を受けることができるのですか」

「慶應に希望する学部がないときはそれができるそうよ」

「しかし、慶應ならば医学部を含め、すべての学部がありますよね」

「ただ、ロシア文学だけはないわ。だからロシア語かロシア文学を専攻するということならば、東大をかけもちで受けることができる」

「それで、本田さんはロシア文学に関心があるんですか」

「あるわよ。あの娘はあれでなかなか小説が好きなの。あなたのように太鼓を鳴らして進んでいくというタイプではないけれど、いわゆる学校秀才型ではないわ」

僕は、本田さんがロシア文学に関心を持っているということについて、意外な感じがした。

本田さんのお母さんは、早慶学院の数学の先生や、元副塾長に対しても、少し批判的でこんなことを言っていた。

「あの人たちは、優秀よ。ただし、世の中を批判的に見過ぎている。佐藤君には世の中をもっと正面から受けとめてほしいの。自分の小さな世界で充実していればよいという発想ではなく、将来は官僚になったり、大新聞の記者になるというような目標を設定してほしいの。私には男の子がいないけれど、男の子は世の中の隅に行くことを考えるのではなく、正面から立ち向かってほしいの」

ロシア文学の話が出てきたので、僕は「実はこの夏休みにソ連、東欧を旅行します」と言った。そうすると本田さんのお母さんは、「ちょっと待って」と言って、ハンドバッグを開けた。そして、ちり紙で五千円札を包んで、「これ、お餞別」と言って、僕に渡した。

「いりません」

「大人が出したものを子どもは素直に受け取ればいいの。私は一度出したものを引っ込めたりしないわよ」

「わかりました。頂きます。何かお土産を買ってきます」

「お土産なんかいらないから、東欧やソ連で見てきたことを娘に話してあげて」

「わかりました」

「佐藤君のお父さんと、お母さんはよく決意したわね。アメリカではなく、ソ連に旅行させるなんて」

本田さんのお母さんは、目をきらきらと輝かせていた。そしてこう続けた。

「この旅行は佐藤君の一生に大きな影響を与えるわよ」

「たかが1カ月の観光旅行じゃないですか。そんなに大きな影響など、受けるとは思っていません」

「いや、百聞は一見にしかず、と言うけれど、共産圏を見てくることはとても重要だと思うわ。それで私たちが住んでいる自由社会のよさがわかる」

本田さんのお母さんは、僕の母と違い、社会主義には批判的なようだ。そういえば、僕の家では、「世界」や「中央公論」を見たことはあるが、「文藝春秋」を見たことはない。僕は本田さんのお母さんがどんな仕事をしているのか、勇気を出して聞いてみることにした。

「本田さんは、前に『文藝春秋』をきちんと読んだ方がいいと言いましたよね」

「そうよ」

「もしかすると、本田さんは『文藝春秋』に勤めているんですか」

「違うわ。私は経済系の出版社に勤めているの」

「経済ですか」

「そうよ。『週刊東洋経済』という雑誌の名前を聞いたことがある」

「ありません」

「わたしは東洋経済新報社に勤めているの。石橋湛山（たんざん）という政治家の名前を知っている」

「確か短期間だけ総理をやった人ですね」

「そう。石橋湛山はジャーナリストの時代に東洋経済の社員だったのよ」

「そうですか。経済といっても、近代経済学の方ですね」

「最近、うちの会社からケインズの『(雇用・利子及び貨幣の)一般理論』が出ているわ。佐藤君も経済学に関心があるならば、近代経済学とマルクス経済学のバランスをよくとって勉強して、それから自分の立場を決めたらいいわ。よくわからないうちに『これがいい』と思って突き進むのはよくないわ」

「よくわかりました」

　本田さんのお母さんは「お土産なんかいらない」と言っているが、本田さんに旅行の話をするときに、よい材料になるお土産を何か見つけなくてはならないと思った。

　ミーコは、僕の顔をずっと見つめている。早く寝ようと思ったが、明日の今頃はインド洋の上を飛んでいると思うと、興奮して寝付くことができない。

　結局、午前3時頃まで、布団の中で、本棚からあれこれと本を取り出して読んでいたが、内容はまったく頭に入らなかった。

「優君、それじゃ元気で」という父の声で目が覚めた。時計を見ると、午前6時少し前だ。仕事のローテーションで、父は6時13分の始バスで出勤する。

僕は寝ぼけた声で、「お父さん、元気にもどってくるので、心配しないで」と答えた。

飛行機は午後1時に羽田空港を飛び立つ。出発の3時間前には空港に到着していないとならない。用心して8時半のバスで家を出ることにした。

エジプト航空は、羽田空港に自社のカウンターを持っていない。日本航空のカウンターにエジプト航空の担当者がいるということだった。午前9時45分に日本航空のカウンター前で豊島君と待ち合わせをしている。僕と母と妹が、羽田空港に着いたのは、10時少し過ぎだった。日本航空のカウンターの前で、ペンタックスの一眼レフカメラを首からぶらさげた豊島君が待っていた。僕は、豊島君に「遅れて済まない」と言って、母と妹を紹介した。

豊島君は、「佐藤君、飛行機はだいぶ遅れるみたいだ。天候不良で、まだ飛行機が羽田に着いていないという話だよ」と言った。

僕はカウンターに行って、エジプト航空の担当者を呼び出した。30歳くらいの感じがいい山田さんという男性だった。南回り航路ではときどきあることだが、天候不良で、飛行機の到着が3～4時間遅れるという。機内清掃と給油をすればすぐに飛び立つことができるので、出発は2～3時間遅れになる見通しとのことだった。この男性にパスポートと検疫カード、それからITU（国際トラベラーズ・ユニオン）から送られてきた航空券との引換証を渡した。男性は僕の顔とパスポートの写真を見比べて、天然痘とコレラのイエローカードにスタンプが押してあるかをチェックした。そして、EGYPT AIR（エジプト航空）と書かれた航空券を渡してくれた。金色の表紙で、天空の神ホルスの絵が描かれている。説明が、アラビア語、英語、フランス語で書かれている。この切符を受け取って、いよいよ海外に飛び立つという実感が湧いてきた。東京―カイロ―チューリヒと都市名が書かれている。値段を見ると30万円以上になっている。この航空券を13万円で買ったのだから、何とも表現できない不思議な感じがした。そのことを話すと、豊島君は、「これで払い戻しができるならば、大金持ちになれるね。もちろんそういうことができないようにはなってるだろうけどね」と言った。

僕たち4人は、空港のレストランに入ってコーヒーを飲んだ。母が浦和高校の様子についていろいろ尋ね、豊島君がそれに対してていねいに答えている。レストランの隅にはテレビのモニターがあり、画面に到着便と出発便が表示されている。30分くらい経ったところで豊島君が「エジプト航空の飛行機が着いた。上に行って見てみよう」と言った。空港ビルの屋上から、滑走路を見わたすことができる。豊島君が、「あれだと思う」と言って指をさした。

古びて、貧弱な飛行機がよろよろと走っていた。ボーイング707の第1号機が就航したのは、僕が生まれるより2年前の1958年のことだ。恐らく、いま羽田空港に駐まっている飛行機のなかで、これがいちばん古い飛行機だろう。

豊島君は、飛行機を背景に僕と母と妹の写真を何枚か撮った。

エジプト航空機が羽田を出発するのは3時か4時になるだろう。3人を空港で長時間足止めさせるのは申し訳ない。僕は、チェックインすることにした。時計を見ると12時少し前だった。まず、荷物を日本航空のカウンターに預け、それから出国審査で係官に出入国票とパスポートを出した。係官は、出入国票を切り取りホチキスでとめて、パスポートにスタンプを押した。僕はアタッシェケースから、英会話の本を取り出して読んでいたが、これからどうなるのかが不安で頭に入らない。午後1時発の予定が4時発になったが、待ち時間はあっという間に過ぎた。

飛行機は満員だ。空席は一つもない。隣になった貿易会社の社長さんの話によると、「旅慣れた人はエジプト航空を使って海外に出る」という。航空運賃が3分の1、4分の1で済むということだ。社長さんは、「もうすぐ外貨の持ち出し制限も撤廃されて、海外旅行が完全に自由化されると思います。そうなれば、割引航空券もたくさん出てくるようになりますよ」と言った。

羽田空港を飛び立って30分くらいで、シートベルト着用と禁煙のランプが消えた。表示はアラビア語なので、何が書いてあるかはよくわからない。放送もまずアラビア語、それから英語、それに続いて、早口で日本人の男性が話す。スチュワーデスが乗っているかと思ったら、全員が男性のスチュワードだ。社長さんの話だと「東京便はカイロからトンボ帰りの重労働なので、乗員は全員男性です。カイロからローマやチューリヒに行く便には、スチュワーデスも乗っています」ということだ。

早速、機内食が出てきた。東京積み込みなので、寿司と魚の照り焼き、それから鶏の唐揚げが入っている。社長さんによると、「エジプトの飛行機なので、豚肉は出てきません。機内食のトンカツはおいしいんですけど、残念ですね。もっともエジプト航空は酒の規制はそれほど厳しくないので、ビールを買うことができます。缶ビールが1本25セントなので、タダみたいなものです。機内ではアルコールもタバコも免税です。日本航空ならば、スチュワーデスが、黙っていても向こうから勧めてきますが、エジプト航空の場合、こちらから言わないと何も持ってきません。あなたも飲み物が欲しいなら、遠慮しないで言った方がいいですよ」ということだ。

僕はスチュワードを呼んで、「コーラはありませんか」と尋ねた。スチュワードの答えは「ノー」だった。

「オレンジジュースはありますか」

「ノー」

「リンゴジュースかパイナップルジュースはありますか」

「ノー、サー」

「それじゃ、何があるんですか」

「コーヒー、紅茶、ミネラルウオーター、ビールとミルクです」

「それじゃ、ミルクをお願いします」

スチュワードは、大きなガラスのコップいっぱいにミルクを入れてきた。日本の牛乳とはちがう。とても濃い。カイロから積み込んだのだろうか。

社長さんが、「飲み物が充実していないのがエジプト航空の難点です。それでもアエロフロート（ソ連航空）よりはいいですよ。私はビールとコーヒーを飲むことにしています。それから、機内食は、各空港を飛び立ったびに出てきます。量を適当に調節しておいた方がいいです。各地のおいしいものが何か入っていますよ」と言った。

飛行機は、太陽を追いかけて飛んでいるので、陽がなかなか沈まない。機内食を食べ終えると、お腹がいっぱいになったのと、昨日、興奮して遅くまで寝付けなかった疲れが出て、僕は眠りについた。

突然、ガタンという衝撃が走って目が覚めた。何事かと思うと、飛行機が香港の空港に着陸したときの衝撃だった。窓の外には空港ビルの橙色の明かりが見えた。

「飛行機から降りるのでしょうか」と僕は社長さんに尋ねた。

「滞在時間が短いので、多分降りないと思います」

「ずっと飛行機の中にいるのですか」

「そうです。退屈だけど、仕方ありません。飛行機は、乗り物の中でいちばん退屈だと思います。バンコクでも、多分外には出ないと思います。ボンベイでは、一度飛行機を降りて空港待合室で1時間半くらい休むことになると思います」

「どうしてボンベイでは、飛行機から降りるのですか」

「給油と機内清掃があるからです。それからカイロまで、インド洋とアラビア半島を越えていきます。機内から砂漠がよく見えますよ」

飛行機から30人くらいの乗客が降りた。少し、乗客の人数が減ると思ったが、同数の新しいお客さんが乗ってきたので、飛行機は満席のままだった。社長さんによると、エジプト航空機はいつもほぼ満席で空を旅しているという。

禁煙とシートベルト着用のランプが消え、飛行機が水平飛行に入ると、また機内食が出てきた。お腹がいっぱいなので、蒸し餃子と春巻きだけを食べた。以前、父に連れられて行ったことのある横浜中華街の食堂で食べた味がした。

一つ向こうの席に座っている社長さんの奥さんが話しかけてきた。

「一度、海外旅行をすると、毎年、外に出たくなるわよ」

「そんなものでしょうか。もっとも、毎年、両親に散財させるわけにはいきません」

「高校生のうちは無理としても、大学生になれば、アルバイトでお金を稼いで、毎年、海外旅行をすることは、それほど難しくないはずよ。学生時代にいろいろな外国を見ておいた方がいい。その後の人生の選択の幅が広がるわよ」

僕は、大学生になった自分の姿を想像してみた。僕は何を勉強するのだろうか。ロシア文学を勉強するのならば、早稲田大学文学部に進むのがいいだろう。あるいは東京外国語大学のロシア語科も魅力的だ。浦和高校から東京外大に進学する先輩も毎年何人かいる。しかし、入試の英語がひどく難しいという。将来は何になるのだろうか？　中学校の英語の先生になりたい。そして、どこか離島の中学校で英語を教えたい。中学生時代、伊豆の大島のユースホステルに何回か泊まったことがある。椿の花がきれいで、それから樹からもぎとって食べた夏みかんがとてもおいしかった。こんな島で一生を過ごすことができればいいと思った。あるいは、瀬戸内海のどこかの島でもいい。

哲学も勉強してみたい。哲学の勉強をするならば、どこがいいのだろうか。哲学ならば、東大よりも京大の方が面白いという話を聞いたことがある。もっとも早慶学院の元副塾長は早稲田大学の商学部出身だけれども、哲学や文学についてとても詳しい。早稲田大学の方が、国立大学よりも哲学を勉強する雰囲気があるのだろうか。

大学生になったら、どういうアルバイトをするのだろうか。家庭教師だろうか。あるいは、外国船の皿洗いのアルバイトをするならば、ただで海外旅行をすることができるという話を聞いたことがある。遠縁の大学生から、広告代理店のアルバイトがとてもカネになるという話も聞いたことがある。そういうアルバイトをすれば、毎年、外国に出ることができるだろうかと考えた。

バンコクでも、30人くらいの乗客が降りて、新しい人たちが乗って、機内食が出てと、同じことが繰り返された。僕はもうお腹いっぱいなので、機内食はふたを開けただけで、もったいないと思ったけれども、そのまま戻した。外は真っ暗で、地上には何も見えない。恐らく海なのだろう。ただし、星が光っているのがよく見える。社長さん夫妻もぐっすり眠っている。僕もいつの間にか眠ってしまった。また、ガタンという衝撃で目が覚めた。ボンベイ空港に着いた。乗客全員が貴重品を持って、一度、飛行機から降りるようにというアナウンスがあった。機内にはすでに10時間くらい閉じこめられていたので、外に出られるということで、僕はほっとした。飛行機のタラップを降りると、バスが3台待っていた。少し旧式のバスという感じだった。5分くらい走って空港ビルのトランジット・ルームに案内された。赤い色の札を渡され、この札と交換に飲み物と菓子がもらえるという。僕は紅茶とクッキーを頼んだ。クッキーはひどく甘いので、一口だけ食べて、残した。紅茶はとても香りが良かった。

飛行機のシートに動かずにずっと座っていたので、すっかり疲れてしまった。これで、カイロを経由して、チューリヒまで行き着くことができるのか、僕は少し不安になってきた。社長さん夫妻はコーヒーを飲んで、息子はジュースを飲みながら、話をしている。僕もその輪に加わった。以前、家族でエジプトを訪れたときの話をしている。

「ピラミッドを見たのですか」と僕は尋ねた。

「見たよ。とても大きかった。それから、ラクダが汚かった。こぶがとっても汚れていた」と息子が答えた。

「それは面白いね」と僕は答えた。

僕はピラミッドには、それほど関心がないが、砂漠の上を歩いているラクダを見てみたいと思った。

「エジプトに2~3日、立ち寄ることはできるのでしょうか」と僕は社長さんに尋ねた。社長さんは、「あなたの切符を見せてください」と言った。僕が天空の神ホルスのロゴが入った金色の切符を渡すと、社長さんは、切符に書いてある記号を見て、「この切符ならば、切り替えることができます。カイロ空港で交渉してみるといい。ただし荷物がチューリヒまで、直行ということになっていますね。その点についても交渉すればカイロで取り出すことができるはずです」と言った。僕は、「考えてみます」と答えた。

その後、僕は息子と雑談をしていたが、突然、社長さんが、「やっぱりやめた方がいいね」と言った。

「何をやめた方がいいんですか」

「旅程を変更して、カイロで降りることです。あなたは海外旅行は初めてでしたよね」

「はい。そうです」

「海外旅行には、簡単な国と難しい国があります」

「簡単な国と難しい国ですか」

「そうです。エジプトは、極端に難しい国ではないけれども、ヨーロッパのようなわけにはいかない。だから、カイロで切符の切り替えを試みて、自らトラブルを招くようなことはしない方がいいと思います。いずれ、あなたはエジプトを訪れることになるでしょうから、そのときにピラミッドとラクダを見ればいいでしょう」

社長さんは旅慣れている。だから、僕はこの助言に従うことにした。僕は、この社長さんが言う「簡単な国」と「難しい国」の区別に関心を持った。

「これから僕が行こうとしているハンガリーやポーランドは難しい国なのでしょうか」

「西ヨーロッパと比較すると、観光産業が発達していないので、難しい国だと思います。ただし、東ヨーロッパの人たちはとても親切なので、大丈夫だと思いますよ。治安もいいです。ただ、闇両替屋やジーパンを売ってくれというような人が近寄ってきても、相手にしないことです。ズロティ（ポーランドの貨幣）やフォリント（ハンガリーの貨幣）を持っていても、使い途がありません。しかも、これらのお金は国外への持ち出しが禁止されているので、持ち出そうとすると空港や鉄道の国境駅で税関職員に没収されてしまいます」

「ジーパンは1本しかないので、売ることはできません。それから、闇両替は絶対にしません」

「その方がいい。余計なトラブルに巻き込まれる危険があります。それから、もし何かトラブルに巻き込まれたら、遠慮せずに日本大使館に連絡することです。西ヨーロッパと違って、日本人が少ないので、大使館員もていねいに対応してくれます」

「わかりました。ガイドブックにも日本大使館の電話番号が書いてあるので、何かトラブルに巻き込まれたら連絡します。ところで、ソ連は難しい国ですか」

「観光旅行ならば、むしろ東ヨーロッパよりも簡単ですよ。ホテル、食事代、列車や飛行機の切符をあらかじめ購入しないと外国人には査証（ビザ）が発行されないので、逆にソ連国内ではすべてがエスカレーターに乗っているように進んでいきますよ。困ったことがあれば、インツーリスト（ソ連国営国際旅行公社）の係員に相談すればいいです。モスクワの空港やホテルには日本語がわかる職員がときどきいます。それから、いざほんとうに困ったときは泣けばいい」

「泣くんですか？」

「そうです。泣くのです。泣くとインツーリスト職員だけでなく、ロシア人はみんな親切にしてくれますよ」

「ロシア人がみんな親切などという話は初めて聞きました」

「実際、ロシア人は親切ですよ。ソ連は治安もいいですし、観光客として訪れるのにはよい国だと思います」と社長さんは言った。

　飛行機が出発するとのアナウンスがあった。再び空港バスに乗って、僕たちはエジプト航空機にもどった。

　飛行機に乗ると、スパイスの強い香りがした。機内はきれいに清掃されている。水平飛行に入ると、再び機内食が配られた。これまで機内食の選択はなかったが、今度はスチュワードが「鶏にしますか、魚にしますか」と尋ねる。僕は鶏を頼んだ。機内食のふたを開けると黄色いカレーのルーに浸かった鶏肉が出てきた。付け合わせは、ロンググレインの米だ。思いっきり辛いカレーだがおいしかった。食後にコーヒーを飲むと舌が焼けそうになる。お腹が一杯になったので眠くなった。

2時間くらい眠っただろうか。目が覚めた。陽の光が入ってきたからだ。景色を見ると海だ。青いというよりも黒く見える。これがインド洋なのだと思うと、海外旅行をしているという実感が湧いてきた。それからどれくらい飛行したか、よく覚えていない。地図で見るようにくっきりとアラビア半島の海岸線が見えてきた。僕は砂漠は白いものだと思っていたが、赤い。この赤い砂漠の上をラクダが歩いているのだろうか。僕はずっと飛行機の窓から下界を見ていた。社長さんが僕に話しかけた。

「砂漠の上に線が走っているでしょう。見えますか」

「はい。さっきから気になっていました。何ですか」

「あれが石油パイプラインです」

地理の教科書で、石油パイプラインについて、確かに読んだことがある。しかし、上空からこんなにはっきり見えるとは思わなかった。

社長さんが、鞄から茶封筒を取り出して僕に渡した。

「名刺をスーツケースに入れたようで、こんなものしかなくて済みません。これが僕の会社なので、気が向いたら遊びに来てください。海外旅行で偶然知り合った人と、案外、面白い仕事ができることがあるんですよ。それから、さっきあなたがアタッシェケースを開けたときにお金が見えたけれど、お金は人目につくところに置いていてはいけません。思わぬトラブルに巻き込まれることになります。お金を数えるときは、ホテルの部屋の中か、トイレの中でもいいから、誰にも見られない場所ですることです」

「わかりました」

「それから、パスポートの保管にも注意した方がいい。特に日本の一回旅券は盗まれやすいです」

「どうしてですか」

「まず、日本のパスポートは、共産圏以外のヨーロッパ諸国ならば、ほとんどビザを必要とされません。それから、数次旅券は有効期限が5年間ですが、一回旅券は日本に帰国するまで、ずっと有効です。だから、一回旅券を手に入れればずっと使うことができるからです」

「わかりました」

「カイロから私たちは、パリ行きの飛行機に乗り換えます。あなたは、確かチューリヒ行きですよね。アルプスの万年雪が飛行機からよく見えますよ」

　その話を聞いて、スイスが山国だったということを思い出した。

飛行機はカイロ空港に到着した。出発のときの遅れを少し取り戻して、遅れは2時間くらいになった。タラップに立つと焼け付くような日射しだ。早朝でこの状態だ。昼はどれくらい暑くなるのだろうか。チューリヒ行きが出発するまでには、相当時間がある。何をすればよいのだろう。

タラップを降りたが、空港バスがやってこない。空港ビルははるかかなたなので、歩いていけるような距離ではない。日射しで肌がひりひりする。空港のアスファルトの上にスーツケースが並べられる。僕の紺色のスーツケースもそこにあった。15分くらい待たされたであろうか、空港バスが1台やってきた。すごく旧式のボンネットバスだ。確か、僕が幼稚園児の頃、こんなバスが走っていた。これだけの乗客をバス1台に詰め込むことは不可能だ。「トランジットのお客さんは、このバスに乗ってください」と係員が叫ぶ。カイロで降りる人たちには、別のバスが来るようだ。バスに乗ろうとして驚いた。大きなタイヤが内側に剝き出しになっている。金網で囲われているが、格子の目が粗いので、手が巻き込まれてしまう危険がある。こんな恐ろしいバスには乗りたくないと思ったが、他に手段はない。とりあえず乗りこんだ。バスに身動きができなくなるほどの数の乗客を詰め込んだ。大宮駅を午前7時45分前後に出発する京浜東北線と同じくらい混んでいる。しかも、運が悪いことに僕は後部の車輪のそばに追いやられた。タイヤに巻き込まれないように必死になってつり革にぶらさがった。つり革といっても、天井の鉄パイプに荒縄でできた輪をぶら下げているだけだ。掌がチクチクする。ひどいところにやってきたと思った。さっき社長さんが、「エジプトは、極端に難しい国ではないけれども、ヨーロッパのようなわけにはいかない」と言っていた意味がよくわかった。現在の僕では、エジプトを自力で旅行することはできないと思った。

空港ビルのトランジット・ルームに案内された。大理石でできた立派な部屋で、エアコンも効いている。僕は飛行機の中で家族や豊島君に書いた絵葉書を送りたいと思った。ポストがない。社長さんに「日本に絵葉書を送りたいんですけれど、どうすればいいですか」と尋ねた。

「確か空港の中にはポストはないと思います。白い服を着た清掃員がたくさんいますが、絵葉書を渡せば投函してくれます」

「切手はどこで買えばいいんですか」

「切手は買わないでも、清掃員が貼ってくれます。エジプトの切手料金は安いので、チップとして25セントコインを渡せば十分です」

「僕は25セントコインを持っていません」

社長さんは、自分の小銭入れを開け、「残念ながら、私もドルの小銭は持っていません。100円硬貨を渡しておけばいいでしょう」と言った。

トランジット・ルームで僕はコカ・コーラをとった。降りる前にエジプト航空のスチュワードから、飲み物券を何枚かもらった。それを出すと、お金は払わないで済んだ。ソファに座って、社長さん一家とひとしきり話していた。しばらくするとパリ行きエジプト航空機の搭乗案内があった。社長さん一家はソファから立ち上がった。社長さんは、「飛行機の旅は退屈だけれども、今回はあなたが隣にいたので楽しかったです。日本に帰ってからは、一生懸命に勉強して、志望校に合格してください。大学生になったら、毎年、海外旅行をするといいですよ。あるいは留学してもいい。東京に来ることがあったら、六本木の私の事務所を訪ねてください」と言った。

社長さん一家を見送った後、僕はちょっと心細くなった。しかし、旅は始まったばかりだ。僕は勇気を出して、絵葉書を出すことにした。トランジット・ルームには白いつなぎ服を着た清掃員がそれこそ30人くらいいる。掃除だけでなく、お客さんから頼まれた仕事をしてチップをもらっているようだ。そのうちの一人に近寄って、僕は絵葉書を3枚見せて「トゥー・ジャパン」と言った。清掃員は「オーケー」と答えて絵葉書を預かった。

10分くらいして、清掃員がもどってきた。僕は百円硬貨を渡した。清掃員は「ノー」と言って、英語で何か話した。僕は小銭入れをひっくり返して、コインを見せた。清掃員は、それを見て、「オーケー」と言って、そのまま去っていった。日本円はここでは通用しないのだ。切手まで貼ってもらったのだから1ドルを渡してもよかった。うまく切り出すことができなかった。この3枚の絵葉書は、僕が日本に帰ってから無事着いた。僕はいまでもこの清掃員に申し訳ないことをしたと思っている。

トランジット・ルームにいると、英語以外のさまざまな言語が聞こえてくる。どれくらいの時間が経ったであろうか、中年の女性職員が、「ローム（ローマ）！　チューリヒ！」と大きな声で叫んだ。再びあの恐ろしい空港バスに乗るのかと思い、憂鬱になった。もっとも、空港バスは、車内にタイヤを剝き出しにしたさっきと同じ型だったが、トランジット・ルームからの乗客は20人くらいなので、さっきのような恐い思いはしなかった。

機種は707だったが、ずっと新しい。東京からの飛行機の壁紙はあちこちが剝げていたが、この飛行機はきれいに貼られている。僕の席はまた窓側だった。隣は、60歳くらいの上品な感じの日本人女性だった。もう一人、40歳くらいの女性が同行していた。この女性は60歳くらいの女性を「先生」と呼んでいた。大学教授か、日本舞踊や華道の師範ではないかと、僕は何となく思った。ローマで降りて、そこから鉄道でスペインに行くということだ。娘がスペインのバルセロナで暮らしているのだという。僕が、「ソ連、東欧を旅行する」という話をすると、先生は、「東欧やソ連には一度も行ったことがない」と言っていた。ローマまでの飛行時間は3時間くらいだった。別れ際に先生は、「ヨーロッパを鉄道で回ってみるのも面白いわよ。バルセロナに来たら、『日本人が経営している花屋さんに案内してくれ』と言ってね。そうすれば、私の連絡先がわかるから。是非、遊びにいらっしゃい。スペインはとても面白いところよ」と言った。さっきの社長さんも、この先生も、海外旅行で出会う日本人はみんな親切だ。

ローマで日本人の乗客はほとんど降りた。チューリヒまで行くのは僕を含めて2〜3人しかいないようだ。しかし、エジプト航空機は、空席がほとんどない。恐らく切符が安いからだろう。これほど人気がある航空会社とは思わなかった。カイロからは、エジプト人の若いスチュワーデスも乗務している。隣に座ったのは、ドイツ人のビジネスマンだった。ローマ空港を飛び立って30分くらいすると、飛行機の左側の窓に人が集まった。カメラで写真を撮る人もいる。僕は右側の席に座っていたが、好奇心に打ち勝つことができなくなり、隣のドイツ人に「ちょっと失礼します」と言って通路に出て、左の窓から外を見た。万年雪におおわれた、剣の先のようなアルプス山脈が見える。去年、早慶学院の数学の先生と行った穂高とは、まったく別の山だ。生き物の影がない。

アルプスが見えて10分くらい経つと機内で降下を伝えるアナウンスがあった。僕は席に戻ってシートベルトを締めた。飛行機は静かに着陸した。香港、バンコク、ボンベイで驚いたガタンというあの衝撃はなかった。

空港バスもカイロとはまったく違う。日本の高速バスのようなきれいな車だ。空港の入国管理官は、かたことの日本語で「スイスにようこそ」と言って、パスポートに入国印を押した。僕は入国管理官がかたことでも日本語を話したのでとても驚いた。

チューリヒでは、日本から手紙でユースホステルを予約している。スイスは物価がとても高いが、ユースホステルは施設もホテル並みで、しかも値段が安いという話だ。今回の旅行では経費を節約することと、少しでも現地の若者と知り合う機会が多くなるように、宿泊は原則としてユースホステルを使うことにした。もっとも葉書で予約ができるのは、僕が訪ねる国では、スイス、ポーランド、ハンガリーだけだった。チェコスロバキアでは、プラハのユースホステル協会に行って夏期に開放される大学の寮をあっせんしてもらうことができるという情報が載っていた。ルーマニアに関しては、そもそもユースホステルについての情報がほとんどなかった。

日本円の持ち出しも確か5万円くらいに制限されていた。しかし、舟津さんに面白いヒントを与えられた。

「これから話すことは、私がそうしろと勧めたわけじゃないからね。それをよく踏まえて聞いてね」

「はいわかりました」

「羽田を出国する時点で、身体検査をされることはないので、身につけておけば、円を持ち出すことはいくらでも可能よ。スイスやドイツで日本円を現地通貨に両替することはできるけれども、レートがとっても不利になる。東欧で円はまず通用しないわ。ただし、ソ連ではどこに行っても通用するの。しかも公定レートだから、米ドルとまったく同じ。ソ連でお金を使うことはあまりないけれど、まず、ドルやマルクをスイスや東欧で使って、ソ連では円を使えばいいわ」

僕はこのアドバイスを受けとめ、日本円で20万円の予備費を持ってきた。

空港の銀行で、僕は100ドルをスイス・フランに両替した。スイスでの滞在は3泊なので、これで足りると思った。最初の2泊はチューリヒに泊まり、翌日はドイツとの国境の街シャフハウゼンに泊まることにした。シャフハウゼンのユースホステルは、貴族の館を改造した立派な建物だということなので、この街に立ち寄ることを決めた。このユースホステルにも手紙で予約を入れた。日本ユースホステル協会で、葉書大の予約用のフォーマットを販売している。これに国際返信切手を2枚同封すれば、予約確認がもどってくることになっている。僕はこの要領でチューリヒ、シャフハウゼン、ワルシャワのユースホステルを予約したが、予約確認がもどってきたのはシャフハウゼンのユースホステルからだけだった。

空港からのリムジンバスで、チューリヒの中央駅に着いた。そこからユースホステルまでは、路面電車で移動する。昔、父に連れられて東京に行ったときによく見た都電のような路面電車がたくさん走っている。売店で切符を買って、車内にある検札機に切符を入れてスタンプを押す方式になっている。無賃乗車をすると500円くらいの罰金をとられるということだ。路面電車には、大きなリュックサックを背負ったバックパッカーたちが必ず乗っている。僕は大きなスーツケースを持っているので、路面電車を使う旅行者としては、ちょっと違和感があるようだ。やはりリュックサックを背負ってくるべきだったと少し後悔した。

ユースホステルは、5~6階建ての立派なビルだった。ただし、地上階（グランドフロア）が日本でいう1階にあたる。ファーストフロアは、日本でいう2階だ。受付が日本のユースホステルとは違ってホテルのレセプションのようになっている。果たして僕の英語がきちんと通じるだろうか。受付係は40歳くらいの中年男性だ。僕は恐る恐る声をかけた。

第二章　社会主義国

4

何を話すかは、ノートに書いて暗誦してある。その内容を口に出してみた。

「僕は日本人の佐藤優と申します。日本から葉書でこのユースホステルに7月22〜24日まで宿泊する予約をしています」

受付にいる青い目の中年男性は、「ジャスト・ア・モーメント（ちょっと待って）」と言って、台帳をチェックした。僕の英語も何とか通じたようだ。ほっとした。

「確かに予約がある。24日に出発だね」

「そうです」

「シーツは持っているか」

「いいえ持っていません。貸してください」

受付係はズック布でできた寝袋状のシーツを僕に渡した。日本のユースホステルで使っているスリーピングシーツと形は似ているが、素材が全然異なる。そして、受付係は僕に鍵を2つ渡した。

「一つが部屋の鍵。もう一つがロッカーの鍵だよ。ただし、カネとパスポートと航空券はいつも身につけておいた方がいい。君の部屋は3階だ。奇数階が男、偶数階が女になっているからね。いいかい、ここは1階じゃなくてグランドフロア（ロビー階）だよ。ときどき日本人で階を間違える人がいるから注意してね。食事は朝6時から夜11時まで、ロビー階のカフェでとることができる。市内のカフェは高いからね。ここで食事をすることを勧める。あるいは、外にスーパーマーケットがあるから、そこでパンとチーズを買ってきてもいいよ」

受付係は、英語でゆっくり話してくれるので、意味を取ることができた。僕は紺色の大きなスーツケースと黒色のアタッシェケースを持っている。受付係は僕のアタッシェケースを見つめこう言った。

「何か楽器をやるのか」

「楽器？　いや僕は楽器を弾きません。なぜそんなことを聞くのですか」

「君の黒いケースには、フルートかクラリネットが入っているのではないかと思ったからだ」

そう言って、受付係は笑った。

3階に行ってみた。結構、広い部屋に二段ベッドが3つ並んでいる。6人部屋だが、ベッドの上に置いてある荷物から判断すると3人しかいないようだ。下の段がすべて埋まっているので、ぼくは窓側の上の段をとることにした。大きなベッドなのでスーツケースを足元に置いても十分寝ることができそうだけれども、落ち着かないので、スーツケースは窓の下の壁の横に置くことにした。僕以外の3人は大きなリュックを背負っているようだ。

日本のユースホステルのかいこ棚にはカーテンがついている。カーテンを引けば、中で何をしていても外から様子が見えない。しかし、ここにはカーテンがついていない。これで落ち着いて寝ることができるかと不安になった。

はしごを登ってベッドに乗った。いま受付係から借りたシーツを敷いてみた。袋の中に身体を入れて横になると急に眠くなった。飛行機の中で20時間以上寝たはずだが、疲れがとれていなかったようだ。

ガタッという音がしたので目が覚めた。部屋に金色の顎鬚を生やした青年が入ってきた。時計を見ると午後8時を回っていた。3時間くらい寝てしまったようだ。

青年が何か話しかけてきた。言葉はわからないが、音の響きからするとドイツ語なのだろう。

「ドイツ語はわからない。英語で話してみて」と僕はたどたどしい英語で言った。すると相手も口が尖ったようななまりのある英語で話し始めた。

「起こして済まない。どこから来たのか。香港か」

「違う。日本から来た」

「東京からか」

「だいたいそうだ」

「夕飯は食べたか」

「まだだ」

「お腹が空かないか」

「空いた」

「それじゃ1階のカフェに食べに行こう」

　僕はうなずいて、身長が180センチくらいあるこの青年についていった。

　ロビー階のカフェはセルフサービス方式になっている。これならば言葉が通じなくても食事をとることができる。僕はこの青年と同じものをとることにした。冷たいチョコレートドリンクとトマトとキュウリのサラダをとった。それに細く切ったジャガイモを炒めて固めた「お好み焼き」のようなものの上に牛肉をサワークリームで煮込んだシチューをかけた料理をとった。そして、最後にパン2枚とバターとマーマレード、コーヒーをとった。

　青年は西ドイツの工場で働いている労働者で、夏期休暇を利用して徒歩旅行をしているという。僕が「山登りか」と尋ねると、そうではなく、スイスの街や村を徒歩で見ながら旅行しているということだった。この「お好み焼き」は、ロスティというスイスの名物料理ということだ。ハーブと胡椒をふりかけてジャガイモを炒めたのであろう。日本では食べたことのない味がした。サワークリームで煮ている肉は腿の筋なのだろうか、歯ごたえがあった。パンは灰色で、少し臭いがあるし、堅い。おいしくない。バターとマーマレードをつけて食べたが、1枚の半分くらいしか食べることができなかった。青年は、チューリヒからジュネーブまで歩いていき、そこから列車に乗ってドイツに帰ると言っていた。

コーヒーを飲んで話をしていると、数名の男女が集まってきた。青年とドイツ語で話していると、西ドイツとオーストリアからやってきた青年労働者で、スイスを観光旅行しているという。僕と同室の青年のような徒歩旅行ではなく、列車やバスを使ってスイス全土を旅行しているという。みんな英語を話す。僕に「これからどこに行くのか」と尋ねるので、「チェコスロバキア、ポーランド、ハンガリー、ユーゴスラビア、ブルガリア、ルーマニアとソ連に行くつもりだ」と答えると、全員が驚いた。

そのうちの1人の青年が、「東ベルリンに日帰りで出かけたことがあるが、あまりよい印象は持たなかった」と言った。

「東ドイツにユースホステルはあるのか」とその青年に僕は尋ねた。

「あるよ。戦前、ユースホステルは東ドイツ地域で発展していた。だから、現在の東ドイツにもユースホステルはたくさんあるよ。ただし、僕たち西ドイツやスイスからの旅行者はユースホステルを使うことができない」

「どうして」

「東ドイツ政府がビザを出さないからさ。東ドイツに観光旅行をするためには、事前にホテルや列車をすべて予約して、カネを払い込まないとならない。アメリカやインドを旅行するよりもカネがかかるよ。だから行きたくても行けないんだ。そのうちカネを貯めて旅行してみたいとは思うけどね」

「東ドイツの観光客が西ドイツに来ることはあるの」

　僕と同室の青年が「見たことがない」と答えた。すると別の青年が、「観光客じゃないけれど、60歳を過ぎると親族訪問で東ドイツの親戚が訪ねてくることがあるよ」と答えた。そして、僕に「君は東ドイツに関心があるのか」と尋ねた。

「ある。東ドイツだけでなく、東欧やソ連にも関心がある」

「どうして」

「日本と異なる社会主義体制をとっているからだ」

「君は社会主義者か、共産主義者か」

　予期しない質問をされ、僕は当惑した。

「よくわからない。僕は社会主義についても共産主義についても、よく知らない。だから見てみたいと思うんだ」

「僕たちは、ソ連も東ドイツも嫌いだ。自由がないし、生活も苦しい。ただ、一度、旅行してみたいとは思うね。ユーゴスラビアだったら、僕たちもビザ無しで簡単に訪れることができる。僕はまだ行ったことがないけれど、一度、訪れてみたいと思っている」

こんなやりとりをした後、青年たちが日本の生活や文化についていろいろ尋ねてくるので、僕はたどたどしい英語で苦労しながら答えた。

時計を見ると10時を回っていた。同室の青年が「部屋に帰ろう」と言うので、従った。他の2人の同室者はすでに寝ていた。日本のユースホステルはかいこ棚の中に小さな蛍光灯があるので、カーテンを引いて深夜でも本を読むことができる。ここにはカーテンもなければ、小さな蛍光灯もない。天井に大きな蛍光灯が2本ついているだけだ。それが消えると真っ暗である。窓からは星が見える。羽田を出てから、まだ2日しか経っていないのに、飛行機に乗っていたのはもう1～2カ月前のことのように思える。明日、父と母に宛てて絵葉書を書こうと思い、文面を考えているうちに眠ってしまった。

誰かに軽く肩を揺さぶられて目が覚めた。ユースホステルの職員のようだ。

「体の調子がよくないのならば寝ていてもいいけれど、午前10時から午後3時までは、寝室ではなくカフェテリアにいてほしい」

「少し寝坊をしました。元気です。いますぐ外に出ます」

「今すぐじゃなくていいよ。顔を洗って、歯をみがいてからでいいよ」

時計を見ると午前10時半だ。あわてて洗面所に行った。2〜3分で洗面と歯みがきを済ませて外に出た。夏の日射しはきついが、乾燥しているので、日本のあのじめじめした夏とは感じがだいぶ違う。石造りの家が続き、それを見ながら歩いているだけでも楽しい。あっという間に2時間くらいが経った。中央広場のベンチに座って両親に宛てた絵葉書を書いていると2人組の女の子から「どこから来たのか」と話しかけられた。僕が「日本から来た」と答えると、1人の少女が、「マルガレッタの予想があたったわ。私はあなたが中国人だと思った」と答えた。

「中国人の観光客がよく来るの」と僕が尋ねると、マルガレッタは、「ロンドンに住んでいる中国人が観光でよく来るわ」と答えた。

2人は実業学校の同級生で17歳だという。2人ともチューリヒの出身だ。いまは夏休みだが、事務所の仕事を手伝っているそうだ。昼食は中央広場のベンチで2人でとることにしているという。

そういえば僕もお腹が空いてきた。

「この辺に安くておいしいカフェテリアはないか」と尋ねた。

「どのカフェテリアも高いし、おいしくないわよ。店でパンとチーズやハムを買って、自分でサンドイッチをつくるのがいいわ。私たちもそうしている。そう、私のサンドイッチを半分あげる」

そう言って、マルガレッタは、サンドイッチと青リンゴを僕に渡そうとした。僕が遠慮していると、「チューリヒの思い出になるわよ」と言うので、僕はありがたくもらうことにした。チーズとハムとキュウリをはさんだおいしいサンドイッチだった。リンゴは野球の硬球を一回り小さくしたくらいの大きさだ。堅くて酸っぱい。しかし、水分が十分あるので、これならば飲み物がなくても、サンドイッチを食べることができる。

「チューリヒにはいつまでいるの」

「明日の朝まで」

「それは残念。明日までは仕事があるけれど、あさっては休みなので、街を案内してあげることができたのに」

僕は、一瞬、チューリヒの滞在を延ばそうと思ったが、ここでゆっくりしていくと、本来の目的である東欧旅行の日程に支障が出る。

マルガレッタは、「明日はどこに行くの」と尋ねた。

僕は「シャフハウゼンに行く」と答えた。

「それじゃ、滝を見に行くの」

「滝？」

「そう。シャフハウゼンの郊外には大きな滝があるわ。みんなあそこに滝を見に行く」

「君も見に行ったことがある？」

「もちろん。とてもいいところよ」

シャフハウゼンのユースホステルは、貴族の館を改造した豪華な施設だという。ここに泊まって滝を見に行くことが僕には楽しみになった。

僕はアタッシェケースから、カメラを取りだして、「記念にあなたたちの写真を撮ってもいいか」と尋ねた。マルガレッタは「いいわよ。ただし、必ず送ってね。住所を教えるわ」と言った。

写真を撮った後、僕たちは住所を交換した。

その後、僕は路面電車に乗って、チューリヒ湖の北部に向かった。ここからリマート河が流れ出す。河のほとりには、絵本から抜け出してきたような家と教会が立ち並んでいる。そういえば、新井義弘牧師が、「ジュネーブやチューリヒなどスイスの教会は、私たち日本キリスト教会と同じ信仰を持っています」と言っていたが、この大きな教会堂と大宮市風渡野の見沼代用水東べりに面した日本キリスト教会大宮東伝道教会の小さな建物が同じ信仰でつながっていることがとても不思議な感じがした。

午後5時過ぎにユースホステルに戻った。寝室に入ると昨日、いろいろ話をした青年の荷物がなくなり、毛布がきれいに折りたたまれて、マットの上に置かれていた。僕が寝坊したので気付かなかったが、きっと朝早く出発したのだろう。ゆっくり2週間くらいかけてジュネーブまで行くと言っていた。住所を交換しておけばよかったと思った。ユースホステルに泊まっていると、いろいろな情報が交換できるので、興味深い。そしてスイス人はマルガレッタのように人懐こいし、観光客に対して親切だ。これからの旅をそれほど心配する必要はないと思った。

ユースホステルの受付では切手も売っている。ここで、昼、中央広場で書いた「チューリヒに着いた。僕の英語もなんとか通じるので、路頭に迷うことにはなっていません。御安心を」と両親に宛てて書いた絵葉書に切手を貼ってポストに入れた。

お腹があまり空かないので、カフェテリアでコーヒーを飲んでいると、日本語で「日本人ですか」と話しかけられた。僕が「そうです」と答えると、相手は日本の大学生だという。夏休みを利用して、フランス、ドイツ、スイスを旅行しているという。イギリスも見たいと思っているのだが、物価が高いので、今回は断念するつもりだと言った。僕がこれから東欧とソ連に行くのだと言うととても驚いた。海外に出かける大学の仲間は何人もいるが、東欧やソ連に旅行した経験がある人は見たことがないということだ。その話を聞いて、僕は他の人々があまり訪れない旅行先を選んで、あとで話の種がたくさんできそうな気がした。

明後日、すなわち7月25日の午後9時過ぎにミュンヘン発プラハ行きの列車が出る。チューリヒから国境の街シャフハウゼンを経て、シュツットガルトを経由してミュンヘン、プラハに向かう。そうなると25日の昼頃にはシャフハウゼンを出発しなくてはならない。シャフハウゼンの滝は24日中に見ておいた方がいい。

時差のせいなのだろうか、よく寝付けない。うとうとしたのは深夜3時過ぎだったが、7時には目が覚めた。カフェテリアは朝6時から開いている。カフェテリアに降りるとおいしそうな焼きたてパンの薫りがする。クロワッサンが山積みにされている。早速2つとって、熱いカフェオーレを頼んだ。おいしい。

朝食を済ませると、僕は荷物をまとめてユースホステルを出た。左手にスーツケース、右手にアタッシェケースを持っているので歩きにくい。アタッシェケースをスーツケースの中にしまい込もうと思った。ぎりぎりでアタッシェケースがスーツケースの中に入るが、そうすると衣類が入らなくなってしまう。リュックサックを背負ってこなかったことを後悔した。もしどうしても、移動が難しいならば、スーツケースを捨てて、リュックサックを買おうと思った。それくらいのカネの余裕はあるはずだ。

路面電車で、チューリヒの中央駅に着いた。交通の要衝で、上野駅をきれいにした感じだ。十字がついたスイス国鉄の深緑色の汽車に乗った。二等車だが、コンパートメント（個室）になっている。扉を開けると4人ずつ座ることができるシートが向かい合っていた。シートの色も深緑だ。僕以外には誰も乗っていない。列車はゆっくり走り、40分くらいでシャフハウゼンに着いた。ユースホステルは街はずれにある。路面電車に乗って、最寄りの停留所から更に10分くらい歩いてようやく着いた。きれいに刈り揃えた芝生が敷き詰められ、たくさんの花が咲いた大きな庭がある。その真ん中に白亜の大きな建物がある。中世の貴族の館を改造したユースホステルだった。着いたのが12時前だったので、チェックインを済ませることはできたが、寝室には入れない。スーツケースを受付に預けて、アタッシェケースだけを持って外に出てみた。

6〜7人の少女たちがコンロに火をつけて、何かをつくっている。好奇心から近寄って、その様子を見ていた。背の高い少女が、「中国人か」と尋ねる。僕が「ちがう。日本人だよ」と答えると、少女は「日本人と話をするのは初めてだ」と言った。いずれも西ドイツからやってきた17〜18歳の実業学校生で、夏休みにスイス旅行をしているという。僕が「徒歩旅行をしているのか」と尋ねると、背の高い少女は「一部分は徒歩で、バスや列車を使うこともある」と答えた。「ドイツに比べてスイスは自然の景色がきれいなので、夏休みはだいたい友だちといっしょにスイスで過ごしている」ということだ。

「君はカップを持っていないの」と背の高い少女が尋ねた。

「カップって何だい」

「こういうカップよ」

そう言って、背の高い少女は琺瑯（ほうろう）のカップを見せた。

「残念ながら持っていない」

「それじゃ私のを貸してあげる。ミルクコーヒーをつくってあげるね」

そう言って、少女はカップに半分くらい水を入れて、直接火にかけた。すぐに熱湯ができた。そこに少女はインスタントコーヒーを2匙入れた。「もう少し濃くする」と尋ねられたが、僕は「これでいい」と答えた。

少女は水筒を取りだして、そこからカップに牛乳を注いだ。2〜3分でカップの中が泡立ってきた。

「熱いから、ハンカチで柄をきちんと持ってね」

そう言って、少女はハンカチで柄をおさえた琺瑯のカップを僕に渡した。

やけどをするのではないかと恐る恐るカップをくちびるにつけたが、それほど熱くはなかった。コーヒーの苦さが、牛乳によって中和されている。それからインスタントコーヒーなのにとても薫りがいい。

「昼食を食べた」と少女が尋ねた。

「まだだ」

「それじゃ、私たちといっしょに食べましょう」

そう言って、少女はビニールシートを敷いて、袋から大きなパンを取りだした。

パンに続いて、ピーマン、トマト、チーズ、それから血のソーセージを取りだした。そして、ナイフでそれぞれを大雑把に切った。瓶に入ったジャムとバターが出てきた。少女たちは、パンにバターを塗って、その上にチーズをのせたオープンサンドイッチをつくった。少し酸っぱいような薫りがするライ麦入りのパンとチーズがよくあう。旅行ガイドブックには、「スイスの食事にはあまり期待できない」と書かれていたが、そんなことはない。まず、チーズや牛乳がおいしい。それにチューリヒで食べたロスティも肉は硬かったがおいしかった。ライ麦入りのパンは、チューリヒのユースホステルで食べたときは変な味だと思ったが、それはマーマレードをつけたからだ。チーズとはとてもあうことがわかった。

実業学校生たちの話では、ドイツでは、普通の中学高校（義務教育）の卒業生はほとんど大学には進学せずに、実業学校に進学するということだ。大学進学を希望する生徒は、最初から「ギムナジウム」という進学校に進むという。ギムナジウムに進学する生徒の親は、だいたい大学を卒業しているという。少女たちは、実業学校を卒業したら、会社に秘書職として勤めることになるだろうと言っていた。

背の高い少女が「ラインの滝を見に行ったか」と尋ねた。僕が「見てない」と言うと、案内してくれるという。既に少女たちは滝を見に行ったようで、背の高い少女ともう一人の少し背の低い少女が付き合ってくれることになった。背の高い少女は、身長が１７０センチくらいある。少し背の低い少女も１６５センチはあるだろう。身長１６３センチの僕よりは背が高い。

さっき降りた路面電車の停留所まで行った。そこから路面電車に乗って、１回乗り換えて、ラインの滝の停留所まで行った。停留所から、ザーッという滝の音が聞こえる。10分も歩くと滝が見えてきた。落差は23メートルしかないが、滝幅が１５０メートルもある。背の高い少女が、「滝を真下から見上げることができる場所がある。行ってみないか」というので、僕は「行ってみたい」と答え、彼女の後ろをついていった。滝つぼに降りていく階段がある。横から水が嵐のように吹き付けてくる。全身がびしょぬれになった。階段の下には踊り場があって、旗竿に正方形のスイス国旗がかかっている。なぜかここには水が吹き付けてこない。背の高い少女が何か話しているのだが、滝の音が激しいので、まったく聞こえない。

背の高い少女が指す方向を見てみた。虹が見える。光の向きの関係なのだろう。くっきりした虹が見えた。10分くらい踊り場にいて、僕はもうこれでいいと思ったので、背の高い少女に「もう帰ろう」と言った。背の高い少女は、「これから旧市街を見に行こう」と言った。僕は再び少女の後について路面電車に乗った。15分くらい電車に揺られたであろうか、背の高い少女に促されて僕は路面電車を降りた。石畳の道を歩いていると大きな教会堂が見える。それから、「ムノート」という城が見える。まるで中世の街に迷い込んでしまったようだ。時計を見ると4時になっている。もうユースホステルの中に入ることができるので、戻ることにした。

ユースホステルに帰ると、庭の芝生でくつろいでいた実業学校の女子学生たちは、ロビー階のカフェテリアに集まって話をしていた。カフェテリアというよりは、古いビアホールのような感じだ。ペアレント（ユースホステルの管理人）と楽しそうに話をしている。

ペアレントは、僕の部屋は2階だと言って鍵を渡した。二段ベッドが3つ並んでいるのはチューリヒのユースホステルと同じだったが、天井がとても高い。3メートルくらいある。貴族の館に泊まっているという感じがした。

実業学校生は、ペアレントの話を聞いている。ドイツ語で話しているが、僕が参加したので、英語に切り替えてくれた。第二次世界大戦中の話をしていたようだ。第二次大戦中、スイスは中立国だった。しかし、シャフハウゼンは空爆を受けたことがあるという。シャフハウゼンは三方をドイツに囲まれている。１９４４年4月1日に、アメリカ空軍がこの街をドイツ領と勘違いして空爆し、49人が死亡し、２７１人が負傷した。アメリカのルーズベルト大統領はただちに謝罪し、賠償金を支払った。シャフハウゼンではこのときの死者を追悼していまでも毎年4月1日には特別の鐘を鳴らすという。

夕食は、特にチョイスはなかった。日替わりで定食がでるということだった。この日の定食は、カツレツだった。ただし、日本のトンカツのように油で揚げていない。フライパンにバターをたっぷり入れて焼いたという感じだ。付け合わせはゆでたジャガイモだった。バターをつけて、塩を振るとおいしい。

夕食後、コーヒーを飲みながら、ペアレントを囲んで話をした。20人くらいが宿泊していたが、男は4〜5名で、また僕以外はすべてスイス人とドイツ人だった。ペアレントによれば、「夏休みに日本人が数人は訪れる」ということだ。

お互い、これからの旅行計画について話した。僕が、東ヨーロッパとソ連を訪問すると言うとみんな驚いた。

僕はペアレントにプラハまで行く最短コースについて尋ねた。ペアレントは、シャフハウゼンからプラハに直行する列車はないので、ミュンヘンに行くしかないと言った。そして、

「多分、ドイツからチェコスロバキアを訪れる人は少ないので、列車は1～2両かもしれない」と付け加えた。

ミュンヘンには夜までに着けばいいので、翌日は昼頃まで、背の高い少女たちとユースホステルの庭の芝生の上でコーヒーを飲みながら、とりとめのない話をしていた。少女たちも今日はチューリヒに移動するというので、シャフハウゼンの駅までいっしょに行った。それにしてもスイス人やドイツ人は親切で、誰もが気軽に話しかけて、また食事を分けてくれる。スイスに来てから食費がほとんどかからない。

シャフハウゼンの駅で、プラハ行きの切符を買いたいと言うと、列車の席が指定になっているので、ミュンヘンまでの切符しか売れないと言われた。仕方がないのでミュンヘンまでの切符を買ってシュツットガルト行きの列車に乗った。途中、スイスと西ドイツの国境を越える。国境警備員も税関職員も入ってこずに、何の検査もなく国境を越えた。僕が乗った二等車のコンパートメントには、荷物をたくさん持ったイタリア人の家族が乗っていた。親子4人だ。英語を話さないので、身振り、手振りで意思疎通を試みた。この家族はイタリアのシチリア島からやってきて、これからハンブルクに出稼ぎに行くということだった。

チューリヒのユースホステルで、東ドイツに親戚がいるという西ドイツの青年から、「東ヨーロッパではチョコレートが欠乏している。スイスのチョコレートを持っていくと喜ばれる」と教えられたので、僕はシャフハウゼンの駅の売店でチョコレートを5枚買った。日本のチョコレートの倍以上ある大きな板チョコだ。イタリア人の子どもたちにこのチョコレートを1枚渡すと、あっというまに2人でたいらげてしまった。お腹が空いていたようだ。両親からはとても感謝された。

シュツットガルトが終点なので、僕もイタリア人家族も列車を降りた。イタリア人家族はハンブルク行き、僕はミュンヘン行きに乗り換える。乗り換え時間が1時間くらいしかない。僕は駅のベンチに座って時間をつぶすことにした。シュツットガルトの駅は、ほんとうに田舎駅という感じだった。チューリヒの中央駅は大きかったが、清潔で整然としていた。それと比較するとこのシュツットガルト中央駅は薄暗く、人通りが多い。ゴミ一つ落ちていないのはスイスといっしょだ。スイス人もドイツ人もきれい好きなのだろう。

列車はスイス鉄道と同じく青色だが、DB（ドイツ鉄道）というロゴがついた列車が入線した。早速、二等車に乗った。僕のコンパートメントには結局、ミュンヘンまで、車掌が1回、検札に来た以外、誰も入ってこなかった。ドイツでは鉄道で移動する人は少ないのだろうか？　そう言えば、シャフハウゼンで会った実業学校の学生たちも「鉄道は高いので、バスで移動することの方が多い」と言っていた。ミュンヘンに着く頃には、景色は薄暗くなっていた。

駅で降り、切符を買うために外に出ようとした。突然、大きな笑い声がした。「ヤポニヤマサル・サトウ」と言っている。僕のことを笑っているのだ。振り向くと、食べ物を売っている店で白衣を着た中年の売り子が僕のスーツケースを指さして笑っている。僕はスーツケースが紛れないように、片面にローマ字で「MASARU SATO, JAPAN」、反対側にキリル(ロシア)文字で「МАСАРУ САТО, ЯПОНИЯ」と白マジックで書いておいた。中年の売り子はこのキリル文字を指して笑っているのだ。この中年の売り子だけでなく、この駅にいるすべての人が僕をあざ笑っているような嫌な感じがした。

駅の案内所で「プラハ行きの切符を買いたい」と言うと「指定席券売り場に行きなさい」と窓口を指定された。この窓口には2〜3人が並んでいたが、時間がとてもかかる。30分くらい待たされて僕の順番になった。僕は「プラハまで、二等車の片道切符をください」と言った。そうすると駅員がぞんざいな声で質(ただ)した。

「プラハまで、二等車の片道だって?」

「そうです」

「ビザは持っているのかい」

「持っています」

「パスポートを見せて」

僕はパスポートを見せた。駅員はチェコスロバキアのビザの部分をチェックして、パスポートを投げるようにして返した。そして、切符は三十数マルクだというので、50マルク札を出すと駅員は、「ダンケ・シェーン（ありがとう）」と10マルク札、お釣りといっしょに切符を投げるようにして戻してきた。

さっきの白衣の店員のあざ笑う声と駅員の乱暴な態度で、僕はすっかり西ドイツが嫌いになった。スイスと西ドイツはまったく別の国のように思えてきた。列車が出るまでに2時間くらいあったが、街に出る気にはならなかった。また、食欲も湧かなかった。

DBのロゴが入った電気機関車にひかれて十数両編成の列車が入ってきた。このうちのどこかにプラハ行きの車両が連結されているはずだ。真ん中あたりに、プラハ行きの車両があった。タラップの横の差し込み式の表示に白地に黒文字で〈MÜNCHEN-PRAHA〉と書かれた鉄の板がはさまれている。おなじような車両がもう一両あった。それ以外の車両には、プラハという表示が出ていない。チェコスロバキアに行くのはどうもこの2両だけのようだ。指定された車両に入った。コンパートメントは8人掛けの椅子になっていた。

コンパートメントでは2人の女性と乗り合わせた。姉妹だという。姉は30歳前後で、夫がチェコ人だという。夫はピルゼンに住んでいるが、チェコスロバキアから出国することができないので、2～3カ月に1回、こうしてドイツからピルゼンを訪ねているという。妹はギムナジウムに通っているが、今は夏休みなので、こうして同行させることにしたということだ。妹は僕よりも2つ年上の17歳だった。

姉は、「結婚して10年近くなるけれど、もうこういう状態が7年も続いている。ビザが出ないこともあるので困る」と言っていた。

そのときは気付かなかったが、後で考えてみると7年前というと1968年だ。この年の8月20日未明、ソ連を中心とするワルシャワ条約機構5カ国（ソ連、東ドイツ、ポーランド、ハンガリー、ブルガリア。ルーマニアはワルシャワ条約機構に加盟しているが出兵を拒否）の軍隊がチェコスロバキアに侵攻した。そして、当時、チェコスロバキア共産党指導部が進めていた「プラハの春」と呼ばれる民主化運動を叩き潰した。その後、この運動に参加して、転向しないチェコ人、スロバキア人はパスポートを取り上げられ、出国ができなくなった。このドイツ人女性の夫もそのような一人なのであろう。ただし、列車の中で話しているときには、僕はそのことに気付かなかった。

列車がチェコスロバキアの国境に近づくにつれて、次々と車両が切り離されていく。最後にドイツの入国管理官の制服を着た男がやってきて、パスポートを見て、西ドイツの出国印を押した。それから、西ドイツの税関職員がやってきて、「申告を必要とする物を持っていたら伝えてください」と言った。僕もドイツ人姉妹も「特に申告する物はありません」と答えた。

国境の手前で、ドイツ側の入国管理官、税関職員が列車から降りた。外を見るとあちこちに柵があり、有刺鉄線が張られている。国境から列車がチェコスロバキア側に入った途端に全員が車両から降ろされた。そして、小さな駅舎に連れていかれた。制服を着た入国管理官が出てきて、パスポートを取り上げた。そして、資本主義国と社会主義国の人間が分けられた。

資本主義国の人間は、僕とドイツ人姉妹を含め十数人しかいなかった。僕はこのドイツ人姉妹の後ろについて、入国審査の列に立った。入国審査では、ビザの紙が1枚切り取られた。それから、パスポートと書類に入国審査官が四角いスタンプを押した。ガイドブックには、国境で滞在予定日数分の強制両替があると書かれていたが、税関検査だけで、両替はなかった。現地通貨がないとプラハに着いてから困る。恐らく駅に銀行か両替所があるので、そこに行けば何とかなると思った。

その後、僕たちはバスに乗せられた。ドイツ人の姉が僕に耳打ちした。

「この付近に軍事基地があるの。だから、西側の人間はバスで移動させられることになるの」

「プラハまでバスで行くことになるの」

「そうじゃない。2時間もしたところで、もう一度列車に乗せられるわ」

軍事基地という言葉を聞いて、僕は緊張した。

バスは20年くらい使っているような旧式だった。椅子のクッションがよくない。ひどく揺れる。バスに乗っているうちに、外の景色が白んできた。バスに2時間近く揺られた後、列車の駅に着いた。そこで列車に乗ったが、ミュンヘンから乗ったのとは別の車両だった。車両の色は深緑色だが、ドイツの車両と比べるとくすんだ色をしていた。車両の真ん中にCSD（チェコスロバキア国鉄）のロゴがついている。ドイツからチェコスロバキアに入った列車は2両編成だったが、この列車は十数両編成だ。ドイツ人姉妹の後について指定された車両に入った。コンパートメントは8人掛けの椅子になっていたが、入口の扉が木だ。ドイツ鉄道、スイス鉄道では、ジュラルミンだった。車内の表示が、チェコ語、ドイツ語とロシア語で書かれている。キリル文字とともにラテン文字のアルファベットの上に小さなˇ（ハーチェク）がつくチェコ語を見て「違う世界に来た」と実感した。

コンパートメントには、すでに5人が乗っていたので、僕とドイツ人姉妹の3人が加わったことで、満席になった。誰も何も話さない。スイスやドイツでは、コンパートメントでいっしょになった人たちは世間話をしたのに、チェコスロバキアでは違うようだ。共産圏の人々は、みんなこのように無口なのだろうか？　しばらくすると銀行職員が乗りこんできた。

僕はチェコスロバキアに3日間滞在する予定なので、45ドルを強制両替させられた。銀行職員はパスポートにホチキスで留められたビザの書類に強制両替額を書き込んで、スタンプを押した。

列車に乗ってからしばらくすると、ドイツ人姉妹は「ピルゼン行きに乗り換える」と言ってコンパートメントから去っていった。

それから3～4時間して、列車はプラハの中央駅についた。

国際ユースホステル協会が発行するハンドブックを頼りに市の中心にあるユースホステルを訪ねたが、満室ということで断られた。大学の寮を夏の間ユースホステルに開放しているような感じだ。空き部屋は絶対にあるはずだ。どうも資本主義国の人間を泊めないようにしているようだ。

僕が「どこに行けば宿を紹介してもらえるか」と尋ねると、ユースホステルの職員は、「ホテルに直接行っても、外国人旅行者は受け付けてもらえない。チェドック本社に行って相談するといい」と答えた。

国際旅行会社のチェドック本社にはタクシーで行った。タクシーの運転手が「闇両替をしないか」と誘ってきたが、「コルナは十分ある」と言って断った。チェドック本社は、バーツラフ大通りからそれほど離れていないところにあった。人であふれている。HOTELと記されたカウンターにも10人くらいの行列ができているが、なかなか先に進まない。結局、3時間近く待たされて、ようやく僕の番になった。

「ホテルを紹介してほしいんです」

「何泊ですか」

「2泊です」

「残念ながら1泊しか紹介できません」

「それでは、ホテルで連泊をお願いすればよいですか」

「それはできません」

「それではどうすればよいのですか」

「明日、またこの窓口に来てください」

また3時間も待たされるのではかなわないと思った。予定を変更し、プラハには1泊だけして、夜行寝台列車でプラハからワルシャワに移動することにした。

チェドックの窓口でホテル代を支払って、宿泊券をもらった。支払いは米ドルか西独マルクでしかできない。「強制両替で手に入れたコルナを使うことができないか」と尋ねたが、「できない」という。「ドルのトラベラーズチェックを使うことができるか」と尋ねると、「それは可能だ」ということなので、トラベラーズチェックで支払った。お釣りも米ドルできた。

ホテルは旧市街の入り組んだところにあった。チェドック本社を出て、7〜8歳の男の子を連れた男性がいたので尋ねた。男性は、ホテルの場所を示す地図を書いてくれた。男の子が、ポケットから飴を出して、僕にくれた。せっかくの厚意なので喜んで受けることにした。ホテルは1キロくらい離れている。スーツケースを抱えて移動するには少し距離がある。そこでタクシーを使うことにした。タクシーの運転手からまた闇両替を持ちかけられたが「コルナはたくさんある」と言って断った。車の中でさっき子どもからもらった飴をなめてみた。堅い飴の中に木イチゴのジャムが入っている。おいしい飴だった。タクシーは5分くらいでホテルに着いた。「ドルなら2ドルだ」というので、コルナで払うのと比べ、圧倒的に安いので、ドルで支払った。

チェドックの宿泊券を渡すとすぐにチェックインすることができた。時計を見ると午後7時だった。移動とホテルの予約をとるための行列で疲れ切ってしまった。朝から口にしたのは、子どもからもらった飴だけだ。猛烈にお腹が空いていた。部屋はきれいに整頓されたツインルームだった。スーツケースを部屋に置いて、レストランに行った。ウエイターが「満席で、食事をとることができない」という。ホテル料金には夕食と朝食が含まれている。僕は、夕食券を示して、「お金を払い込んでいるのに、食事ができないのはおかしい」と抗議した。するとウエイターは「モーメント」と言って、僕を待たせた。2～3分でウエイターが戻ってきて、端の方の席に僕を案内する。きれいな女性が座っていた。年齢は30前後と思う。片言の英語を話す。イタリアからやってきたという。注文から1時間近く待っているが、まだ料理が来ないという。僕の方は、ウエイターを何度呼んでも、注文さえ取ろうとしない。それから30分くらいして、イタリア人女性のところに大きなシュニッツェル（トンカツ）とゆでたジャガイモの付け合わせが運ばれてきた。それと籠に入ったパンが運ばれてきた。イタリア人は僕に「半分、食べないか」と言う。僕は「大丈夫。これからきちんと注文します」と言ったが、彼女は「これじゃあなたはきっと夕食からあぶれる」と言って笑って、ウエイターに「大至急、お皿を持ってきて」と言った。ウエイターがすぐに皿を持ってきた。イタリア人は、皿の上でシュニッツェルを半分に切り、ジャガイモを3つ移して、僕に渡した。肉にはすこしスモークがかかっているようだ。実においしい。イタリア人も「チェコ料理はおいしい。ただ、観光を受け入れる態勢ができていない。特に夏がひどい」と言っていた。僕が、「あなたは観光でプラハを訪れているのですか」と尋ねたら、「違う」という答えだった。夫といっしょにプラハで商談をしているという。夫は別の場所で会食をしているので、1人で食事をしているということだった。イタリア人はコーヒーとケーキを2つずつ頼んだ。コーヒーはエスプレッソで苦かったが、ケーキはリンゴの堅いタルトだった。横にホイップクリームが山のように添えられていた。

　僕が食事代を支払おうとすると、イタリア人に「その必要はない」と言われた。ケーキを含め、すべてクーポンに含まれているという。結局、僕の夕食券は使わないまま余ってしまった。彼女は僕に「未使用の券は、チョコレートやタバコと交換することができるわよ」と言った。

　社会主義国で、ホテルをとったり、レストランで食事をすることがこれほどたいへんとは思わなかった。この先、旅行を続けることができるか、不安になった。

　部屋には大きなバスタブがあった。そこにお湯をいっぱい張って、風呂に入った。チューリヒとシャフハウゼンのユースホステルにはシャワーしかなかったので、生き返るような思いがした。

　この調子だとワルシャワ行きの寝台切符を取るのも相当難しそうだ。とにかく、朝一番で中央駅に行ってみることにした。8時頃に起きて外に出ようとすると、昨日のイタリア人女性がいた。横に10歳くらい年上の額が広くなった黒髪の男性が立っていた。僕が「昨晩はどうもありがとうございました」とお礼を言うと、彼女はイタリア語で夫に説明していた。夫は笑って、「この時期にチェコスロバキアを旅行するとたいへんですよ。チェコ人は親切な人たちですけれど、能力を超えて観光客を受け入れてしまっている。それだから、あちこちでトラブルが生じています」と言った。僕はイタリア人夫妻と握手して外に出た。タクシーを拾って、「中央駅に行ってくれ」と頼んだ。

中央駅の国際列車の切符売り場に行った。幸い行列はなかった。ワルシャワまでの寝台列車の切符を買いたいと言うと、パスポートを見せろという。日本からの観光客の切符はチェドックでしか売ることができないという。悪い予感がした。もしかすると切符はすべて売り切れているかもしれない。そのときは飛行機でワルシャワに向かうしかない。確か社会主義国間の航空運賃はそれほど高くなかったはずだ。とにかく、ホテルに戻ってチェックアウトをしなくてはならない。ホテルのチェックアウトは簡単にできた。再びチェドック本社に行った。

今度は、TRAINと記されたカウンターで半日近く待った。10人くらいが並んでいた。全てを手作業で行っているので、時間がかかるのだ。午後2時くらいに僕に順番が回ってきた。難なくワルシャワ行きの二等寝台切符を買うことができた。列車の出発は午後9時過ぎなので、まだ数時間余裕がある。疲れ果ててしまった。市内観光をしようという気分にもなれない。そこで中央駅のベンチに座って、ひたすらワルシャワ行きの列車を待つことにした。本を読もうと思ったが、力が湧いてこない。ただぼんやりとベンチに座っていた。夕方になるとお腹が空いてきた。食堂を探したが、勝手がよくわからない。ホームの売店でソーセージとシュニッツェルを売っている。そこでソーセージ、シュニッツェルを買った。コーラを飲みたくなったが、売店で売っていない。そこで瓶に入ったオレンジジュースを買った。栓を開けてもらい、飲むとオレンジではなく薬品の味がした。舌がしびれるような感じがする。そこで、ジュースにはほとんど口をつけずに牛乳を買った。牛乳はおいしい。ソーセージはぶよぶよでほとんど味がない。ただし、シュニッツェルはとてもおいしかった。シュニッツェルと牛乳で生き返る思いがした。

いったいこれからどうなるのであろうか。僕は不安で泣き出しそうになった。

5

チェコのシュニッツェルは実においしい。日本の肉屋で売っているトンカツよりは少し小さい。小学生の頃、団地のすぐそばにある商店街の木村精肉店で買ったハムカツを思い出した。シュニッツェルの場合も、肉をたたいて伸ばしてあるのでハムカツのようになる。もう一度、売店に並んでシュニッツェルを買った。

共産圏に入って2日目なのに、早く西側に出たくなった。スイスでは、食事を取るのも列車の切符を買うのも日本と同じ調子でできた。しかし、チェコスロバキアではすべて勝手が異なる。プラハ中央駅の切符売り場にも「INTERNATIONAL（国際）」と表示された窓口がある。しかし、そこでは切符を売ってくれない。大学の寮を開放してユースホステルになっているのだが、そこには泊めてもらえない。なんでこんな状態になっているのだろうか。僕にはよくわからなかった。

プラハの中央駅のベンチに僕は6時間以上座っていた。ベンチからホームが見える。しかし、列車があまり出入りしていない。1時間に2～3本の列車しか往来しない。東京駅、上野駅ならば10分刻みくらいで、あちこちのホームから列車や電車が出発したり、到着したりする。チューリヒの中央駅にも、ひっきりなしに列車がやってきた。しかし、プラハはそうではない。それから、人間の歩くスピードが遅い。制服を着た軍人が多い。客車はすべて深緑色に塗られているが、どれもとても古い。そして、列車はいずれも超満員だ。デッキまで人があふれるほど乗っている。古いフランス映画『禁じられた遊び』で見た駅のようだ。そんなことを考えながら、駅の様子を見ていると思ったほど退屈しなかった。正直言うと、「一刻も早くここから逃げ出したい」という思いがあったので、退屈している余裕などなかった。

ワルシャワ行きの列車が到着した。プラハが始発ではないようだ。すでにたくさんの客が乗っている。僕は寝台券に指定された車両に向かった。紺色の制服を着た中年女性の車掌が僕の切符を注意深く見た。それから、パスポートとビザを見せろという。僕はパスポートを見せた。車掌が「ヤーパン」と聞くので、僕は「イエス」と答えた。そうすると、車掌は列車に乗っていいと言った。タラップの階段が高いところにあるので、スーツケースが重く、手間取っていると、車掌が何か言った。僕は意味がわからないので、そのまま突っ立っていた。すると車掌が片手で僕のスーツケースを軽々と持ち上げ、階段を上って列車の中に入れてくれた。そして、タラップの上から手を僕にさしのべてくれ、僕を引き上げた。すごい力だ。身長は僕より低い160センチくらいしかない。小太りだけれども、筋骨隆々としているわけでもない。どこからこんな力が湧いてくるのだろうかと僕は不思議に思った。

車掌に案内されて、僕はコンパートメントに入った。狭い部屋に三段ベッドが並んでいる。床には第二次世界大戦前に製造されたようなスーツケースが4～5個と段ボール箱が2～3個置かれている。文字通り、足の踏み場もない。

僕のベッドは上段だという。しかし、日本の寝台車のようなはしごがない。中段、下段のベッドには人が寝ている。ベッドの幅もそれほど広くないので、人を踏まないように注意しながら上段に上がった。ベッドと天井の距離は50センチくらいしかない。棺桶の中に入るような感じだ。通路側には人間が1人すっぽり入ることができる穴が開いている。車掌がスーツケースを持ち上げて、その穴に入れてくれた。

列車はプラハ中央駅に30分くらい停まっていた。ベッドで横になると、どっと疲れが出てきたので、すぐにうとうとした。ガチャッという激しい音がして、列車が激しく揺れた。日本の寝台車と違ってベッドに柵がついていない。衝撃でベッドから落ちると、床に置いてある堅そうなスーツケースに頭をぶつけて怪我をするのではないかと心配になった。しかし、ベッドの中にしがみつく棒や綱もない。とにかく体を安定させ、ベッドから落ちることがないように注意するほかに術がない。

列車は動き出してからもよく揺れる。なかなか寝付けない。車内放送があって、その後、蛍光灯が消え、真っ暗になった。枕元に読書灯があるが、誰もつけないので、車内は真っ暗だ。窓は斜め下なので、上段からは窓越しに夜空を見ることもできない。

しばらくするうちに僕はぐっすり眠ってしまった。

どれくらいの時間が経ったであろうか。誰かに肩を突かれて目を覚ました。列車は停止している。制服を着た男がコンパートメントの中に入ってきて立っている。

「パスポルト」

と言うのでパスポートを出した。すると男はパスポートを持って、コンパートメントの外に出ていった。30分経っても男は戻ってこない。パスポートを持ち去られてしまったのではないかと心配になった。それから数分して、さっきの制服の男と、別の制服を着た女が入ってきた。

女が、「チェコスロバキアン・マネー?」と尋ねた。

使い残しのチェコ・コルナがあるかと聞いているのだろう。ソ連や東ヨーロッパの通貨は外国への持ち出しが禁止されている。僕は「ノー」と答えた。

そうすると制服を着た男がパスポートを無言で僕に返した。入国のときホチキスで留められたカードが取り去られ、ビザのスタンプの上に出国印が押されていた。

少し経って、列車がゆっくりと動き始めた。5分も走らないうちに停まった。外にホームが見える。カーキ色の制服を着た男が乗り込んできた。ポーランドの国境警備隊だ。西ドイツからチェコスロバキアに入国したときのように列車から降ろされるのではないかと思ったが、そうではなかった。パスポートを渡すと写真の頁を開けて、僕の顔と見比べた。そして、その場で入国印を押して、僕にもどした。続いて税関職員が入ってきた。首から大きな鞄をぶら下げている。僕はポーランドに5日間滞在するビザを得ているので、5日分、50ドルくらいの強制両替をした。小額紙幣が多いせいか、分厚い札束を渡された。列車は動き出した。また眠くなったので、うとうとした。国境から2〜3時間くらい走ったであろうか。大きな駅で停まった。ベッドの中段、下段にいた人はこの駅で降りていった。車掌がコンパートメントの中に入ってきて、中段と下段の毛布、シーツと枕を持ち去った。下段を外して降ろすと背もたれになり、3人用寝台から4人が座ることのできる椅子席になった。

車掌は、僕に「チャイ、コーフェ？」と尋ねた。僕は「チャイ」と答えるとガラスのコップにキャスターのついた紅茶を持ってきた。僕は上段の寝台から降りて、椅子に座った。横にビスケットが1袋ついている。カネを払おうとしたら、「いらない」と言われた。

コンパートメントは僕1人だ。国際列車なので、途中からポーランド人が乗ることはできないようだ。外を見るとずっと平原が続いている。ときどき牛の群が見える。しばらくすると工場群が見えてきた。車掌がやってきて、「もうすぐワルシャワだ。荷物を降ろすのを手伝う」と言う。僕と車掌は椅子の上に立って、コンパートメントの天井近くの穴からスーツケースを引き出して床に置いた。しばらくして列車はワルシャワの中央駅に着いた。

スーツケースを引いて駅前のタクシー乗り場に並んだ。10分くらい待って、タクシーに乗ることができた。1950年代くらいのオンボロ車だ。僕はメモ帳に国際ユースホステルのハンドブックから書き写したユースホステルの住所を書いた。運転手は「ＯＫ」と言った。それから「チェンジ・マネー」と言って、闇両替を持ちかけてきた。「ポーランド・ズロティはたくさんあるので、断る」と言うと、運転手は黙って車を運転した。メーターがくるくると回っていく。10分くらいでユースホステルに着いた。かなりの料金になるかと思ったが、

200円くらいだった。

ユースホステルは、黄土色の古い建物だった。受付に行って、「日本から葉書で予約した」というと無愛想な若い女性がノートをチェックして、「予約はある」と答えた。そして、4泊5日分の料金を前払いしろという。いくらかと聞くと日本円換算で150円くらいだった。ポーランドは、異常に物価が安い。

3階の部屋の鍵をもらった。エレベーターがないので、スーツケースを持ち上げながら一段ずつ階段を上っていった。リュックサックで来るべきだったと後悔した。

部屋には8台シングルベッドが置いてあった。チューリヒのユースホステルのようなかいこ棚ではない。鉄製のベッドの上にマットが敷いてあるが、スプリングが心地よくきいている。このベッドならば熟睡できそうだ。

部屋には数人の先客がいた。鍵には大きな板がついていて、そこにベッド番号が書かれている。僕のベッドは、ドアに近いところだった。先客の1人が、「ベトナムから来たのか」と僕に英語で話しかけてきた。

「いや、ベトナムからじゃない。僕は日本人だ」

「日本人か。何回か見かけたことはあるが、日本人と話をするのは初めてだ。僕たちは、クラコフから来た。この秋に11年生（日本の高校2年生に相当）になる。気の合う友だちと4

人で旅行をしている」

　そして、家族のことや学校についてお互いに話をしていた。そうするともう一人が話に加わってきた。流暢な英語を話す。僕が「イギリス人か」と尋ねた。

「違うよ。ＤＤＲ（ドイツ民主共和国＝東ドイツ）のドレスデンからやってきた」

「へえ、東ドイツ人と話をするのは初めてだ」

　ポーランド人たちが、「ＤＤＲからの観光客はユースホステルでいちばん多いと思うよ」と言った。

　僕は東ドイツの青年に「英語がうまいな。どこで勉強した。留学経験があるのか」と尋ねた。

「僕は大学で英米文学を専攻している。留学したことはもちろんないよ。ＤＤＲからアメリカやイギリスに留学することは不可能だ。もっとも学校にイギリス人の英語教師が結構いるので、会話の授業はきっちりやっているよ」

「東ドイツにはユースホステルがあるのか」

「もちろんあるよ。とても盛んだ」

　そう言って、この大学生は、東ドイツのユースホステル事情について話した。

　東ドイツの旅行は、学校や企業の団体旅行が主流だ。ユースホステルも団体旅行で使われることが多いが、個人旅行客もそこそこいる。特に徒歩旅行やサイクリングでユースホステルを使う青年が多い。東ドイツのユースホステルの利用は、西側の観光客に対しては閉ざされているが、ポーランド、チェコスロバキア、ハンガリーからの青年旅行者には開かれているので、結構、人気がある。ユースホステルにバーが併設されているので、旅行者同士で一杯飲むこともできる。

それから、東ドイツ、ポーランドなどの東欧諸国間の旅行は結構盛んである。ポーランドとハンガリーは、東ドイツと比べて、自由な社会なので、旅行先として人気がある。

僕もポーランドの青年たちも、興味深く話を聞いた。

ポーランド人の場合、事実上、ドルや西ドイツ・マルクを持つことが認められている。外貨ショップに行けば、西側の商品を買うこともできる。ワルシャワは、プラハに比べるとスイスに近いファッションの女性が多い。街も活気がある。

「君たちは東ドイツに行ったことがあるの」と僕はポーランドの青年たちに質した。

「ない。いつか行ってみたいとは思うけれど、なかなか個人旅行のチャンスがない。東ドイツとソ連は、団体旅行の方が人気がある。個人旅行だったら、ハンガリーとユーゴスラビアが人気だ」

「ユーゴスラビアにも自由に行けるのか」

「問題ないよ」

「DDRの僕たちは、ユーゴスラビアに渡航することは難しい」と東ドイツの大学生は言った。

「どうして、いつもディー・ディー・アールと正式国名を言うんだい。東ドイツとは言わないのか」と僕は東ドイツの大学生に質した。

「東ドイツという言い方はしないね。いつもDDRと言っている」

「西ドイツについてはどう思う」

「特にどうこうという思いはないけどね。ポーランドには西ドイツ人も結構いるのでときどき話をするけどね。あまり好きじゃない。僕たちはDDRを愛しているよ。自分の国だから」

これ以上、この話をしていると気まずい感じになると思ったので、僕は話題を変えた。

「お腹が空いた。このユースにはレストランはないということだけど、みんなどこで食事をしているのか」

東ドイツの大学生が、「隣にいい食堂がある。これから一緒に食べに行こうか」と言った。僕もクラコフから来た生徒たちも「そうしよう」と答えた。

その食堂は、ユースホステルから徒歩2分くらいのところにあった。小さな公園のそばにある食堂だ。1階がセルフサービス方式で、2階がテーブル席のレストランだ。

1階のセルフサービスの食堂に入った。ボルシチをとって、ホワイトソースで煮込んだハンバーグとシュニッツェルをとった。付け合わせはマッシュポテトにした。東ドイツの大学生が「マッシュポテトの上にバターを落とすとおいしい」と言うのでその通りにした。最後にブラウンブレッドとジャムとバター、それに紅茶をとった。テーブルに僕たち6人がまとめて座った。ナイフ、フォーク、スプーンは、アルミニウム製できゃしゃだ。ただし、皿は磁器でしっかりしている。コップは分厚く、耐熱ガラスでできているようだ。熱いコーヒーや紅茶をこのコップに注いでいる。これだけの食事をとって100円でお釣りがくる。ポーランドの物価は実に安い。日本から月に2万〜3万円も仕送りしてもらえば、ワルシャワで安楽な生活ができると思った。

味はどうだろうか。ブラウンブレッドは焼きたてでやわらかい。ほのかにライ麦の薫りがする。マッシュポテトもなめらかな舌触りだ。味も薄塩だ。ホワイトソースで煮込んだハンバーグは少しやわらかかったが、悪くない味だ。ところで、シュニッツェルと思ってとったのは、レバーのカツだった。レバーの苦い癖のある味が、胡椒でうまく調和されている。

「ポーランドの食事はおいしいね」と僕は言った。

「ありがとう。この食堂の味付けは悪くない。でも、家庭料理の方がずっとおいしいよ」と生徒の1人が言った。

「東京のロシアレストランで何度かボルシチを食べたことがあるが、ここの方がずっとおいしい」

「僕たちポーランド人は、ボルシチはロシア料理じゃなくてポーランド料理と考えている」

「へえ。ロシア人について、どう考えているのか」

「もちろん嫌いだ」と4人のポーランド人は答えた。そして、次のようなアネクドート（小話）を披露してくれた。

ワルシャワの中心に「文化宮殿」という名前のエンパイアステートビルのような摩天楼がある。ソ連がポーランドに寄贈した建築物だ。俗にスターリン・ゴシック建築と呼ばれる施設だ。あるロシア人観光客がワルシャワにやってきて、ポーランド人に質問をした。

「ワルシャワでもっとも美しい場所はどこか」

ポーランド人は間髪を容れずに「もちろん文化宮殿の上からの景色だ」と答えた。

その話を聞いて、ロシア人はソ連が寄贈した施設がこれほど高く評価されていると思っていなかったので、とても驚いた。ポーランド人は、反ソ的でロシア人を嫌っているというのが、アメリカのプロパガンダ（宣伝）だということがよくわかった。

そこでこのロシア人は、「どうして文化宮殿の上からの景色がそんなに美しいのか」と尋ねた。

「それは、あの文化宮殿のグロテスクな姿が見えないからだ」とポーランド人は答えた。

6

東ドイツの大学生は、「確かに文化宮殿の上からだと、あの建物の姿は見えない」と言った。みんなが声をあげて笑った。

「いつもみんなでこの食堂に来るのか」と僕は尋ねた。クラコフから来たポーランドの生徒たちは「初めてだ」と言う。東ドイツの大学生は、「朝はユースホステルの近くの食料品店で売っているパンと牛乳、それにチーズくらいで済ませるが、昼と夜はこの食堂で食べている」と言った。

「東ドイツにもこんな感じの食堂があるのか」と僕が尋ねた。

「あるよ。値段はここよりも少し高い。ただし、あまりおいしくないので、僕は寮で自炊している。だいたいドイツ人とポーランド人を比較すると、ポーランド人の方が食事を愉しむ。だからここに来ると何でもおいしく感じる」

「でも、東ドイツのソーセージやハムはおいしいと日本で読んだ旅行ガイドブックに書いてあった」

「確かにソーセージはおいしい。ビールと合う。もっともポーランドのソーセージやビールもおいしいけどね。さっきも言ったけど、ＤＤＲの国民に人気がある観光地は、ポーランドとハンガリーだ。自動車にキャンピングカーをつけて旅行するのがはやっている」

ポーランド人の生徒が「僕もキャンピングカーで旅行したことがある」と言った。

「キャンピングカーの旅行は楽しいか」と僕が尋ねた。

「楽しいよ。ポーランド、ハンガリー、東ドイツでは、夏休みにホテルを予約することがとても難しい。大多数のホテルは、ドルやマルクを稼ぐために、西側からの観光客に割り当てられる。だから、キャンピングカーをつけた旅行はとても便利だ。観光地のそばにはオートキャンプ場が設けられている。トイレやシャワー、スーパーマーケットやレストランもあるので、長期滞在に向いている」とポーランド人の生徒が答えた。

東ドイツの大学生が、「ただし自家用車の購入が難しい。ポーランドではカネさえあればいつでも車を買うことができるが、ＤＤＲでは5年くらい待たされることもよくある」と答えた。

「でも、ベンツやフォルクスワーゲンの伝統があるから、東ドイツの車は優秀なんだろう」

と僕は尋ねた。

僕の質問を聞いて、東ドイツの大学生とポーランドの生徒たちが顔を見合わせた。

「確かにDDRで〝トラバント〟という小型車があるけれど、馬力が小さいので、キャンピングカーを引いて走ることはできない。人気があるのはソ連車だ」と東ドイツの大学生が答えた。

トラバントは、ツーストローク・エンジンを用いている。オイルが混ざった紫色の煙を出して走る車だ。ボディは金属でなく、特殊な繊維を入れたプラスチックで作られている。おもちゃのように見える不思議な車だ。東ドイツの大学生がいう人気があるソ連車とはラーダのことだ。実をいうとラーダは純粋なソ連車ではない。イタリアの軽乗用車フィアット124のコピーだ。しかし、資本主義国イタリアの車をライセンス生産していることは、社会主義体制の優位性という威信を傷つけるので、あたかもソ連の独自生産車のような名前をつけたのだ。ラーダとはソ連国外に輸出するときのブランド名で、ソ連国内ではジグリという名で販売されていた。ポーランドや東ドイツは外国なので、ラーダという名で売られていた。

ポーランドの生徒たちが、「日本車はとても優秀だというけれど、実物を見たことは一度もない。君のうちには車があるか」と尋ねるので、僕は「うちには車がない。父も母も運転免許を持っていない。それにバスや電車が発達しているので、自家用車がなくても生活には不自由しない。それから、僕が住んでいる町は交通渋滞を起こすし、駅前の駐車場が不足しているので、車を持っていてもそれほど便利ではない」と答えた。

僕たちが住んでいる団地から大宮駅までは3・7キロメートルの距離だ。しかし、途中、旧中山道が渋滞していると1時間くらいかかることもある。そういうときは、東武野田線の北大宮駅付近で降りて、電車で大宮駅まで行く。

ポーランドの生徒たちも東ドイツの学生も交通渋滞について、話に聞いたことはあるが、経験がないのでピンとこないようだ。確かに車の数は少ない。プラハでもワルシャワでも、歩行者と車の関係では、車が優先だ。信号のない横断歩道で歩行者が待っていても、車はそのまま突っ切っていく。社会主義国が車優先社会であるというのは、ちょっと意外な感じがした。コーヒーを飲みながら、車に関する話をして、僕たちは食堂を出て、ユースホステルに戻った。

ユースホステルのベッドに横になると疲れがどっと出て、ぐっすり眠ることができた。どれくらい時間が経ったのだろうか。日の光で目が覚めた。ポーランド人の生徒たちがシャワーを浴びに行こうと誘うのでついていった。チューリヒとシャフハウゼンのユースホステルはシャワーだけだったが、お湯が出た。プラハのホテルには大きなバスタブがあった。足を伸ばして、ゆっくりと風呂で温まることができた。

シャワールームに入って、お湯の蛇口をひねるが、何も出てこない。水の蛇口をひねると激しい勢いで冷水のシャワーが出てくる。冷たくて肌がひりひりする。ポーランド人の生徒に「このシャワーは壊れているのか。湯が出ないじゃないか」と言うと、きょとんとした顔をしている。生徒の一人が、「夏は湯が出ないのが普通だ」と答えた。僕が「こんな冷たい水でシャワーを浴びてよく凍えないな」と尋ねると、「冷たくて気持ちいいじゃないか」という返事だった。どうも感覚がかなり違うようだ。

シャワールームの横に洗濯室がある。チューリヒのユースホステルには洗濯機があった。ところがここには洗濯機がない。そのかわり、たらいがいくつも置いてある。そして、洗濯板が何枚も重ねられている。小学1〜2年生の頃、同級生の農家に行って、大きなたらいと洗濯板でおばあさんが洗濯している姿を見たことを思い出した。ポーランドではまだ洗濯機は普及していないようだ。僕も下着とTシャツをポーランド人の生徒をまねて洗濯板の上で洗ってみた。白い大きな石鹸の塊をこすりつけて洗う。泡はあまりたたないが汚れはきれいに落ちていく。それを木製の洗濯ばさみではさんで、つるしておく。洗濯物は外に干さないで屋内に干すようだ。

午前11時までにユースホステルの外に出ないとならない。東ドイツの大学生は美術館回りをするという。「君も来ないか」と誘われたが、僕は美術館にはあまり関心がないので断った。ポーランド人の生徒たちは、ワルシャワの友だちといっしょに郊外にサイクリングに出かけるという。これにはついていきたかったが、僕は自転車を持っていないのであきらめた。

「どこか面白いところを訪ねてみたい」と僕は言った。

そうすると、ポーランド人の生徒の一人が、「いま熊のサーカスが来ている。公園にテントが張ってあるので、すぐにわかるよ」と言った。

「ソ連のサーカスか」と僕が尋ねた。

「ソ連のサーカスじゃない。確かルーマニアのサーカスだったと思う。熊が上手にバイクに乗っていた。午後1時くらいに昼の部が始まる」

「熊のサーカス以外にも何か面白い出し物があるのか」

「空中ブランコと綱渡りが面白かった」

「それじゃ行ってみよう」

ユースホステルの事務所にいる女性に「どこでサーカスをやっているか」と地図を見せながら尋ねた。無愛想な表情で、その女性が「ここだ」と地図の上に×印をつけた。

決してこの女性は意地悪なわけではない。しかし、無愛想だ。なんでこんなに無愛想にしているのだろうか。そういえば、東京のポーランド大使館の領事部でビザの発給を担当していた中年のポーランド人女性も無愛想だったことを思い出した。

ユースホステルを出たのは11時半頃だった。サーカスが始まるまではまだ時間がある。朝食をとらなかったのでお腹が空いてきた。昨日、夕食をとった食堂に行ってみた。2階は、着席のレストランになっているようだ。思い切ってレストランに行ってみることにした。入口にタキシードを着たフロアマネージャーがいる。レストランはがらがらだ。お客は5～6人しかいない。フロアマネージャーは、20代くらいの女性が1人で座っているテーブルに僕を案内した。注文をしようとすると、「モーメント」と言われた。そして、別のウエイターが注文を取りに来た。

テーブルは十数卓あるが、ウエイターがサーブしているのは3つのテーブルだけだ。ソ連・東欧のガイドブックで、「ホテルのレストランでもサーブの都合で相席になることがある。誰もいないテーブルに座っても、そこを担当するウエイターが休んでいるといつまで経っても注文を取りに来ない」ということが書いてあったことを思い出した。

レストランの様子を注意深く観察すると、フロアマネージャー以外は、ウエイターとウエイトレスが1人ずつ働いているだけだ。2人とも黒い制服に白いエプロンをつけているので、大衆食堂とは異なるレストランの雰囲気が出ている。

ウエイターがフォークとナイフを持ってきた。1階の食堂では、アルミニウム製の華奢なフォークとナイフだったが、こちらはステンレス製でしっかりしている。ウエイターがメニューを持ってきた。白い紙にタイプ打ちでメニューが書いてある。カーボン紙で複写したようで、字がつぶれている。それにすべてポーランド語で書かれているのでよくわからない。メニューを見て悩んでいると、向かいに座っている女性が英語で助け船を出してくれた。

僕が「何かポーランドらしい食べ物を試してみたい」と言うと、その女性は、「子牛肉の煮込みがおいしい」と言うので、それを頼んだ。あとスープとアイスクリームも頼んだ。食事中の飲み物は、コカ・コーラ、食後はコーヒーを頼んだ。

スープは、ボルシチではなかった。薄く白い色のついた、恐らく鶏でだしをとったスープだ。それに素麺を短くしたようなヌードルが入っている。なかなかおいしい。

同席の女性は、無口だ。美術学校を卒業して、この近くで仕事をしているという。スープはとらずにメインとデザートをとっていた。メインは僕と同じ子牛肉の煮込みだった。子牛肉の煮込みは、薄くスライスした肉に、野菜と胡椒をきかせ、トマトピューレを入れたソースで軽く煮込んである。肉の歯ごたえが残っている。これもおいしい。つけあわせで、蒸しパンのようなものがついてきた。同席の女性が、蒸しパンにソースをつけて食べているので、僕もそのまねをした。「おいしい」と聞かれたので、僕は「とてもおいしい」と答えた。

アイスクリームには、紫色をしたすっぱいジャムがのっていた。コーヒーは小さなカップに入っていてとても濃かった。僕はアタッシェケースからカメラを取り出して、同席の女性に「写真を撮ってもいいか」と尋ねた。「イエス」と答えるので、写真を1枚撮った。「あとで送るので、住所を教えてくれ」と言って、メモ帳とボールペンを渡したが、「その必要はないわ」と断られた。警戒されたようだ。少し気まずい感じになった。ちょうどそのときウエイターが伝票を持ってやってきたので、僕はカネを払って「お先に失礼します」と言って、レストランを出た。

このレストランから、サーカスをやっている公園までは、路面電車で行かなくてはならない。昨日、ポーランド人の生徒たちに「ワルシャワではときどき無賃乗車の検査をしている。つかまると罰金をとられて、説教されるので、切符は絶対に買っておいた方がいい」と言われた。切符は、市内のあちこちにあるキオスクで売っているという。レストランの前にキオスクがあったので、そこで切符を買った。わら半紙のような質の悪い紙に10枚の切符が印刷されている。路面電車に乗ると、電車の中の鉄柱にレバーのついた小さな箱がついている。ここに切符を1枚入れて、レバーを回すと切符にいくつか穴があく。3×3の9つのマスがつくられていて、そこに電車ごとに異なる組み合わせで穴があけられるようになっている。

路面電車に乗って、10分も経たないうちにサーカスのテントがある大きな公園に着いた。テントの横にキオスクがあり、そこで切符を売っている。東ドイツの大学生に、「サーカスや劇場ではいちばん高い切符を買った方がいい」と言われたので、その助言に従うことにした。残念ながらいちばん高い切符はすでに売り切れていたので、その次に高い切符を買った。

係員に案内されたのは、サーカスの舞台に向かって右端の最前列の席だった。どうも中央の前3列くらいがいちばん高い席のようで、お客でいっぱいになっている。しかし、全体では、お客が半分も入っていない。

開会のベルが鳴り、ピエロ、サーカス団員、それから5〜6頭の熊が出てきた。こげ茶色の大きな熊だ。二本足でよちよち歩いている。その姿を見て、観客が爆笑した。大宮公園の動物園にいるマレーグマの2倍以上の大きさだ。上野動物園で見たヒグマを思い出した。くつわがはめられているが、前足の鋭く長い爪が見える。サーカスの熊だから、よく慣れているのだろうが、もし暴れ出したら、前足のパンチで人間は簡単にたたきのめされてしまう。迫力がある。

ピエロが出てきて、観客を笑わせる演技を行った後、いくつか曲芸があった。場内のアナウンスがあるが、ポーランド語なので意味がさっぱりわからない。観客がざわめいた。熊のサーカスがはじまるのではないかと思った。僕の予想はあたった。小さなバイクに乗った熊が3頭出てきた。舞台を熊が巧みに走る。その後、大きな玉を人間とキャッチボールしたり、熊同士で投げ合っている。平均台の上を二本足でよちよち歩く。観客は興奮して拍手喝采だ。熊が上手に演技をすると調教師が熊に何か白いものを与えている。以前、何かの本で、熊は甘い物が好きなので、サーカスでは演技に成功すると角砂糖を与えていると読んでいたので、この白い物は角砂糖なのだろうと僕は思った。

社会主義国の角砂糖は、資本主義国とは異なる。まず、日本でもスイスでも角砂糖はサイコロのような形をしているが、チェコスロバキア、ポーランドではレンガのように細長い。それから、なかなか溶けない。熱いコーヒーや紅茶に入れても、スプーンで1〜2分強くかきまぜないと溶けない。ためしにレンガのような角砂糖を半分に割って、舌の上に置いてみたが、なかなか溶けない。氷砂糖の粉のような感じだ。

くつわがはめられているので、白い物が近づくと、熊は苦しそうにすこしだけ口を開け、舌を出してその白い物をなめる。その様子を見ていて、僕はだんだん熊がかわいそうになってきた。

熊のサーカスが終わったところで15分間の休憩になった。手洗いやコーヒーを飲むために席を立つ人が多かったが、僕は椅子に座ったまま、どういう舞台準備がされるのか見ていた。天井に近いところにロープが張られた。そしてブランコがつけられた。綱渡りと空中ブランコが行われるようだ。ネットは張られていない。

サーカスが再開された。男2人、女1人のサーカス団員が出てきた。そして、ポールを上って綱渡りを始めた。最初、歩いたり、走ったりして綱渡りをしていた。最後は逆立ちをして綱渡りをする。背中にフックと安全綱がついているので、万一、失敗しても地面にたたきつけられて死ぬことはない。しかし、すごく緊張する。逆立ちの綱渡りを見事に終えた後に空中ブランコがはじまった。空中でブランコからブランコへ軽々と飛び移る。見事な曲芸だ。観客は熱中して拍手喝采だ。

それからいくつか出し物があり、最後にまた熊たちが出てきた。今度は大きな玉に乗って熊が3頭入場してきた。いくつか芸をした後に、舞台の中央に大きな輪が置かれた。テント内の照明が暗くなった。輪に火がつけられた。どうも熊が火の輪くぐりをするようだ。動物は火を恐がる。熊に火の輪をくぐれと命令するが、なかなか言うことを聞かない。あえてそういう演出をしているのかもしれないが、調教師が鞭で床を激しくたたくとついに1頭の大きな熊が意を決して火の輪に飛び込んだ。その動作はとても軽快だ。それに続いて、残り2頭の熊も火の輪に飛び込んだ。火の輪くぐりを何回か繰り返し、サーカスは終わりになった。

熊たちの見事な演技に観客は拍手喝采だ。ただし、僕はその様子を見ていて、何か悲しい気持ちになった。熊だって、玉乗りやミニバイクで走ることを好きこのんでやっているわけではない。ましてや火の輪なんかに飛び込みたいと思っているはずがない。いくら強い熊だって、炎は恐いはずだ。それよりも調教師の鞭が恐いから火の輪に飛び込んでいくのだ。

ここで熊の姿が、僕たち浦和高校の生徒たちと二重写しになった。

浦高の先生は、「勉強しろ」とは言わない。そのようなことを言わなくても、生徒たちが一生懸命に勉強することを知っているからだ。これ以上、生徒に圧力を加えても逆効果であることを知っている。同級生たちは必死になって勉強している。僕も必死になって中間テスト、期末テストの勉強をした。生物、地学、地理、現代国語の勉強の仕方は中学校までとまったく変わらない。古文・漢文は新たに外国語の勉強が加わったようなものだ。大きな変化は、英語と数学だ。この2科目を浦高では完全な暗記科目として扱っている。英語の読本、文法、作文の教科書とまったく同じ内容からしか試験問題が出ない。従って、教科書を丸暗記していれば確実に90点を取ることができる。逆に暗記をしていなければ20～30点しか取ることができない。

「数学が暗記科目である」という姿勢はもっと徹底している。教科書以外に池田書店から発行されている『数学I』という問題集を全員が購入する。この問題集の著者は浦和高校の数学教師たちだ。この問題集に収録されているのとまったく同じ問題が、数字を少しだけ変えて中間試験、期末試験に出題される。問題は10題出るので、はじめてこの問題を見て解いているのでは、いくら数学が得意な生徒でも2～3題を解いたところで時間切れになる。この問題集を暗記していれば、満点を取ることができるからくりになっている。

浦高ではクラスを文系、理系に分けない。全員が数I、数IIB、数IIIを履修する。物理、化学、生物、地学のIと化学IIは必修で、化学IIのほかにもうひとつ理科のIIを履修しなくてはならない。社会科も地理、日本史、世界史、政治・経済、倫理・社会をすべて履修する。英語と数学については、他の高校で3年間かけて勉強する内容を2年間で終えて、あとは大学受験に向けた演習問題を行う。

僕たちもサーカスの熊と同じように、受験という火の輪はくぐりたくない。しかし、学校の成績とか模擬試験の評価という鞭に脅されて、いやいや勉強しているのだと思う。中学校までの教師は、鞭で熊の尻を直接たたいた。これに対して浦高の教師たちは、生徒に「お前はできがよくない。勉強しろ」と熊の尻をたたくようなことは決してしない。ただし、「君たちは社会を背負って立つエリート予備軍だ」というような話をして、鞭で床をたたいて圧力をかけてくる。

サーカスの後も出し物は続いたが、僕は複雑な気持ちになって途中でテントを後にした。まだ4時前だ。ユースホステルに戻るには早い。僕は、ガイドブックを片手にワルシャワの旧市街を歩いてみることにした。昔、テレビの深夜映画でアンジェイ・ワイダ監督の『地下水道』を見たことがある。あの映画で見たワルシャワ旧市街の印象が強く記憶に残っている。

旧市街のあちこちに人の名前が書かれたプレートがあり、祭壇がもうけられて、そこに花が供えられている。ナチス・ドイツによって殺された人々を追悼しているのだ。第二次世界大戦でワルシャワは徹底的に破壊された。旧市街では、当時のレンガの破片を集め、建物を復旧する作業が今も続いているという。

旧市街から路面電車でユースホステルに戻った。ユースホステルの前に花を売っているキオスクがある。そこでバラの花束を買った。朝、ユースホステルの事務所の女性にサーカスの場所を教えてもらったので、お礼をしたいと思ったからだ。ユースホステルに戻るとその女性が無愛想な顔をして座っている。

僕が「今朝はどうもありがとうございました。サーカスはとても面白かったです。感謝しています。どうぞ」と言って、花束を渡した。

女性は、「私に」と、一瞬、怪訝そうな顔をしたが、次の瞬間にこやかに笑って「どうもありがとう」と言った。僕は気恥ずかしくなって、部屋に戻った。部屋にはポーランド人の生徒たちはまだ帰っていなかったが、東ドイツの大学生はベッドに座って本を読んでいた。僕はじゃまをしないように会釈だけして、ベッドの上に横になった。

英語で表現をしようと思っても、言いたいことの10分の1も言えない。英語力の低さが情けなくなってくる。日本に帰ったら、英語の勉強は特に力を入れてしようと決意を新たにした。

僕はスーツケースから英語の読本の教科書を取りだした。会話で使うことができる言い回しをいくつか暗記しようと思ったからだ。すると東ドイツの大学生が、怪訝そうな顔をして僕のそばにやってきた。

「君の本の表紙の隅に小さくSSDという略号が書かれているが、これはどういう意味か」

「三省堂というこの教科書を出している出版社の頭文字だ」と僕は答えた。

「いや、SSDとは、DDRの秘密警察（国家公安局、Staatssicherheitsdienst）のことなので、驚いたんだ」

好奇心が僕の心の中で頭をもたげてきた。

「SSDは恐いのか」

「恐いよ」

「KGB（ソ連国家保安委員会＝秘密警察）よりも恐いのか」

「KGBのことは知らない。しかし、SSDがとても恐いことは間違いない。（東）ベルリンのユースホステルに資本主義国の学生は泊まれないようになっているし、街で資本主義国の人間と会っても、いま君と話しているような調子で話をすることはできない。DDRと比べるとポーランドは別世界だよ」

「チェコスロバキアはポーランドよりも不自由な感じがした」

「そう思うよ。ＤＤＲとチェコスロバキアは似ていると思う」

僕は東ドイツの学生といつもの食堂に夕食を食べに行った。ハンバーグにマッシュポテトをたくさん付け合わせてもらった。ポーランドのジャガイモはおいしい。パンは、ライ麦が入っているせいか少し酸っぱいので好きになれない。それから、デザートに桃の果肉が沈んでいるコンポートをとった。コーヒーを飲みながら、東ドイツの大学生とゆっくり話をした。

「君はこれからどこに行くのか」と僕が尋ねた。

「ユースホステルを使って、ポーランド国内を細かく回ってみようと思っている。僕は美術館が好きなので、あちこちの美術館に立ち寄りたいと思っている。君はどうするつもりか」

「僕はこれからハンガリーに行く。ハンガリーのペンフレンドから手紙が来て『うちに泊まれ』と言っている」

「いいよな。ポーランドやハンガリーでは、資本主義国から来た外国人を家に招くことができて」

「東ドイツではできないのか」

「法律では禁止されていないが、手続きが複雑だ。警察に届けを出さなくてはならない。それからＳＳＤに監視される。ＤＤＲは西ドイツと対峙しているからね。緊張しているんだ」

こういう話を聞いているうちに僕は東ドイツに行ってみたいと思った。

「君と文通することはできるかな」と僕は尋ねた。

「残念だけどできない」

「わかった」

「ところで、君はハンガリーに列車で行くつもりか」

「そう考えている」

「それじゃチェコスロバキアの通過査証が必要になるよ。ハンガリーの査証は既に取ってあるか」

「日本で取った」

「それじゃハンガリーの入国査証を見せれば、ここのチェコスロバキア大使館で通過査証をすぐに発給してくれると思う。もっとも大使館で数時間は待たされるだろうから、明日朝一番で通過査証の申請に行った方がいいよ」

「わかった。それで切符はどこで買ったらいいのだろうか」

「僕たちは駅の国際切符売り場で買うことができる。しかし、資本主義国からの観光客の場合、駅では切符を売ってもらえないかもしれない」

「それは困る。どこで切符を買うことができるのだろうか」

「僕にはよくわからない。ユースホステルの事務員に聞いてみたら」

「そうしてみる」

僕たちはユースホステルに戻った。東ドイツの大学生は部屋に直行したが、僕はハンガリー行きの切符をどうやって買えばいいかについて、バラの花束をあげて愛想が良くなった女性職員に尋ねた。

「列車だって」と職員は怪訝そうな顔をした。

「そう。列車の切符を買いたいのです」

「あなたは日本人なので、ポーランド・ズロティでは国際列車の切符を買うことができません。オルビス（ＯＲＢＩＳ、ポーランド旅行公社）の事務所でしか切符を買うことができないと思います。それに値段も結構高いはずよ。チェコスロバキア大使館も査証代金をドルで取ると思う。それよりも飛行機で行った方が安い。ちょっと調べてみるわ」

そう言って、彼女は分厚い電話帳のような資料集をめくりはじめ、2〜3分して「ワルシャワーブダペシュト間は50ドルで移動できるわ」と言った。

「わずか50ドルですか。寝台列車よりも安いかもしれませんね」

「そうかもしれない。それに飛行機ならばチェコスロバキアの通過査証はいらないわ。だから準備がずっと楽になる」

「わかりました。どこで切符を買えばいいのでしょうか。オルビスですか」

「市内のオルビスでも買えるけれど、オルビス経由で販売できる席の数は限られているので、空港のLOT（ポーランド航空）の窓口で買うのがいいと思うわ。あそこならば外国人に対しても簡単に切符を売ってくれるし、席にも余裕があると思う」

この助言に従って、僕は翌朝、一番でワルシャワ市南部にあるオケンチョ国際空港へ行くことにした。

空港にはバスに乗って20分くらいで着いた。早速、LOTの切符売り場に行った。行列は2人だった。1時間くらい待たされて切符を購入した。社会主義国では切符を買うのは1日がかりの大仕事だということを既に経験しているので、1時間の待ち時間はまったく苦にならなかった。切符の値段は50ドルだった。切符はエジプト航空のときと同じような冊子だが、出発地、目的地が筆記体の読みにくい文字で書かれている。社会主義国では手書きの航空券が通用するというのも驚きだった。

空港の売店にはきれいな絵葉書や市内ではあまり見かけないチョコレートも売っている。とにかくポーランド・ズロティが余っている。国外に持ち出すことができないので、ポーランドの生徒たちと東ドイツの大学生にお土産としてチョコレートを買っていくことにした。他の物価と比べチョコレート、チューインガム、コカ・コーラは高い。日本とほぼ同じくらいの値段だ。

空港から帰るとちょうど昼頃だった。まだユースホステルには入ることができない。そこでいつもの食堂で昼食をとることにした。鶏のもも肉のグリルがあるので、それをメインにして、すっかり気に入ったマッシュポテトをつけあわせにした。それからチーズとサラミソーセージとケーキをとった。飲み物はコーヒーとコカ・コーラにした。食事＋ケーキ＋コーヒーよりもコカ・コーラ1本の値段の方が高い。奇妙な感じがする。

テーブルに座って食事をしていると「ジャパン？」という声をかけられた。

30代くらいの男が4人いる。4人は、たどたどしい英語で話しかけてくる。僕は日本の高校1年生で、東京の少し北の地域からやってきたことなどを身振り、手振りを交えながら伝えた。

感じのいい人たちだ。しばらく話を合わせていると、1人の男が「一緒に俺の家に来ないか」と誘ってきた。

少し不安な気持ちもあったが、社会主義国の治安はいいという。それにこの機会を逃したらポーランド人の日常生活を見ることができないと思った。僕は勇気を出して「イエス」と答えた。

男たちは食堂でミニハンバーグ、ポテトサラダ、サラミソーセージなどを大量に買った。それ以外にも袋に瓶が何本も入っている。飲み物なのだろう。これから何をするのだろうか。

僕の胸の中で好奇心が膨らんだ。

食堂のすぐそばにタクシー乗り場がある。タクシーはすべて日本では絶対に見かけることのないオンボロ車だ。旧式のソ連車ボルガのタクシーに乗った。ほんとうは定員オーバーなのであろうが、サロンが広いので、後部のベンチシートに4人が乗った。助手席に乗った男が道を細かく案内する。車は相当の速度で大きな通りを走った。ポーランドでは、いまにも壊れそうなオンボロ車が時速80キロメートルをはるかに超えるようなスピードで走っている。信号は守るが、横断歩道に歩行者が立っていても車が停まることはない。完全な車優先社会だ。

30分くらい車に乗ったであろうか。高層住宅がたくさん集まる地域に着いた。新宿駅西口から甲州街道に沿っていったところに十数階建てのマンションがいくつも建っている場所がある。そのうちの一つが「日ソ友の会」（モスクワ放送のリスナーズクラブ）の事務所だったので、訪ねたことがある。あのマンションのような建物が何十棟も建っている。日本の団地では横長のビルがいくつも並んでいるが、ここはすべて縦長の建物だ。20階を超えるビルもあるかもしれない。こんな地区があることに僕は驚いた。最新の団地なのだろう。しかし、この白い最新式のビルの群とオンボロなタクシーがとてもアンバランスな感じがする。

入口は大きな木の扉で閉ざされている。その横に1から10までの数字が並ぶボタンのついた金属の箱がある。男のうちの一人がボタンを押すと「ジー、ジー」という音が扉の内側からした。鍵が開いたようだ。ボタンを押した男が扉を開けた。僕たち5人は中に入った。すぐ横にエレベーターホールがある。大きなエレベーターと小さなエレベーターがある。ボタンを押すと大きなエレベーターの扉が開いた。僕たちはエレベーターに乗った。男が十何階かのボタンを押すとゴーッという音を立ててエレベーターが動き始めた。

80平方メートルくらいの広さがあるだろうか。日本風に言うと3DKの団地だ。僕が住んでいる2LDKのテラス型団地の倍以上の広さがある。ダイニングキッチンには4人掛けくらいのテーブルがあるが、居間には6人が一緒に食事をとることができる大きなテーブルとソファセットがある。床には幾何学模様のじゅうたんが敷いてある。部屋の中心にはシャンデリアのような電灯がついている。社会主義国の生活水準は低いと聞いていたが、住宅に関しては決して悪くない。

男たちは、キッチンで食事の準備を始めた。僕は窓から街の景色を見ていた。ポーランドとは、「平原の国」という意味だと聞いていたが、地平線が見える。また、この住宅街の近くには大きな工場が見える。

テーブルには、無色透明や琥珀色の液体が入った瓶とそれよりも背の低い瓶が何本も、そしてチーズ、ハム、サラミソーセージ、ミニハンバーグ、ポテトサラダなどが並べられている。

各人の席にショットグラスとコップが並べられた。これから酒盛りが始まるようだ。「僕は未成年なので、酒を飲むことができない」と説明しようと思ったが、「未成年」という英語が出てこない。それにこの男たちも英語はほとんどわからないので、仮に僕が英語で説明したとしても理解できないだろう。

僕は、リンゴの絵が描いてある背の低いボトルを示して、「これを飲みたい」と言った。男の一人がコップにこのリンゴジュースを注いでくれた。それとは別にショットグラスに無色透明の液体を注ぐ。注射のときの脱脂綿の消毒用アルコールのような臭いがする。これを飲むのだろうか。

別の男が立ち上がって何か口上を述べた。ポーランド語なので、何を言っているのか全然わからない。全員が立ち上がって一気にショットグラスをあけた。僕もこの無色透明の液体を飲み込んだ。とりあえず液体を飲み込むことはできたが、次の瞬間にむせてしまった。それから1秒くらいして、胃の上の方から食道にかけて火のような熱いものが上がってきた。僕はリンゴジュースを飲み干した。男たちはその様子を見て、白いチーズのようなものをパンに載せて、手真似で僕に食べろという。食べてみた。何の味もしない。舌触りもチーズというよりも、昔、沖縄で食べた硬い島豆腐のような感じだ。確かにこの白チーズとパンを食べて、少し落ち着いた。

　これがウオトカなのだろうか。僕は男たちに、

「ウオトカ？　ラッシャン・ドリンク？」

と尋ねた。

　男の一人が、紙とボールペンを持ってきて、
VODKA RUSSIA
WODKA POLAND
と書いた。そして、VODKA RUSSIAを二重線で消した。残りの男たちが笑った。

　どうも、Wで始まるポーランドのウオトカ（WODKA）がほんもので、Vで始まるロシアのウオトカ（VODKA）はにせものであると言いたいようだ。

　この後、僕たちは筆談を交え、いろいろな話をした。その結果、僕が理解したのはだいたい次のようなことだった。

　この4人は、小学校から高校までの同級生だ。そのうちの一人でこの家の主人は、ここから見える工場の技師だ。実は、奥さんが妊娠して、いま産院にいる。そして、今日が出産予定日なので、出産の連絡をここで待っているという。

　僕が酒に強くないと思ったせいか、男たちは僕のショットグラスにはウオトカではなくリ

ンゴジュースを注ぐ。日本のことや、家族について話せと言うので、紙にときどき絵を描きながら説明した。父は銀行に勤めているが、電気技師で、母は近所の開業医で医療事務を手伝っていることを説明した。2歳下の妹は音楽が好きだと説明した。それから、ミーコという白黒のぶち猫がいると絵を描いて説明した。僕の絵が下手だったせいか、最初、男たちは僕が犬を飼っていると勘違いしたようだったので、僕は猫の鳴き声をまねた。すると男たちが大声で笑った。

白チーズ以外の食べ物はとてもおいしい。サラミも黄色いチーズもミニハンバーグも僕の口に合う。ポテトサラダも日本のサラダとはだいぶちがいグリーンピースがたくさん入っている。おいしい。

僕はポーランドがすっかり気に入った。生活水準も高そうだし、普通の人々が親日的だ。男の一人が「アドミラル・トーゴー」と言って、拳をつくって親指を立てた。「日本海大海戦でロシアのバルチック艦隊を破った連合艦隊司令長官の東郷平八郎元帥は偉大な人物だ」と言いたいのであろう。どうもポーランド人の親日感情は、歴史的経緯からポーランド人のほとんどが抱いている反露感情と表裏一体の関係にあるようだ。僕がリンゴジュースを飲み終えたので、男たちは冷蔵庫から薄茶色のオレンジジュースとピーチのネクターを持ってきた。オレンジジュースは少し苦みがあるので、おいしくなかったが、ネクターはこくがあっておいしかった。ただし、不二家のネクターのようにさらさらしていない。ネクターを飲むとかえって喉が渇く。僕は水を頼んだ。瓶に入っている水は炭酸入りだ。僕はコップを持って台所に行き水道の水を飲んだ。

飲み食いをして、騒いでいると電話が鳴った。この家の主人が電話に出た。プラスチックでできたおもちゃのような電話機だ。ダイヤル式だ。ワーッという歓声が起きた。

「ボーイ」

「ボーイ」

と男たちが叫ぶ。そして、股ぐらの急所を指で示した。男の子が生まれたということがわかった。

ウオトカをショットグラスに注いだ。今度は僕のショットグラスにもジュースではなくウオトカを注いだ。「子どもが生まれたお祝いなので、お前も1杯だけつきあえ」という意味なのだろう。こんどはむせないように気合いを入れてショットグラスを空にした。さっきと同じように胃から食道にかけて熱い炎が上がってきた。しかし、むせることはなかった。中学校の番長グループと番長の家や近所のスナックでビールやウイスキーは飲んだことがある。特においしいとは思わなかった。頭がすこしボーッとして、顔が熱くなったことはあるが、胃や食道で炎が暴れたことはない。ウオトカは恐ろしい飲み物だと思った。

たった今、父親となったこの家の主人は僕を強く抱き締めた。男たちは抱き合って涙を流している。父親となるのは重大な意味を持つのだという雰囲気がひしひしと伝わってくる。それと同時に僕が生まれたときに、僕の父もこれくらい喜んだのだろうかと少し考えた。それから、僕の小中学校時代の友だち、いや浦高の友だちでも、将来子どもが生まれるときに、お互いの家に集まって、喜びを共にする者は一人もいないのではないだろうかと思った。

この家の主人が、物置から段ボール箱を持ってきた。ふたを開けると白黒写真がたくさん入っている。それもすべてポルノ写真だ。裸の男女が交合している写真や、女性が男の太いイチモツをくわえている写真もある。黒人男性のイチモツを白人女性がくわえている写真もある。男たちは写真を一枚ずつ僕に見せながら、ときどき「グッド」と言って拳の親指を立てる。ウオトカを飲んだのは初めてだが、それ以前に酒は飲んだことがある。ポルノ写真を見たのは文字通り生まれて初めての経験だ。まさか社会主義国でそのような経験をするとは夢にも思わなかった。

男たちはポーランドの古銭やバッジ、さらに刺繍が入ったテーブルクロスを「ポーランドの思い出に」と言って僕に持たせてくれた。僕はアタッシェケースから、日本製の小型懐中電灯とボールペンを記念に渡した。

男たちのうち2人が夜8時過ぎに再びタクシーで僕をユースホステルまで送ってくれた。

ウオトカの酔いが回って足元がおぼつかない。手すりにつかまりながら、自分の部屋にやっとたどり着いた。

東ドイツの大学生とポーランド人の生徒たちはベッドに座って話をしていた。

「どうしたんだ。だいぶアルコールを飲んだのか」と東ドイツの大学生が尋ねた。

「ウオトカを飲んだ」と言って、僕は今日の出来事を詳しく説明した。ただし、ポルノ写真の話はしなかった。

ポーランド人の生徒たちが「戦利品を見せてほしい」と言うので、僕はアタッシェケースを開けてもらってきた古銭、バッジ、テーブルクロスを見せた。

東ドイツの大学生がテーブルクロスを袋から出して、「いい刺繍だ。結構高いよ」と言った。ポーランド人の生徒たちは、バッジに関心を示した。そして緑の台座についた十字になったバッジをとって、僕に見せた。

「このバッジをほんとうにくれたの」

「そうだよ」

「そのとき何か言っていなかった」

記憶を辿ってみた。確かあの新しく父親になった男は、「これは僕にとって、とても大事なバッジだ」と言っていたことを思いだした。そのことを僕はポーランド人の生徒たちに伝えた。

生徒の一人が「そうだろう。これはとくに優秀な生徒だけに与えられるバッジで、一生記念に持っているのが普通だ」と言った。僕はとても申し訳なく思った。同時に、今日、あの4人の男たちは、僕のことを本気で歓待してくれたのだと知った。

日程を変更して、もう少しポーランドに滞在しようかと思った。ただし、ブダペシュトでペンフレンドのフェレンス君と会う約束をしている。それに明後日の飛行機の切符を買ってある。きっと日程を変更する手続きは、切符を買うよりも面倒に違いない。ポーランド・ズロティが大量に余っていて使い切れない。ガイドブックを見るとワルシャワには「上海飯店」という名の中華レストランが1軒だけあるという。あまり期待はできないが、明日の昼か夜に行ってみることにした。

ウオトカが回ったせいか、すぐに眠り込んでしまった。気が付くと朝の7時だ。喉が渇いたので、一階に行った。一階のロビーにはコーヒーや紅茶やジュースが置いてある。ジュースかミネラルウオーターを飲みたかった。

すると突然、日本語で声をかけられた。

「あなた日本から来たの」

振り向いてみると30歳くらいの女性だった。

7

東ヨーロッパに入ってから日本人と会うのは、初めてのことだった。僕はこの女性から話しかけられて、嬉しくなった。

「そうです。埼玉から来ました」と僕は答えた。

女性が、「いっしょにコーヒーを飲んで少し話しましょう」と言うので、僕は「よろこんで」と答えた。

女性は、ロンドンの語学学校に通っているという。語学学校に通いながら、アルバイトをして生活している。日本人はビザを取らないで、イギリスに観光目的で滞在することができる。ただし、3カ月以上、観光ビザで滞在することはできない。また、レストランのウエイトレスや、商店の売り子のような単純労働で就労ビザを取ることはできない。結局、イギリスに長期滞在するためには、語学学校に通って、アルバイトで生活するしかないという。

「語学学校を出た後は、大学に進むつもりですか」と僕は尋ねた。

「いや、そのつもりはないわ」と女性ははっきり答えた。

「それじゃ、どうするつもりですか」

「私はデザイナーになりたいと思っているの。イギリスに来てからもう2年になるけれど、英語はなかなか上手にならない。ただ、少しお金も貯まったし、この秋からは専門学校に通って工業デザインの勉強をしようと思っている」

「工業デザインってどういう仕事なんですか」

「アイロン、テレビやラジオ、自動車でも、製品にするためには工業デザイナーの手を経るの。それで、ドイツの工業製品をいろいろ見て勉強しようと思ったのだけれど、ちょっとしたはずみでポーランドにやってきたの」

ちょっとしたはずみとは、この女性は西ベルリンから好奇心で東ベルリンを訪れた。西側の観光客は、チェックポイント・チャーリーからならば、24時間有効の観光査証を5マルクで取得し、それに20マルクの強制両替をすれば、東ベルリンを訪問することができる。もっとも東ベルリンのホテルはとても高いので、東には半日だけ滞在し、夜は西ベルリンのユースホステルに泊まるのが一般的だという。ちなみに西ドイツ・マルク（DM）と東ドイツ・マルク（M）の公式の交換比率は1対1だ。チェックポイント・チャーリーで交換するときはこの比率が適用される。しかし、実際には闇レートがあって、1DMが3Mくらいで取り引きされているという。だから、この東ベルリン観光は、東ドイツにとって貴重な外貨収入源なのである。

「東ベルリンはどうでしたか」

「西ベルリンよりも活気があったわ。それから、建物や工業製品のデザインで斬新なものが多い。いままで社会主義国に関心を持ったことはなかったのだけれど、ちょっと足を延ばしてみようという気になった」

「どうして東ドイツではなく、ポーランドにしたのですか」

「入国しやすいから。それから、東ドイツの場合、事前に高級ホテルを予約してお金を前払いしておかないとビザが下りない。東ベルリンを見るだけで我慢することにしたわ。強制両替の20マルクが使い切れないから、高級レストランでステーキを食べた」

「おいしかったですか」

「まあまあよ。イギリス料理と比べれば、ずっとましだわ」

「イギリスは料理がおいしくないのですか」

「イギリスは、お菓子と紅茶はおいしいけれど、食事は最低だわ。あの人たちには、まともな舌がついているとは思えない。もっともロンドンのポーランド・レストランはおいしいわよ」

「ロンドンにポーランド・レストランがあるのですか」

「あるわ。だいたいポーランド系亡命者の家族が経営している小さな食堂だけどおいしいわ」

「そうですか。僕もワルシャワに来て、普通の大衆食堂で食べる食事がおいしいので、驚きました」

「ユースの近くのカフェテリアで食事をしているの」

「そうです」と答えた後、僕は昨日、その大衆食堂で偶然知り合ったポーランド人の家に招待され、奇妙な体験をしたことを話した。

「ポーランド人は人懐こいわね。もっとも女の場合、男についていくと恐い目に遭うことがあるので、私もポーランドに来てから『うちに遊びに来ないか』と誘われたけれど、ついていかなかったわ。何か他人の親切を疑っているようで、淋しいけれど、用心に越したことはないと思っているの」

この女性は小柄で、美人という感じではないけれど、利発そうではきはきしている。僕は好奇心から、「今まで恐い目に遭ったことがあるのですか」と尋ねた。

「ロンドンで生活した最初の頃は、何回かあったわよ。しかし、2年も暮らしていれば、何が危ないかは、だいたい勘でわかるわ」

「勘ですか」

「そうよ。いちばん危ないのは、日本の駐在員よ」

「日本人ですか」

「そう。商社の駐在員には悪い奴が多い。語学学校の生徒は、簡単に餌食になるわ。うちの会社でアルバイトをしないかといってね」

　ちょっと気まずい雰囲気になったので僕は話題を変えた。

「ポーランドにはいつ来たのですか」

「1週間前。ずっとワルシャワにいるわ。前は別のユースに泊まっていたけれど、5日以上の連泊はできないので、おとといここに移ってきたの。毎日、美術館巡りをしたり、コンサートに通っている。イギリスでは2000円くらいするクラシックのコンサートをここだと50円で聴くことができるので、ほんとうにすごいわ」

「僕は音楽はあまり好きじゃないので、コンサートに行くことは考えませんでした。ただ、サーカスは見ました。ルーマニアのサーカスだった。熊が上手に芸をしていました」

「へえ。それはよかったわね。私も行ってみたいけれど、無理だわ」

「どうしてですか」

「午後2時の列車でクラコフに行くから」

「クラコフですか。それじゃ、クラコフからチェコに行くのですか」

「いや、クラコフというよりも、郊外のアウシュビッツ収容所を訪れようと思っているの。一度、訪れてみたいと思っていたの」

「この国は戦争の爪痕があちこちに残っていますね。旧市街でもあちこちに花が捧げてあり、プレートに人の名が刻み込まれていて、ナチスによって殺された人々を追悼してます」

「案内してもらえない」

「いいですけど、僕は案内できるほど、旧市街のことをよく知りません」

「あなたが行った場所を案内してくれればいいの」

「わかりました」

　僕たちは、路面電車に乗って旧市街に向かった。女性は、登山用の大きなリュックサックを背負っている。僕もスーツケースではなく、こういう大きなリュックサックを背負って旅行すればよかったと思った。旧市街には、花屋のキオスクがたくさん出ている。女性は赤いバラの花を何本か買った。

　旧市街の家の壁には、あちこちにナチスにより殺されたポーランド市民を追悼するプレートが埋め込まれている。ろうそくが灯っている箇所もある。女性は、その場所にバラの花を1輪ずつ置いて手を合わせていた。

「アンジェイ・ワイダの『地下水道』を見たことがある」と女性が尋ねた。

「2～3年前にテレビの深夜映画で見た記憶があります。最後、地下水道から抜け出したのに、自分の仲間を捜しに主人公が再び地下水道に戻っていくところが、印象的でした」

「私はあの地下水道を歩いていたら、きっと不安で頭がおかしくなってしまったと思う。ほんとうは、あのときソ連軍は、ワルシャワのすぐそばまで来ていたの。ただ、ワルシャワ蜂起を起こした人たちが、反共的なロンドンのポーランド亡命政府に忠誠を誓う人々だったので見捨てたのよ」

「『地下水道』は、日本で見たのですか」

「日本でもロンドンでも見たわ。イギリスは不思議なところで、世界中の民族がいる。イギリス人は、表面上は親切だけど、底意地が悪いわ。自分たちが世界でいちばん優秀だと思っている。第二次世界大戦中、イギリスに亡命したポーランド人が戦闘機に乗って、ドイツ軍の攻撃からロンドンを守ったの。その人たちはロンドンの南にまとまって住んでいるわ。イギリスで、私が親しくしているのはポーランド系とかアイルランド系の人ばかり。生粋のイギリス人とは、ほんとうに親しくなることができない」

「どうしてですか」

「よくわからない。なにかイギリス人は、目に見えない膜のようなものに包まれていて、外国人を寄せつけないところがある。アイルランド人にはそれがないわ」

「イギリス人とアイルランド人はそんなに性格が違うのですか」

「違うわよ。一度、ダブリンに行ってみるといいわ。ロンドンとは全然違う雰囲気よ」

旧市街には、喫茶店がたくさんある。夏なので、路上にもテーブルと椅子が出ている。そのうちの一つに僕たちは座った。

「大学はいつ始まるの」

「僕は大学生ではありません。高校1年生です」

女性は目を丸くして、「驚いた」と言った。

僕は、埼玉県立浦和高等学校の1年生で、夏休みに東ヨーロッパとソ連を一人旅しているという話をした。

女性は、ロンドンで夏休みや春休みに団体ツアーに加わって語学留学をしている高校生はときどき見かけるが、一人旅をしている高校生と会ったのは初めてだと言った。

「浦和高校というと進学校ね」と女性が尋ねた。

「一応、そういうことになっています」と僕は答えた。

「いいわね。高校生の頃に海外旅行をすると、一生が変わるわよ」

「そんなものでしょうか」

「ものの見方や、価値観が変わるわ。ただし、学校の勉強もきちんとしないとだめよ」

「……」

「私は中学生の頃から、早く社会に出たいと思った。親の世話になりたくないと思ったの。それで商業高校に進んだ。普通科に行っておけばよかったとイギリスに来てから思ったわ」

「どうしてですか」

「勉強をして、幅広い教養を身につけておくことが大切だから。最近になって勉強の重要性がようやくわかった。いい大学に行かないと人生が開けないという雰囲気に私は中学の頃から反発したの。画家になりたいと思った。それで、早く社会に出て、経済的に自立したいと思って、商業高校に進んだけれど失敗だったわ」

「どうしてそう思うのですか」

「商業高校では、数学や英語や社会科に力を入れないから。高校を出てから会社に入ったけれど、仕事でくたくたになるので、日曜日はほとんど寝ているような生活よ。それから、経済的に両親に依存しないようになっても、仕事をしていると絵を勉強しようなどという雰囲気にならない」

「予備校に行って、大学を受験しようとは思わなかったのですか」

「商業高校から美大に合格することは、まずできないわ。高校では受験科目をほとんど勉強していない。そこで、しまった、普通科に行けばよかったと思ったのだけれど、遅かったわ。

それでロンドンでならば、絵の勉強ができると思って、数年間頑張って貯金をして、思い切って日本を脱出したの。仕事を見つけて独り立ちするまで、日本には帰らないと決めた」

「それで絵の勉強を続けているのですか」

「そうよ。ただ、絵よりも工業デザインに関心が移ってきたの。だから今はその可能性を本気で追求しようと思っている。あなたは将来、何になろうと思っているの」

「よくわかりません。以前は、中学校の英語の先生になりたいと思っていましたが、高校に入ってからよくわからなくなりました」

「大学に進んでからよく考えたらいいわ。高校時代にあまり思い詰めてしまわないことが大切よ」

　時計を見ると、もう駅に向かわないといけない時刻だった。僕たちは路面電車に乗って中央駅に向かった。クラコフ行きの緑色の列車が既に着いていた。女性は切符を買っていたので、そのまま列車に乗りこんだ。女性が乗りこむと列車はすぐに動き出した。窓から女性が手を振って、「どうもありがとう」と言った。僕も手を振り返し、「お元気で」と叫んだ。

　さっき旧市街の喫茶店で話しているときに、僕が「ポーランドでどこがいちばん印象に残りましたか」と尋ねると、女性は「聖十字架教会よ。あそこにショパンの心臓が埋まっている」と答えた。そこで、僕はその教会に行ってみることにした。路面電車には乗らず、歩いていくことにした。

　街のあちこちで、復旧工事が行われている。第二次世界大戦は、30年前に終わったにもかかわらず、いまだに復旧作業が続いているのだ。レンガのかけらを拾い集め、つなげ、あの戦争の前にあった街を完全に復元しようとする強靭な意志力をワルシャワ市民は持っている。東京も空襲で灰燼に帰したはずだ。僕の父は１９４５年3月10日の東京大空襲に遭遇した。あたり一面が火の海になり、地平線が見えるようになったという。父はその直後に召集され、中国大陸に渡った。父の家族は、祖父の出身地である福島県三春市に疎開した。父の家族は江戸川区逆井（現在は平井）の出身だ。父に連れられて一度だけ、戦前、父の家族が住んでいた長屋の跡地に行ったことがある。道路も昔とちがう場所を通っていて、民家が建っていて、「昔を思い出す手がかりは何も残っていない」と父が言っていた。東京に戦争を思い出させる場所は残っていない。ワルシャワにはあちこちにまだ瓦礫の山がある。そこから人々が街を復元しているのだ。中央駅から旧市街を抜けて、聖十字架教会までゆっくり歩いて１時間くらいかかった。教会の斜め前の銅像に人だかりができている。近寄って見ると地動説を唱えたコペルニクスの像だ。カトリック教会の前にコペルニクスの像があるのを見て、天国でガリレオ・ガリレイはどういう感想を持つだろうかと思った。

　教会の中に入ってみた。観光客でいっぱいだ。左側の石柱にショパンの心臓が埋まっているという。ただ人混みの上の方に祈念碑が見える。5分くらい待って、ようやくそばまで寄ることができた。祈念碑の下には真っ赤なバラやカーネーションが供えられている。ポーランド人は実に花を好む民族だ。

教会を出ると、空腹感を覚えた。朝はコーヒー、昼もコーヒーとケーキを1つ食べただけだ。財布の中には強制両替させられたズロティ札がいっぱいある。明日はブダペシュトに移動しなくてはならない。今日中にズロティを使い切ってしまわなくてはならない。

昨日の夜、心の中で決めたとおり、今晩は高級レストランに行って、中華料理を食べることにした。ワルシャワには、上海飯店という中華レストランが1軒だけあるので、そこに行ってみることにした。

レストランの外に、達筆な筆書きで「上海飯店」とある。いかにも高級店という構えだ。

僕は恐る恐る扉を開けた。

タキシードを着たフロアマネージャーが出てきた。英語で「ようこそ。日本人ですか」と聞かれた。僕は、「そうです」と答えた。5時を少し回ったくらいなので、お客さんは数人しかいない。僕は窓際の6人掛けのテーブルに案内された。フロアマネージャーにかわりウエイターが出てきた。

ウエイターは日本語で「こんにちは。いらっしゃいませ」と言った。僕が「日本人のお客さんはよく来ますか」と尋ねたがわからないようだ。英語で聞いてみた。

「はい。ほぼ毎日、日本人のお客さんが来ます」

「中国人は来ますか」

「いいえ。ほとんど来ません」

メニューは、ポーランド語、中国語、英語、ロシア語などで書かれている。日本語が書かれたわら半紙もはさまれていた。謄写版印刷なのだろうが、字がつぶれていてよく読めない。

「何かおいしいものを」と頼んで、ウエイターに持ってきてもらうことにした。

「飲み物は何にされますか。ワインですか。ビールもありますよ」と聞かれたが、「コカ・コーラにします」と答えたら、怪訝そうな顔をされた。

まず、海老と白身魚のフリッターが出た。何となく中華味だ。それにトマトとキュウリのサラダがついてきた。丸くて堅いパンとバターがついてきた。パンにバターをたっぷりつけて、コーラで喉に流し込む。これが何ともいえずおいしい。

メインは八宝菜だった。きくらげが山ほど入っている。真っ黒い八宝菜という感じだ。豚肉と海老もふんだんに入っている。味付けも悪くない。ただし、つけあわせのご飯に芯があって、しかも焦げだらけだ。どういう炊き方をしているのだろうか。それでも、久しぶりの米だったので、おいしく思った。上尾の早慶学院の隣にあるラーメン屋でときどき食べた麻婆豆腐定食をまた食べたいと思った。

最後にデザートでアイスクリームが出てきた。横にライチーのシロップ漬けがついていた。お茶もジャスミンティーだった。

ガイドブックには、「味の方はいまひとつなので、あまり期待しないように」と書かれていたが、ご飯を除いては、どれもおいしかった。

高級レストランでかなり値が張ると思ったが日本円にして1000円くらいだった。これでは明日までにズロティを使い尽くすことは不可能だ。

ユースホステルに帰ってから、残ったカネを数えてみた。5000円分くらい残っている。ブダペシュト行きの飛行機は、明日の昼過ぎに出る。それまでに日本への土産を買い込もうかと思ったが、荷物になるのでやめた。ポーランドで、時計やカメラは作っているのだろうか。ポーランド製のカメラや時計を日本で持っている人はいないだろう。同室のポーランドの青年たちは、今朝、ユースホステルを発った。部屋には東ドイツの大学生だけが残っていた。僕は東ドイツの大学生に「ポーランド製のカメラや時計を買いたいが、どこに行けば売っているか」と尋ねた。東ドイツの大学生は少し考えてから言った。

「ポーランドで時計やカメラを作っているか、僕はよく知らない。時計やカメラは、ソ連製かDDR製だ」

「君の時計はDDRか」

「いや、ソ連製だ」

そう言って、腕から時計をはずして見せてくれた。黒色の文字盤にローマ数字が書かれた品のいい時計だ。ネジ巻き式だ。

「DDR製の時計よりも、ソ連製の方がいいのか」

「腕時計はだいたいソ連製だ。ポーランドで時計屋に行ったことはないけれど、だいたいがソ連製だと思う。君は日本製の時計を持っているんだろう。ソ連製の時計を買うことはないよ。ソ連製の時計は1～2年で壊れる」

「いや、日本ではソ連製の時計を持っている人がいないので、いい記念になると思うんだ」

「それならば買うことをとめない」

「いくらぐらいするのだろうか」

「ポーランドは物価が安いからね。2～3ドルで買えるだろう」

「そんなに安いんだ。カメラはどうだ」

「カメラもほとんどがソ連製で、一部にDDR製がある。DDR製のカメラは西側にも輸出しているので結構高いよ。確か300ドルくらいすると思う」

「それじゃちょっと手が出ない」

その話をしているうちに気が変わった。ズロティを持ち出すことはできない。無理に買い物をする必要もない。明日、空港の税関で没収されてしまうぐらいならば、この東ドイツの大学生が僕のズロティを有効に使ってくれた方がいい。

「君はあとどれくらいポーランドにいるつもりか」と僕は尋ねた。

「8月の最終週までは、ポーランド各地を旅行するつもりだ」

「僕は明日、ブダペシュト行きの飛行機に乗る。ずいぶんズロティが余ってしまった。ポーランド国外にズロティを持ち出すことはできないので、君がもらってくれないか」

「それは僕としては助かるけれど、いいのかい」

「構わない」

そう言って、僕は財布の中にあるズロティ札を、明日の空港までのバス代を残して、東ドイツの大学生に渡した。東ドイツの大学生は、財布から東ドイツの硬貨をとって、「少なくて済まないけれど、これをお土産に持っていってくれ」と言ってくれた。どれもがアルミ貨でとても軽い。1円玉のような感じだ。ハンマー、コンパス、稲穂の東ドイツの国章が刻まれている。東ドイツの硬貨を見たのは初めてだ。いいお土産になる。

その晩は、少し早く床についた。空港では飛行機が出発する少なくとも2時間前までにチェックインを済ませないとならない。用心して3時間前に空港に行くことにした。既に航空券を買いに空港に行ったことがあるので、勝手はだいたいわかっている。東ドイツの大学生にお別れのあいさつをして翌朝10時にユースホステルを出発した。路面電車で中央駅に出て、そこから空港行きのバスに乗った。空港には11時前に着いた。飛行機は午後2時に出発だ。

ポーランド航空のチェックインカウンターに行くと、「外国人は別の窓口になります」と別室に通された。他にも2〜3人、外国人がいる。ふかふかしたソファがあって、部屋の真ん中に大きなテレビがある。カラーテレビだが、色ずれがしていて、人間が緑色に映っている。ポーランド語なので、何を話しているかまったくわからない。窓の外には滑走路と飛行機が見える。日本では見たことのないソ連製の飛行機ばかりが並んでいる。ほとんどがプロペラ機だ。ポーランド航空だけでなく、インターフルーク（東ドイツ航空）の飛行機も駐まっている。目の前に大きなプロペラが4つついたポーランド航空の飛行機が駐まっている。ソ連製のイリューシン（Il）18型機だ。1950年代後半に開発された傑作飛行機と言われている。写真集では何度も見たことがあるが、実物を見るのは初めてだ。75人乗りで、7000キロメートルの航続距離を誇る。最高速度は685キロメートルだ。プロペラがついているが、エンジンはターボプロップ・ジェットだ。それだから、1万メートルまで上昇することができる。西側にはないタイプの飛行機だ。

外国人は、ポーランド人とは別のマイクロバスでタラップまで送ってくれるということだ。

係員がパスポートと税関申告書を預かり、手続きを代行してくれる。待合室には、バーがあるが、飲み物も軽食も無料だ。僕は、コーヒーとチーズがのったオープンサンドイッチを頼んだ。

空港の飛行機を見ながら、これから旅はどうなるのかと思った。プラハでは、ホテルを確保して、列車の切符を買うので精一杯で、観光をしたり、地元の人たちと話をする余裕はまったくなかった。これに対して、ワルシャワでは、日本だと高校をちょうど終えるくらいの年齢の青年たちと話をすることができたし、男たちだけのホームパーティーに招待され、生まれて初めてウオトカを飲み、またハードコアポルノの写真を見た。チェコスロバキアとポーランドは、社会主義国といっても、まったく別の国のようだ。チェコスロバキアには住みたいと思わないが、ポーランドだったら引っ越してきてもいい。

それから、東ドイツの大学生にも好感を持った。ああいう感じがいい人がいるということは、東ドイツもきっといい国なのだろう。昔、日本キリスト教会の合宿で、平和運動の代表団員としてソ連と東ヨーロッパを訪問した牧師の話を聞いたことがある。人々の顔が険しく、話しかけても、みんな逃げるような感じだったと言っていた。その牧師は、社会主義国の人々は、資本主義国からの旅行者を警戒していると言っていたが、チェコスロバキアでもポーランドでもみんなとても親切だ。ロンドンに住んでいる日本人女性は、「ポーランド人の方が、イギリス人よりもずっと人がいい」と言っていた。僕はイギリスに行ったことがないので、比較はできないが、ポーランド人はとてもいい人たちだと思った。

アナウンスがあった。ブダペシュトと言っている。きっと僕たちが乗る飛行機なのだろう。制服を着た背の高い金髪の女性が、「バスに乗りましょう」と話しかけてきた。外国人数人がバスに乗ったが、東洋人は僕だけだ。金髪の女性は飛行機の中まで僕たちを案内してくれた。そして、「前の3列のうち好きな場所に座ってください」と言った。僕の切符にはだいぶ後ろの席番が書いてあったが、外国人はまとめて座らされるようだ。僕は前から2列目、右側の窓側の席に座った。丸窓から外を見ると、右手後方に大きなプロペラが2つ見えた。

金髪の女性が、「ペンを持っているか」と僕に聞く。僕はアタッシェケースを開けてペンケースからボールペンを取り出した。金髪の女性は首を横に振って、万年筆を指さした。浦和高校の入学祝いに祖父が買ってくれたパイロットの万年筆だ。ペン先が18金の極細だが、僕は筆圧が強いので、中字くらいになる。金髪の女性は、飛行機のポケットからビニール袋を取りだして、この万年筆を袋の中に入れるようにという。飛行機が上昇すると機内の気圧が低くなるので、万年筆のインクが噴き出してしまうのに対応するためだ。

飛行機の中にはスチュワーデスが3～4人乗っている。みんな背が高い。170センチくらいある。金髪の女性が降りるのと入れ替わりに、乗客がたくさん乗りこんできた。僕の隣にも大柄のポーランド人が座った。座席は3人掛けでとても狭い。よくこんなに大柄な人の腰が小さな座席に収まるものだと不思議に思った。シートは、日本航空やエジプト航空とくらべるとずっときゃしゃだ。飛行機は満席だ。ドアが閉まると、救命胴衣と酸素マスクの使い方について説明があった。

それと同時に爆音がとどろいた。プロペラが回り始めたのだ。飛行機全体が激しく揺れる。そして徐々に走り出した。滑走路に出たところで、プロペラ音が一段と高くなった。飛行機が走り出し、離陸した。エジプト航空と異なり、かなりの急角度で上昇していく。3〜4分経つと、耳が痛くなってきた。気圧がだいぶ低くなっているのだろう。15分くらいで、飛行機は水平飛行に移った。

スチュワーデスが、飲み物とチョコレートバーを配り始めた。瓶に入った炭酸飲料水をこげ茶色のプラスチックのコップに入れる。1時間ちょっとの短時間飛行なので、機内食は出ないようだ。雲があまりない。雲の間から地上が見える。ずっと平原が続く。20分くらい経つと山が目立つようになった。「チェコスロバキアの上空だ」とスチュワーデスが言った。アタッシェケースを開けて、ビニール袋に入れた万年筆を見てみた。別にインクがこぼれている形跡はない。そこで、キャップをとってみると、キャップの中いっぱいに黒インクが噴き出していた。今度、飛行機に乗るときは、万年筆からカートリッジを外しておこうと思った。

ベルト着用のランプがついた。そろそろ降下するようだ。また飛行機が揺れ始めた。飛行機はなめらかに空港に着いた。タラップを降りると空港バスが横付けになった。プラハやワルシャワのおんぼろバスとは異なる新型の2両連結のバスだ。このバスで空港ターミナルビルに着いた。

ハンガリーは10日間のビザを取っておいた。ビザを取る際に、強制両替額相当をハンガリーの国営旅行社に払い込み、そのバウチャーをYSトラベルに発行してもらった。入国管理官は、すぐに入国スタンプを押してくれた。そして、バウチャーにもスタンプを押して、「銀行に行くように」と言った。税関申告も所持金を書き入れると、税官吏がスタンプを押して、簡単に終わった。アタッシェケースやスーツケースを開けろとも言われなかった。税関横の銀行には数人が行列を作っていた。15分くらい並んで僕の番になった。バウチャーを渡すと200ドル分くらいのフォリント（ハンガリーの通貨）をくれた。高額紙幣だけでなく、小額紙幣と硬貨を交ぜてくれた。

タクシー乗り場で、車を拾った。見たこともない旧式の車だ。黒色だが、ところどころはげている。僕はメモ用紙に「Josef krt. 60」と書いた。ヨーゼフ大通り60番ということだ。

ブダペシュトは、ドナウ川の流れに向かって右岸（西側）のブダと左岸（東側）のペシュトに分かれる。僕のペンフレンドのスジゲトバリ・フェレンス君は、この住所の2階に住んでいる。中学校1年生のときからもう2年以上も文通をしている。

道路は空いている。30分もかからずにタクシーはヨーゼフ大通り60番と書かれた建物の前に着いた。灰色の煤けた建物だ。僕は車のトランクからスーツケースを取りだした。運転手がアーチ状の入口を指して、「ここから中に入っていくんだ」と言った。19世紀に建った建物なのであろうか。床は石畳になっている。大きな中庭がある。中庭の中心には噴水があるが、壊れている。もう長い間、噴水としては使われていないようだ。フェレンス君の家は2階だ。確か階段をあがってすぐそばの部屋だと書いていた。僕は、重いスーツケースを持ちあげながら、2階にたどりついた。途中で階段の石が欠けている。もっとも、噴水は壊れ、階段は欠けているが、掃除は行きとどいている。中庭には太陽の光がとどかないので少しひんやりとした感じがする。

青い扉にDr. Szigetvari Ferenceという表札がかかっていた。ハンガリー人の場合、日本人と同じように姓を先に書き、名を後から書く。スジゲトバリが姓で、フェレンスが名だ。フェレンス君は手紙に「僕の家では代々、長男は名前をそのまま引き継ぐので、父と僕はまったく同じ名前だ。家ではフィフィ（Fify）と呼ばれている」と書いていた。呼び鈴を押してみた。反応がない。もう一度押してみた。それでも反応がない。10分くらい扉の前に立っていたが、家の中に人のいる気配がない。どこかに出かけているのだろうか。とにかく今日は、ユースホステルにでも泊まり、明日、もう一度、出直してこようと思った。階段を降りかけたところで、「ヘル、マサル」と呼び止められた。振り向くと40歳くらいの眼鏡をかけた男性がいる。「ヤーパン、フィフィ、ドイッチュ」とか言う単語が断片的に聞こえてくる。フェレンス君の隣の住人のようだ。家に来るようにと手招きされたのでついていった。「フイフィ、ユーゴスラビア」と言っている。

そう言えば、以前、手紙でフェレンス君が「今年は家族でユーゴスラビアに行く予定がある」と言っていたことを思いだした。

隣人の家には、夫婦と小学生くらいの女の子がいた。居間兼応接間に通された。天井が高い。3メートルくらいある。

中年の男性は、「モーメント」と言って、外に出ていった。

奥さんが、コーヒーとクッキーを出してきた。クッキーはチョコレートがコーティングしてある。食べてみると、麦芽入りのクッキーと苦みのあるチョコレートの味がマッチしてておいしい。コーヒーには、ホイップクリームが山のようにのっている。ウィンナーコーヒーだ。ワルシャワで飲んだコーヒーよりもずっとおいしい。奥さんはドイツ語で話しかけているようであるが、さっぱりわからない。

15分くらいして、この家の主人は、30歳くらいの眼鏡をかけた男性を連れてきた。この男性が、英語で、「フィフィの家族は、昨日、ユーゴスラビアに向けて出発しました。フィフィが『ちょうど留守のときに日本から僕の友だちのマサルが来るので、そのときは面倒を見てやってくれ』と頼まれています」と言った。

そういえばフェレンス君が手紙に「マサルがちょうどブダペシュトに来ると言っている時期に、家族でユーゴスラビアの海水浴場に行く予定をしている。日程を変更できるか、両親と相談してみる。絶対に会いたいので、マサルの方でも日程を調整してほしい」と書いてきていた。恐らく具体的日程について記した手紙は、僕が日本を出発した後に、届いたのであろう。運悪く行き違いになってしまった。ビザは10日間取ってある。ユーゴスラビア、ブルガリアを訪れる計画を変更して、ハンガリーに少し長居すればいい。

「フィフィたちは、いつ帰ってくるのですか」

「5日に帰ってきます」

「わかりました。それじゃ5日のお昼頃にまた来ます」

「とりあえず、これからホテルに案内します。明日からは、私の家に泊まってくれればいい」と隣家の主人が言った。

ハンガリーでは、外国人を宿泊させることが認められている。しかし、その場合、内務省に外国人が泊まっていることを登録し、出国査証の申請手続きをしなくてはならない。この手続きを怠ると出国できなくなる。この手続きには丸一日かかる。ホテルに宿泊する場合、この登録手続きをホテルが代行してくれる。それだから、友人を泊める場合でも、1日目はホテルに泊まってもらうことが多いという。

隣家の主人は、僕と英語の通訳の男性を1階に案内し、車に乗せてくれた。マッチ箱のような四角いソ連製のラーダだ。10分くらい走ったところで、AEROという名のホテルの前で車を停めた。通訳が「このホテルに部屋を取っている。明日、午前11時に迎えに来るので、ホテルのロビーで待っていてほしい」と言った。ホテルには、マレブ・ハンガリー航空のポスターがあちこちに貼ってある。アエローとは、飛行機という意味だろうから、きっとマレブと関係の深いホテルなのだろう。

プラハのホテルと違って、最近建った現代的なホテルだ。部屋はこざっぱりとしたツインルームだった。お腹が空いたので、レストランに行った。レストランはそれほど混んでいない。ウエイターに案内されて、席についた。飲み物は、レモネードを注文した。前菜にサラミソーセージとサラダをとって、メインを中華風ステーキにした。

レモネードは、クリーム色をした炭酸の効いた飲み物だった。サラミソーセージは固いが、おいしい。細長いパンがついてきた。パンには、塩の粒がたくさんついている。ひどく塩辛いので、一口だけ食べて、あとは手をつけなかった。

メインの中華風ステーキは、フィレステーキにキノコと野菜の甘酢ソースがかかっていた。日本の酢豚のような感じだ。付け合わせがゆでたジャガイモと人参だった。おいしい。値段も500円くらいだった。ポーランドほどではないが、ハンガリーもかなり物価が安いようだ。

部屋に帰って風呂に入った。ワルシャワのユースホステルでは、冷たい水のシャワーしかなかったので、バスタブに湯をたっぷり入れて、足を伸ばすと生き返ったような心地がした。それからすぐベッドに入って寝た。

目が覚めると、午前9時だった。早速、フロントに行って、連泊できないかと尋ねた。

「あいにく満室で、連泊はできない」とフロント係が申し訳なさそうに言った。

さて困った。今日から路頭に迷うことになる。フェレンス君の隣家の主人が、今日から泊めてくれると言っていたが、それは社交辞令だろう。見ず知らずの外国人を、それも資本主義国の人間を泊めてくれるはずがない。

「ホテルを見つけるにはどこに行けばいいですか」と僕は尋ねた。

「イブス（IBUSZ、ハンガリー国営旅行社）本社に行くといいでしょう」とフロント係が言った。

　また、プラハのチェドック本社でホテルを予約したときのように半日がかりの作業になるのだろうか。ホテルが不足していて、毎日、宿を替えなくてはならなくなり、毎日、イブス本社に通うことだけは避けたいと思った。

「イブス本社は何時から開いていますか」

「もう開いていると思います」

　僕は、すぐにチェックアウトして、今日からの宿をとることにした。

　チェックアウトで支払いをしようとすると、「チェックインのときに既に支払われています」と言われた。隣の主人が払ってくれたのだ。感謝するというよりも、恐縮してしまった。ホテルの前に停まっているタクシーに乗ってイブス本社に向かった。イブス本社は、プラハのチェドック本社とは異なり、カウンターがいくつもあるので、行列はできていなかった。

　僕は中年の女性が座っている窓口に行った。

「今日から6日朝まで連泊したいのです」

「市内のホテルはどこも混み合っています。市の中心部から少し離れたところでもいいですか」

「どれくらい離れているのですか」

「郊外電車で20分くらいです」

「構いません」

そう言うと中年の女性は、どこかに電話をした。「イーゲン」「イーゲン」と言っている。

「イーゲン」とはハンガリー語で「はい」という意味だ。フェレンス君と文通で、日本語とハンガリー語の基本語彙について情報を交換したことがある。そのときフェレンス君は、

「〝イーゲン〟がイエスで、〝ネー〟がノーだ」と教えてくれた。

電話を置いてから、中年の女性は、「ちょっと高いけれど、大丈夫ですか」と尋ねた。

「1泊、どれくらいになりますか」

「35ドルです。支払いは外貨でもフォリントでも構いません」

1泊35ドルで4泊5日ならば、経済的にも何とかなる。

「わかりました。お願いします」

「マルギット島にあるモーターホテルです」

「モーターホテル?」

「そうです。ヴェヌス・モーテル(Vienus Motel)と言います」

小学校のそばにモーテルが建ったときに「教育によくない」と反対運動が起きたことを思い出した。確かあのとき、アメリカに旅行をしたことがある同級生が「アメリカではモーテ

ルといっても、普通のホテルで、日本の〝連れ込み旅館〟とは異なる」と言っていたことを思いだした。

「どこにあるのですか」

「マルギット島です」

「島ですか」

「島と言っても、ドナウ川の中にある中洲です。郊外電車で20分くらいのところにあります。郊外電車は、バッチャーニ広場から出ているので、そこからマルギット橋で降りて、橋を渡ってしばらく行った右側にヴェヌス・モーテルがあります。マルギット島には、ホテル、レストランやキャンプ場とともに、大きなプールもあります。とても人気がある観光地です」

　イブス本社から、バスでバッチャーニ広場まで行った。そこから、京浜東北線のような郊外電車が出ている。外のキオスクで黄色い切符を買う。切符には1〜9までの数字を書いたマス目が9ついている。それを検札機に入れてボタンを押すと、2〜4カ所に穴が開く。切符を持っていても、穴が開いていなければ、無賃乗車と見なされて罰金をとられる。バスと郊外電車、路面電車の切符は共通だ。

　郊外電車は、ドナウ川に沿って走る。右側のドナウ川に、カヌーを漕いでいる人たちの姿がときどき見える。また、大型の客船が航行している。景色に見とれている間に、マルギット橋に着いた。イブス本社でもらった地図に従って、橋を渡って歩いていった。マルギット島は長さ1・5キロメートル、幅500メートルの小さな中洲だ。ドナウ川を越えて中洲に入ると、そこは森になっていた。両側にはプールとレストランがある。5分くらい歩いたところで、「ヴェヌス・モーテル」という看板が見えた。ゲートをくぐって、黄緑色の芝生の庭を横切って、敷地の中に入った。平屋の駐車場つきの建物が並んでいる。中央に、これも平屋のレストランと事務棟があるので、そこに向かった。

フロントには、初老の男性が立っていた。フロントの向かいには、黒い革張りのソファがある。そこに黒白のブチ猫が座っていた。あまり大きくない。体重は3キログラムくらいだろうか。実家のミーコと同じくらいの大きさで、模様も似ている。猫のそばに近寄った。逃げていかない。頭をなでるとゴロゴロと喉を鳴らし始めた。

フロントの男性が、「日本から来たお客さんですね。私が支配人です」と自己紹介した。私は、「佐藤優と申します。これがパスポートです」と言って、パスポートを預けた。

「それでは、パスポートをお預かりします。ホテルの宿泊票が、当ホテル滞在中はパスポートの代わりになります」

「わかりました」

「猫が好きですか」

「好きです。うちでも猫を飼っています。ちょうどこの仔とよく似た模様をしています」

「この仔はツェルミーという名前です。去年生まれたばかりです」

「僕の猫はもう3歳になります。僕の猫は雌ですが、この仔は雄ですか、雌ですか」

「雌です。ただ避妊手術をしています」

「僕の猫も避妊手術をしています」

「あなたの猫は何ていう名前ですか」

「ミーコです」

「面白い響きの音ですね」

支配人が猫好きなので、安心した。部屋の番号は5号室だった。支配人が部屋に案内してくれた。セミダブルベッドが2つとソファベッドがある。詰め込めば6〜7人が泊まることができる。大きなバスタブ、トイレとその横にビデがついている。床には絨毯が敷き詰められている。庭側に駐車場がある。部屋には大きな冷蔵庫ときゃしゃなプラスチック製の電話がある。テレビはない。ダイニング用のテーブルと椅子があるが、調理用の施設はない。居心地がよさそうな立派なホテルだ。

「日本人のお客さんもときどき来ますよ」

「東京からですか」

「いいえ。ウィーンからです。ウィーンからバスで、日本人の団体がときどき来ます。ただ、あなたのように個人旅行でこのホテルに来るお客さんは珍しいです」と支配人は言った。

第三章　マルギット島

8

朝から何も食べていないので、お腹が空いていた。

「何か食べたいのですけれど」と僕は支配人に尋ねた。

「このホテルのレストランは、朝と夜しかやっていません。朝食は宿泊代に含まれています。もっともシェフは、いまもいるので、サンドイッチくらいなら、つくることができます。それでもいいですか」

「もちろんです」

支配人は、僕をレストランに案内した。１００人くらいが入ることができる大きなレストランだ。レストランの外は芝生になっていて、そこに木製のテーブルと椅子がある。

支配人がシェフを呼び出して、ハンガリー語で何か尋ねた後で、僕の方を振り返った。

「チーズとサラミソーセージのサンドイッチだったらできますが、それでもいいですか」

「よろこんでいただきます」

「飲み物は、コーヒーと紅茶のどちらがよいですか」

「僕はコーラを飲みたいです。コーラはありますか」

「コカ・コーラがあります。それでいいですか」

「もちろんです」

支配人は、「それでは私はずっとフロントにいるので、何かあったらいつでも声をかけてください」と言って、レストランから去っていった。

シェフは、小太りの30代半ばくらいの男だ。とても陽気で、ドイツ語で何か話しかけてくるが、ほとんどわからない。どうも日本人はとてもいい人たちなので、好きだということを表現したいようだ。

直径10センチメートルくらいの丸いパンを2つ取りだし、包丁で上下に2つに分ける。片方のパンにはサラミソーセージを、もう一つにはチーズをはさむ。それを皿に載せた。その横に小さくて太いキュウリのピクルスとオリーブの実をいくつか置いた。冷蔵庫からコカ・コーラの瓶を取りだして、コップといっしょに持ってきた。

さっそくパンをほおばってみた。パンが堅い。大宮の銀座通りの「木村屋」で売っているプチパン（小さなフランスパン）を思い出した。それよりも堅い。ただし、古いパンではない。粘りがあって、堅いパンなのだ。ポーランドで食べたライ麦が入ったパンよりもおいしい。それにサラミソーセージが、言葉が見つからないほどおいしい。肉の風味と胡椒が独特のハーモニーをもたらしている。こんなにおいしいサンドイッチを食べたのは、生まれて初めてだ。

皿に載っている黒いオリーブを食べてみた。これは苦いので、半分だけ食べて、皿に戻した。

今度は、チーズの入ったパンを食べた。ほとんど塩味がしない。どうも無塩バターを使っているようだ。チーズにもほとんど味がついていない。サラミソーセージのサンドイッチの方が格段においしい。

パンが喉につまりそうになったので、コーラで流し込んだ。小学6年生の夏休みに、返還前の沖縄に行って、米軍基地のそばにある屋台で、ハンバーガーを食べたときにもパンを喉に詰まらせそうになって、コカ・コーラで流し込んだことを思い出した。コーラの味が沖縄でもブダペシュトでも同じなのが、何とも言えず不思議な感じがした。

お腹がいっぱいになった。「いくらですか」と尋ねると、シェフは首を横に振る。「いらない」と言っているようだ。それでは申し訳ないので、お金を出したが、受け取ろうとしない。気になったので、支配人のところに言って、「お金を受け取ってもらえないのだけれど」と言うと、「ここではお昼はつくっていません。朝食がホテル代に含まれていますから、気にしないでいいです」という返事だ。

「外でも食事をとることができるのですか」と僕は尋ねた。

「もちろんです。レストランの庭を見てみますか」

「案内してください」

　僕は支配人について、レストランを横切って庭に出た。白いテーブルと椅子が並んでいる。

「外で食事をするのも気持ちがいいものですよ。ここにはオーストリアやドイツからバスで大きな団体がやってくることが多いです。天気がよいときの食事はだいたい外でします。ハンガリーは冬が長いので、夏の間、人々はできるだけ陽の光に当たろうとします。それだから、みんな野外で食事をすることを好むのです。マルギット島には、野外レストランがいくつもあるので、このレストラン以外で食事をするのもいいですよ。あとで、よいお店を何軒か紹介しましょう」と支配人は言った。

「ヴェヌス・モーテル」という名前なので、車が多く駐まっているかと思ったが、そうでもない。部屋数は30室くらいだが、詰め込めば150人は入るモーテルなのに、フォルクスワーゲン、メルセデス、ボルボが数台駐まっているだけだ。それに車はすべて西側のもので、ソ連製のラーダやモスクビッチ、チェコスロバキア製のシュコダをまったく見かけない。ブダペシュト市内では、東側の車の方が多かった。

「ソ連や東欧の車がないですね」と尋ねた。

「このホテルに泊まるお客さんは、ほとんど西側からです。ときたまロシア人の団体が泊まることもありますが、珍しいです。だいたいドイツ人かオーストリア人です。ただ、ここから500メートルくらい奥に行ったところにプールやテニスコートが整ったスポーツ施設があって、その横に大きなオートキャンプがあります。そこには、チェコスロバキアや東ドイツの観光客がたくさん来ています」

その話を聞いて、僕はプールで泳いでみたいと思った。

「プールは、オートキャンプに泊まっていない人でも使うことができるのですか」

「もちろんです。ブダペシュトの市民もたくさん来てますよ」

「僕も行ってみたいです。場所を教えてもらえませんか」

「わかりました。フロントに戻りましょう。地図があります」

フロントに戻ると支配人は引き出しから地図を取りだした。白い紙に謄写版で印刷されたような地図だ。マルギット島の全体図が描かれている。「ヴェヌス・モーテル」から、南に300メートルくらい行ったところにプールとスポーツ施設がある。どうもマルギット島という中洲全体が公園になっているようだ。

支配人は、ホテルとプールの間にある建物に印をつけ、「ここがとてもおいしいレストランです。うちのレストランは肉料理や鶏料理はおいしいですけれど、魚を扱っていない。ここの鯉の料理は最高です。是非、試してみるといいでしょう」と言った。

昔、父親に連れられて秩父に行ったときに鯉のあらいを酢みそで食べたことがある。それほどおいしいとは思わなかった。

「鯉をどうやって食べるんですか。焼くのですか」と僕は尋ねた。

「焼いて食べることもありますが、だいたいは煮て食べます。揚げて食べることもあります」

いったい鯉をどのように煮るのだろうか。泥臭くないのだろうか。この料理に興味が出てきた。

「必ず試してみます」

僕は、部屋に戻って、海水パンツをとってきた。ガイドブックで、ソ連や東欧のホテルにはサウナとプールがついているが、水着をつけて入るという説明を読んだからだ。ブダペシュトでプールに入るとは思わなかった。

プールは、スポーツ施設の真ん中にあった。入場料として2フォリントを取られた。バスや郊外電車2回分の料金だ。競泳用の長方形のプールではない。ひょうたんのような形をしているが、長さは50メートル、幅は30メートルくらいある。プールサイドは芝生でおおわれ、ベンチとパラソルがたくさん出ている。小学生や中学生のグループもいるが、家族連れも多い。水着姿で本を読んでいる人も多い。ただし、プールサイドでの飲食は禁止されているようで、食事をしている人はいなかった。みんなのんびりしている。

プールの中に入ってみた。水がかなり冷たい。泳いだら少し暖かくなるかと思って、平泳ぎで2往復したが、身体が温まるよりも、奪われる熱の方が大きい。その後、芝生の上に寝ころんで、本を読んだ。プールを出てオートキャンプ場を見に行った。その後、しばらく散歩をした。

マルギット島をドナウ川の対岸から見てみたいと思った。マルギット橋を渡って、東岸の方に行った。そこから川岸を北の方に10分くらい歩いていった。カヌーが何艘か浮かんでいる。川岸に降りていく石段があったので、何気なく降りていった。川岸には、水着姿の女性が2人いた。2人ともとても美人だ。僕は視線を合わせないように注意しながら、川岸のコンクリートに座って、マルギット島の方を見た。対岸で、日向ぼっこをしている人たちの姿が見える。目の前をカヌーが通り過ぎていく。カヌーは、バランスをとるのが難しいようだ。ときどき転覆しそうになる。ひやひやしながら、僕はカヌーの練習風景を見ていた。

美人たちは、本を読んでいる。そして、ときどき2人で話をしている。目があったので、会釈をしたら、向こうから話しかけてきた。

2人の話す言葉が、わからない。「エスペラント」とか「ルスキー」という言葉が聞こえる。鞄の中にロシア語と日本語の会話帳が入っていることを思い出した。会話帳とノートをとりだして、話を始めた。

　2人とも1958年生まれで、現在17歳だという。小中高一貫校の11年生で、将来は外国語大学に進学することを考えている。背が高くより美人の方がマルガリータといって、学校ではロシア語が得意科目だという。将来は、ロシア語の通訳になりたいという。背が低く、控え目な女生徒はゾフィーといって、外国語はドイツ語を勉強しているが、いちばん得意なのはエスペラント語だという。マルガリータもゾフィーも英語を少し話す。

　ゾフィーは、ドイツやポーランドにエスペラント語で文通している友人がいる。ポーランドの友人を訪ねていったこともあるという。マルガリータはキエフに住んでいるロシア人と文通しているという。僕も英語でフィフィと文通している。どうもハンガリー人の生徒たちには、外国人と文通するという文化があるようだ。

　マルガリータから、「あなたは日本人ならば、コバヤシケンイチロウを知らないか」と尋ねられた。

「コバヤシケンイチロウ？　僕は聞いたことがない」

「有名な指揮者だけど。日本では有名じゃないの」

「僕は音楽をほとんど聴かない」

「残念ね。ブダペシュトの街のあちこちで、小林研一郎の写真を見るわよ。きっとハンガリーでいちばん有名な日本人だと思う」

「ヴェヌス・モーテル」に帰ってから支配人に、「コバヤシケンイチロウとは誰か」と尋ねてみた。1974年の第1回国際指揮者コンクールで、一等賞と特別賞を同時受賞した日本人指揮者ということだった。ハンガリー人はクラシック音楽好きが多いので、ほとんどすべての人が小林研一郎という名を知っているという。僕は自分の教養のなさが恥ずかしくなった。

マルガリータが、「なぜハンガリーに来たの」と尋ねるので、僕はフィフィと3年近く前から文通していて、高校に入学した祝いに両親がソ連、東欧旅行をプレゼントしてくれたという話をした。

「いつまでハンガリーにいるの」とマルガリータが尋ねた。

「ほんとうは10日にベオグラードに向けて出発する予定だったのだけれど、フィフィの家族が帰ってくるのを待つので、13日までいるつもりだ」

「それじゃこれから1週間以上ここにいるのね」

「そうだよ」

「フィフィはいつ帰ってくるの」

「5日に帰ってくるという話だ」

「それまで何か予定があるの」

「特にない」

「それじゃ、私たちが街を案内してあげる」

「いや、迷惑をかけたくないから、1人で観光するよ」

「わかったわ」

僕は喉が渇いた。

「ちょっとここにある僕の荷物を見ていてくれ」と言って、僕は飲み物を買いに出かけた。

広い道路を渡って3〜4分歩いたところに食料品店があった。籠を持って商品を買うスーパーマーケット方式だ。コカ・コーラを3本、イチゴの入ったヨーグルトを3個、ナッツ入りの大きな板チョコを1枚、それからオレンジを5個買った。瓶とオレンジがかさばるので、袋を抱えるようにして持って、川岸に戻った。

アタッシェケースの中に入っている組みナイフを取りだした。それには栓抜きもついている。僕はコーラの栓を開けて、2人に勧めた。

「コソノム（ありがとう）」と言って、2人はコーラを受け取った。袋から、ヨーグルト、チョコレート、オレンジを取り出した。マルガリータは、「ヨーグルトは嫌いなの」と言って、手をつけなかった。

「オレンジもコーラも高かったでしょう。お金を使わせて申し訳ない」とマルガリータが言った。支払いは日本円で500円くらいだった。決して高いわけではない。2人の話によると、コーラは、ハンガリー製のレモネードやジュースと比較すると倍くらいするという。僕は、チェコスロバキアで、化学物質でつくったとしか思えないひどくまずいオレンジジュースを飲んだので、「ハンガリー製のレモネードやジュースはおいしいのか」と尋ねた。2人は「おいしいわよ。一度試してみるといいわ」と答えた。

しばらく話を続けた。2人は、これから少し泳いでくると言って、ドナウ川の中に入っていった。マルガリータが赤と黒色の、ゾフィーが黄色の水着を着ている。2人は頭を水面に出したまま、川の真ん中まで、泳いで、戻ってきた。僕はその様子を写真に撮った。

2人は、川岸にあがって、タオルで身体を拭いてから水着の上にそのままジーンズとTシャツを着た。マルガリータが、僕の手帳に住所を書いて、「写真ができたら、必ず送ってね」と言った。僕は、「必ず送る。約束する」と返事をした。そうすると、マルガリータが僕の頬にキスをした。僕は驚いて身を硬くした。

時計を見ると6時を回っている。緯度が高いので、ブダペシュトでも日が沈む時間は日本よりもずっと遅い。市内の観光名所はすでに閉まっているので、僕はとりあえずホテルに戻ることにした。さっきコーラやチョコレートを買った店のそばに郊外電車の駅があったので、そこからマルギット橋まで1駅だけ電車に乗った。

ヴェヌス・モーテルに向かって歩いている途中で、支配人から教えてもらったレストランのことを思い出した。店の前に行くとバイオリンの陽気な音が聞こえる。店の入口で「1人だけど、席はあるか」と尋ねると、フロアマネージャーが「どうぞ」と言って、屋外の席を勧めた。

ウエイトレスが、注文を取りに来た。ウエイトレスは英語を話す。僕は、オレンジジュースを注文した。ウエイトレスは、僕がビールやワインを頼まないので、ちょっと怪訝そうな顔をしたが、「アルコールは飲まないんです」と言ったら、納得した。

オレンジジュースといっしょにウエイトレスは分厚いメニューを持ってきた。ハンガリー語、英語、ドイツ語、フランス語、ロシア語で書いてあるからメニューが厚くなるのだ。英語のところを見てみたが、何が何だかよくわからない。そこで、「何でもいいから、ハンガリー料理でおいしいものを持ってきてください。魚料理を食べたいです」と頼んだ。

最初にフォアグラを使ったテリーヌが出てきた。フォアグラが入ったテリーヌは、いちど父親に連れられて、どこかのレストランで食べたことがある。ウエイトレスが持ってきたパンは、今日の昼、サンドイッチで食べたのと同じ丸くて堅いパンだ。

その後に、真っ赤な色をしたスープが出てきた。ハラースレーというパプリカのソースで煮込んだ鯉料理だ。少し辛いが、キムチほどではない。スープの中にニンニクも入っているようだ。周りを見ると、お客の半分くらいがハラースレーをとっている。このレストランの名物料理なのだろう。大きなスープ皿に入っているが、骨が多いので、それほど量は多くない。

これで終わりかと思ったら、カツレツが出てきた。肉を叩いて薄くのばし、それにパン粉をつけて、フライパンで揚げたものだ。少し、焦げ目がついていておいしい。横にマッシュポテトが山盛りに添えられている。

ウエイトレスが、デザートの注文を取りに来た。「何があるか」と尋ねると、ケーキとアイスクリームがそれぞれ数種類ずつあるという。僕は、チョコレートソースのかかったアイスクリームを注文した。チョコレートソースのかかったバニラアイスの横に、まっしろいホイップクリームが山のように添えられている。

飲み物にはウエイトレスから「緑茶があるがどうか」と勧められた。好奇心から試してみることにした。日本のものよりは少し黄色いが、確かに緑茶が出てきた。「中国製の緑茶か」と尋ねると、「ソ連製だ」という答えだった。中央アジアから緑茶が入ってくるのであろうか。ハンガリー人が、食べることを楽しんでいるのがよくわかった。

　少し離れたテーブルに3人連れがいる。さっきから僕の方をときどき見ている。40代半ばくらいの中年の男性が2人と女性が1人だ。会釈をすると、1人が僕のそばにやってきた。ちょっと変なアクセントの日本語で「あなたは日本人ですか」と尋ねてきた。僕が「そうです」と答えると、「どこから来ましたか。東京ですか」と尋ねる。僕が「東京のすぐそばの埼玉というところから来ました」と答えたが、相手は僕が何を言っているのか、まったくわからないようだ。日本語はそれほど上手じゃないらしい。英語に切り替えてみたが、相手はドイツ語を話す。ウエイトレスがやってきたので、英語で通訳をしてもらった。この3人はレストランの常連で、以前から日本に関心を持っているという。僕が1人で食事をしている様子を見て、日本人か中国系のアメリカ人か、議論をしていたそうだ。3人とも「日本人だろう」という見立てになったので、代表としてこの男性が僕に直接確かめたということだった。「少し話をしてもいいか」というので、僕は「どうぞ」と答えた。そうすると、残りの2人も僕のテーブルにやってきた。

　後から来た男性は英語を話す。

「私たちハンガリー人は、アジア人だ。名前だって、姓が先で、名が後だ。ハンガリー人は日本のことを知りたいと思っている」と言った。

「そう、ハンガリー社会主義労働者党第一書記カーダール・ヤーノシュも、カーダールが姓でヤーノシュが名前だ。僕たち日本人と同じだ」

「あなたは、ハンガリーの指導者の名前を知っているのか」と言って、英語を話す男性が驚いた。

僕はちょっと意地悪な気持ちになって、「あなたたちは日本に関心があるというけれど、日本の首相の名前を知っているか」と尋ねた。

ポーランドのユースホステルで、ポーランド人や東ドイツ人と話をしたが、日本の首相を知っている人は一人もいなかった。

3人は、ちょっと顔を見合わせた。そして、最初に僕に話しかけた日本語を少し話す男性が「三木武夫だ」と答えた。今度は僕が驚いた。普通のハンガリー人で日本の首相のフルネームを知っている人がいるとは思わなかったからだ。

ハンガリー人は、外国語を勉強するのが好きだという。日本語の自習書もよく売れるし、一般市民向けの日本語講座もときどき開かれるという。ただ、この3人はそのような講座には参加したことがないという。

女性が「日本の正座を教えてほしい」と言うので、僕は椅子の上に正座をしてみせた。女性がそのまねをする。男性が「こういう座り方をしていると、足の調子が悪くならないか」

と尋ねるので、「僕は長時間正座をすることはできない。現代の日本人のほとんどは、あなたたちと同じように椅子生活をしている」と説明した。

さらに男性から「安部公房は日本で有名か」と聞かれた。この質問にも僕は驚いた。浦高の文芸部には安部公房ファンが多い。僕は、安部公房の作品は『砂の女』しか読んだことがない。

「有名だ。ただ、僕は『砂の女』しか読んだことがない」と答えた。

すると男性は、「安部公房の作品はハンガリー語にも訳されている。フランツ・カフカの小説に似ていると思わないか」と聞かれた。僕は「確かにそうかもしれない。ただ、僕は安部公房の作品は1つしか読んでいないので、何とも言えない」と答えた。

3人とも職業は技師だということだ。それなのに安部公房やカフカに強い関心を持っている。ハンガリー人の平均的な知的水準はかなり高いと思った。

英語を話す男性が、「どこに泊まっているのか」と尋ねた。僕は「ヴェヌス・モーテルだ」と答えた。

「あそこは料金は高いけれど、とてもいいホテルだよ」

「確かに料金は市内の一流ホテル並みだ。それにハンガリー人や東欧の旅行客がほとんどいない」

「それはそうだ。あそこはオーストリア人やドイツ人向けのホテルだからね。レストランもとても高いよ。ここはマルギット島でいちばんおいしいレストランだ。毎日、夕食はここでとったらいいよ。おいしいものを出してもらうように僕が頼んでおく」

そう言って、英語を話す男性はフロアマネージャーを呼んで、ハンガリー語で何か話していた。フロアマネージャーが僕の方を向いて、「是非、毎日、来てください」と言った。僕は「そうします」と答えた。ウエイトレスに支払いを頼むと、「すでに済んでいます」と言う。3人組が払ってくれたのだ。僕は、「初めて会った人に奢られるのは嫌だ。自分が食べた分は自分で払いたい」と英語を話す男性に言った。男性は、「いつか僕たちが日本に行くことになったら、そのときはあなたが日本料理を奢ってくれ」と言って、僕に金を払わせてくれなかった。ポーランドでもハンガリーでも、現地の人たちは、初めて会った日本人の僕をどうして警戒せずに、家に招待したり、奢ったりしてくれるのだろうか。社会主義国の人たちは資本主義国から来た旅行者を警戒するという話をソ連、東欧の旅行記でたくさん読んだが、どうも実態は違うようだ。やはり、東欧にやってきてよかったと僕は思った。

ホテルに着いたのは10時過ぎだった。ホテルの敷地に入る門が閉まっているので、横に付いているインターフォンのボタンを押した。「ハロー」という男性の声が聞こえたので、僕は、「5号室の佐藤です」と答えた。「ちょっと待ってください。いま門を開けます」という声がインターフォン越しに聞こえた。すぐに管理棟から人が出てきた。初めて見る顔だ。40歳くらいだ。

「遅くなって済みません」と僕は言った。

「全然問題ありません。夜、どんなに遅くなっても、インターフォンで呼び出してもらえれば、すぐに門を開けます。あなたは、団体で来られたのですか」

「団体？　何の団体ですか」

「午後、ウィーンから日本人の団体がこのホテルにチェックインしたのですが、あなたはバスの団体旅行でやってきたのではありませんか」

「いいえ。私は個人旅行です。イブス本社にこのホテルを紹介されました」

「そうですか。それは失礼しました」

玄関に行くとツェルミーが僕の足に擦り寄ってきた。人懐こい猫だ。僕に臭いをすりつけているのだろう。

「夜間は私が担当しているので、必要なことがあったら、遠慮なくおっしゃってください。コーヒー、紅茶、あるいはコーラやジュースも準備できます。軽食類も必要でしたら言ってください」

「レモネードもありますか」

「あります」

「それではください」

「10フォリントです。部屋づけにしておきますか」

「いや、現金で払います」

「申し訳ございませんが、夜間は、値段が倍になります」

「構いません」

日本円に換算すると140円だ。日本のホテルと比べれば、格段に安い。レモンをふんだんに使ったおいしいレモネードだ。チェコはいうまでもなく、ポーランドと比べても、ハンガリーのジュース類はおいしい。もっとも食にかけるエネルギーは、ポーランド人とハンガリー人は同じくらいだ。ただし、ポーランド人がウオトカを好むのに対して、ハンガリー人はビールやワインなどの軽い酒を好む。それだから、ひどく酔っ払った人を見かけない。

ツェルミーが僕の足にまとわりつきながらニャー、ニャーと鳴く。僕がツェルミーを抱き上げると、嫌がって暴れ始めたので、降ろした。猫は駆け足で逃げていった。

「ツェルミーは、抱かれるのが嫌いなんです。でも人懐こい猫ですからすぐに戻ってきます。

猫は好きですか」

「好きです。ツェルミーと同じような白と黒のブチの雌猫を飼っています」

「そうですか。ツェルミーは昼はフロントの前のソファでずっと寝ていますが、夜はあちこち飛び回っています」

「うちの猫もそうです。夜は外に出て、明け方の4時頃に帰ってきます」

「そんな時間まで起きているのですか」

「今年の3月までは受験の準備で朝の4時頃まで起きていることがよくありました。だから、猫が家に戻ってくる時間を知っているのです」

夜の支配人も単科大学を卒業した。観光のマネージメントが専門だという。大学では、英語、ドイツ語、ロシア語を勉強した。語学の勉強はたいへんだけれども、朝の4時まで机に向かうような生活をしたことはないという。僕は日本の受験勉強の実態について話した。夜の支配人は驚いて、「そんな勉強の仕方をしたら、ハンガリー人は死んでしまいます」と言った。

部屋に帰ってから、ベッドに横になって、今日の出来事を思い出した。実にいろいろなことがあった。ポーランドも面白かったが、ハンガリーではもっといろいろな経験をしそうな気がした。

9

陽の光を感じて目が覚めた。時計を見ると午前7時だ。昨日は風呂にも入らないで眠ってしまった。部屋には大きな浴槽がある。湯もふんだんに出る。ワルシャワの冷水シャワーと異なり、足を伸ばしてゆっくり風呂に入ることができる。唯一の難点が、備え付けの石鹸が小さくて、しかもあまり泡がたたないことだ。シャンプーも、ペパーミントの香りが強すぎる。

風呂に入ってから朝食会場に出かけた。ほとんどの人が外で食事をとっている。外に出ると日本語が聞こえた。日本人の団体が朝食をとっている。少し離れたところに座っていると、小学校低学年くらいの女の子が僕のところに寄ってきて、「お兄さんはどうして、みんなと一緒に朝ご飯を食べないの」と話しかけてきた。

「僕は1人で旅行しているんだ」

「ふうん」

「あなたはどこから来たの。東京から」

そうするうちに「娘がご迷惑をかけて済みません」といって30代後半と思われる夫婦が近寄ってきた。

「そうよ。いま、パパはパリで仕事をしているの」

「パリ？　フランスのパリから来たの」

「ちがう。パリから来たの」

「いいえ。久しぶりに日本語を聞くことができてほっとしました」と僕は答えた。

「大学生ですか」と奥さんが尋ねた。

「いいえ高校生です。それも今年高校生になったばかりです」

「高校1年生」と奥さんが言って、2人は顔を見合わせた。

「どこの高校」と御主人が尋ねた。

「埼玉県立浦和高等学校です」

「浦高か。うちの大学にも浦高出身者はたくさんいたよ。僕は大学の助教授をしている」

そう言って、名刺を出した。名刺には駒澤大学法学部助教授・福井守と書かれている。駒澤大学には、浦高の先輩はあまりいないはずだ。それで、僕は「先生は駒澤大学の出身ですか」と尋ねた。

「いや、僕は早稲田の出身だ」

「駒澤大学の教授には早稲田出身の人が多いんです」と奥さんが言った。

「実は、早稲田大学高等学院を受験したんですが、落ちてしまいました」

「あれ、浦高に受かって高等学院に落ちたのか。高等学院はそんなに難しかったか」

「ものすごく難しいですよ。試験問題も歯が立ちませんでした」

「いや、高等学院に行かなくてよかったと思うよ。浦高で鍛えられて、それから早稲田に来ればいいよ」と福井先生は言った。

「一緒に朝ご飯を食べないか」

「はい。ご迷惑でなければ、御一緒させてください」

僕はウエイターに頼んで福井先生のテーブルに食事を持ってきてもらうことにした。福井先生は、大学の交換制度を利用して、去年からパリで研究しているという。専門は商法ということだ。フランスでは民法や商法に関する研究が学問的にとても進んでいるという。夏休みを利用して、ドイツやオーストリアとともにハンガリーを回る日本人向けのバスツアーがあるので、家族を連れてそれに参加したということだ。このツアーには日本からの観光客とヨーロッパに駐在している日本人が加わっているということだ。

僕は、どうして1人で東欧とソ連を旅行することになったかという経緯をかいつまんで福井先生夫妻に話した。奥さんが、「いいわね」と言うと、福井先生がそれに続けてこう言った。

「あなたのお父さんとお母さんは的確な判断をしたと思いますよ。15歳のときに海外旅行、それもほとんど日本人が行かないソ連や東欧を旅行すると、その経験は一生活きます。ものの見方や考え方が、他の人と違ってきます。だから、僕も外国に行くときは、極力、娘を連れていくことにしているんです」

福井先生と少し表現は違うが、東京からカイロに向かうエジプト航空機の隣に座った会社社長からも同じようなことを言われたのを思い出した。

「本当に夏休みのわずか40日間の旅行が人生に大きな影響を与えることになるのでしょうか」と僕は尋ねた。

「なります」と福井先生は断言した。そして、それに続けてこう言った。

「高校での勉強もきちんとすることが重要です。この旅行の後は世界が広がって、政治や経済などいろいろなことに関心を持つようになる。高校時代に知的に背伸びをするのは悪いことではありません。ただ、学校での勉強もさぼらずにきちんとやることが重要です。浦高は進学校ですから、自ずから勉強するようになると思いますが、とにかく手を抜かないことです。早稲田はいい大学だから、是非来ればよい」

「どうもありがとうございます。頑張ります」

福井先生たちのグループは、今日は一日中、ブダペシュトの市内観光をするということだった。僕は、当初、午前中はプールに行って、それから観光をするつもりだった。しかし、福井先生と話をしているうちに、9月に行われる数学の試験が心配になってきた。スーツケースの中に池田書店から刊行されている水色のカバーがついた『数学I問題集』が入っている。この問題集は浦高の数学の先生たちがつくっている。夏休み前にプリントが配られ、100題が指定された。夏休みの後にそのうちの10題がそのまま出題される。応援団の先輩が、「数学は暗記科目だ。水色の問題集の問題は、答えを全部暗記しておいた方がいい。ぶっつけ本番で解くと、どんなに数学が得意な生徒でも2〜3題の答えを書いたところで時間切れになる。答えを暗記しておけば、誰でも満点をとることができる。ケアレスミスがあっても90点は固い。準備をしていないと20点くらいしかとれない。数学が暗記科目であることを生徒に自覚させるために浦高の1年生には夏休み直後にああいう試験を受けさせるんだ」と言っていたことを思い出した。

僕はホテルの部屋に戻って、数学の問題集と格闘した。5問解いたところでくたくたになって、もうそれ以上、数学をする気にはなれなくなった。時計を見ると午後1時だった。朝、パンを2つとチーズ、サラミソーセージ、それに目玉焼きとサラダを食べたので、お腹が全然減らない。とりあえずプールに行ってみようと思った。

プールは、今日は泳いでいる人が少ない。その代わりプールサイドの芝生で日光浴をしている人がこの前よりも多い。どうしてなのだろう。

その理由はすぐにわかった。水を入れ替えたらしく、泳ぐことができないほど冷たいのだ。芝生で寝ころんで今後の旅程について考えていた。予定では、ブダペシュトからユーゴスラビアのベオグラード、さらにブルガリアのソフィアを回って、ルーマニアのブカレストに出る予定だったが、これではくたくたになってしまう。ブダペシュトでの滞在を延ばして、ユーゴスラビアとブルガリアを割愛して、ブカレストに向かうことにした。そうすれば、ハンガリーに12日以上滞在することができる。ハンガリーのビザを延長する必要がある。こういう問題はどうやって解決すればいいのだろうか。旅行ガイドブックを読んでみた。

〈出入国手続き　査証　なければ入国できない。通過ビザで48時間以内、観光ビザではホテル予約日数まで。現地での延長は可能。

ビザをとるには、あらかじめハンガリー国営旅行社イブスIBUSZかその代理店で、ホテル予約や観光の手配をした上で、そのサービス対価相当額を日本の旅行代理店に払い込み、払込証明・引換券ともいうべきバウチャーVoucherを発行してもらう。このVoucherはビザ申請書に添付するが、その他に写真2葉が必要。ビザ料金は１０８０円。申請した翌日には交付される。〉（『ワールドワイド　ソ連・東欧』日本交通公社出版事業局、１９７３年、

２０６頁）

〈現地での延長は可能〉と書いてあるが、具体的にどういう手続きをとればよいかについては、何も書いていない。ＹＳトラベルの舟津素子さんが、「困ったことがあれば、日本大使館に駆け込むことね。あの人たちは、旅行者には親切じゃないけれど、最低限、必要な手助けはしてくれるわ」と言っていたことを思い出した。僕はプールを出て、郊外電車の駅に向かった。途中で公衆電話を見つけたので、ビザの延長手続きについての情報を得ようと思って日本大使館に電話をした。日曜日なので、誰も電話に出ないかと思ったが、すぐにつながった。

僕は「Is there anyone, who can speak Japanese?（誰か日本語を話せる人はいますか）」と尋ねた。相手は、流暢な英語で何かを言っている。僕にはさっぱりわからない。だから、日本語に切り替えた。

「日本語がわかる人はいませんか」

相手は、思わず吹き出して、日本語でこう答えた。

「ここは日本大使館ですよ。当然、日本語が通じます。どうしましたか」

若い男の声だ。大使館員は旅行者に対して不親切だという話を聞いていたが、どうもこの人はそうではないらしい。僕は、ハンガリーでの滞在を延長したいのだが、どういう手続きをすればいいか尋ねた。

大使館員は、「ハンガリー側の手続きがどうなっているかについて、今すぐには答えられないので、明日、調べておきます。明後日、火曜日にもう一度、大使館に電話をください」と答えた。

「僕は、高校1年生で1人で旅行しています。ハンガリーのペンフレンドを訪ねてきたんですけれども、その友だちがユーゴスラビアに行っているんで、滞在を延長しないとならないんです」

「ビザはいつまで取っていますか」

「8月1日に入国して、10日間取っています。3日延長しなくてはなりません」

「わかりました。調べておきます」

「ハンガリーで特に注意しておくべきことはありますか」

「ハンガリー人は日本人に対してとても親切です。盗難などもほとんどありません。しかし、万一のためにパスポートとお金の管理だけは気を付けてください」

「わかりました」

「心細いことや、困ったことがあれば、遠慮せずに大使館に電話をしてください」

「どうもありがとうございます」

予想外に親切な対応だったので、僕は拍子抜けした。それと同時に日本語で話すことができてほっとした。

ガイドブックを片手に観光名所を訪れることもできるが、昨日、マルガリータが「私たちが街を案内してあげる」と言ったことを思い出した。なんでせっかくの提案を断ったのか、後悔した。マルガリータは、僕に住所を教えてくれた。家を訪ね、「やっぱり、市内を案内してほしい」と頼んでみることにした。支配人にマルガリータが書いた住所を見せると、ブダペシュトの地図にボールペンで印をつけてくれた。マルギット島からは5キロくらい離れている。バスで行かないとならない。支配人はバスの番号を調べてくれた。マルギット橋まで歩いて、そこにある停留所から行けば、乗り換えなしでたどりつくことができそうだ。

いきなり東洋人の男が家を訪ねたら、マルガリータの家族はきっと驚くだろう。ちょっと気まずい感じになるかもしれないが、勇気を出して訪ねることにした。バスは黄色い2両連結の新しい車両だった。切符は郊外電車と共通だ。バスに乗ると、壁についた検札機に切符をはさんで穴をあけた。車内放送で流れる停留所の名前が聞き取りにくいので、バスの乗客に僕が降りる停留所名を書いた紙を見せると、「次だよ」と教えてくれた。

マルガリータが書いた住所には、4階建ての団地があった。日本の団地によく似ている。

「2階」と書いてある。1階は、グランドフロアなので、日本風に言うと3階なのだろう。階段を上って部屋の前に立った。心臓がどきどきする。一瞬、帰ろうかと思ったが、呼び鈴を押した。数秒経って、扉が開いた。60代半ばくらいのおばあさんが出てきた。僕は英語で、「マルガリータと会いたい」と言った。おばあさんは、ドイツ語で「ナイン」と言っている。会わせたくないということなのだろうかと一瞬思ったが、おばあさんはやさしそうな顔をして、家に入れと手招きした。

家の中は、フィフィの隣人の家と比べると、家具や調度品も貧弱だった。しかし、きれいに片付いている。3Kくらいのつくりだ。日本の団地と似ている。「コーフェー、テー」と聞かれたが、ぼくは「ナイン」と言って断った。おばあさんはドイツ語で話しかけてくるが、僕はさっぱりわからない。マルガリータ、モルゲンという言葉だけが耳に残る。モルゲンには、明日という意味があったはずだ。どうもおばあさんは、「明日、もういちど来い」と言っているようだ。おばあさんは、ミネラルウオーターとビスケットを出してくれた。ビスケットにはチョコレートのコーティングがなされている。一枚取って食べてみた。チョコレートのコーティングの下にマーマレードが入っている。ビスケットは胚芽入りの小麦粉でつくっているのだろうか、少し苦みがあるが、おいしい。

おばあさんが「ホテル」と言うので、僕はポケットから「ヴェヌス・モーテル」の宿泊カードを取りだして、そこにある住所を書き、僕の名前も書いた。それから、日本の僕の住所も書いておいた。

マルガリータの家を出てから、僕は「やっぱり来なければよかった」と後悔した。そのとき、もしかしたらマルガリータはゾフィーといっしょに昨日のドナウ川の岸辺にいるのではないかと思った。そこで、バスに乗ってマルギット橋まで行って、そこで郊外電車に乗り換えて、川岸に行ってみた。そこには誰もいなかった。昨日と同じようにカヌーが目の前で練習をしていた。

僕は力が抜けてしまい、観光をする気がなくなってしまった。そこで、ホテルに帰ることにした。

ホテルに戻るとフロントの前のソファの上でツェルミーが寝ていた。頭を軽くたたくと喉をゴロゴロ鳴らし始めた。今ごろミーコはどうしているのかと思うと、急に母か妹の声を聞きたくなった。僕は、支配人に「日本への国際電話はいくらくらいするでしょうか」と尋ねた。支配人は、電話帳を調べ、「3分間で150フォリントです」と答えた。日本円で200円ちょっとだ。ポーランドでもハンガリーでも予想よりも金がかからないので、ここで少し浪費してもいいと思った。

「日本との国際電話をつないでください」と言って、電話番号をメモに書いて渡した。

「モスクワ経由になります。回線数が少ないので、だいぶ待たされるかもしれません」

「どれくらい待つのですか」

「1～2時間かかるかもしれません」

「お願いします」

電話がかかってくるまで、僕は部屋で数学の問題を解くことにした。机に向かっていても、家を訪ねていったことでマルガリータが怒っているのではないかと思うと、数学の問題に集中できない。時計を見ると午後5時過ぎだが、ベッドに横になることにした。

どれくらい時間が経っただろうか。どんどんと激しく扉を叩く音で目が覚めた。時計を見ると午後8時だ。日本との電話が通じたのだろうか。僕はドアを開けた。支配人がいた。

「どうも。日本との電話が通じましたか」

「それが、申し訳ありませんが、まだ通じません。国際電話局に何度か電話して様子を聞いたのですが、モスクワ—東京間の回線が混んでいて、いつつながるかわからないと言うのです」

「どれくらいかかりそうですか」

「それがまったくわからないのです。待ちますか、それともキャンセルしますか」

「お腹が空いたので、これからレストランに行こうと思っています。もし、その間に電話がつながったら、キャンセルすることができますか」

「その場合、指名通話にすればよいです」

「指名通話とはどういうことですか。番号に宛ててかけるのではないですか」

「番号に宛ててかけるのですけど、あなたとあなたが指定する人が電話口に出るまで、料金はかかりません。もし、あなたがいなければ、電話料金は一切かかりません」

「それでは指名通話にしてください」

そう言って僕はホテルを出た。ホテルのレストランからは、おいしそうな匂いがしたが、

「毎日行く」と約束したので、あのレストランに行くことにした。

レストランは昨晩よりも混んでいた。フロアマネージャーは同じ人だった。店内を見回してみたが、屋内も野外もテーブルはすべて満席だ。毎日来るという約束は果たしたのだから、ホテルに帰って夕食をとろうと思った。店を出ようとしたら「モーメント」と言って、フロアマネージャーに止められた。

「相席でもいいか」と言われたので、僕は「構いません」と答えた。

すると屋外の8人くらい着席することができる大きなテーブルに4人家族が座っているところに案内された。フロアマネージャーは、家族の父親とドイツ語で話をしている。父親は「ヤー、ヤー」とあいづちを打っている。多分、僕が同席しても構わないと言っている

のだ。

昨晩とは別のウエイトレスがやってきて、テーブルの上に皿とフォーク、ナイフを置いた。僕は4人家族に会釈した。

「どこから来たのですか」と僕は父親に聞いた。

「シュヴェリーン」

聞いたことがない土地の名前だ。

「ドイツですか、スイスですか」と僕は尋ねた。

「ジャーマン・デモクラティック・レパブリク（ドイツ民主共和国＝東ドイツ）」と女の子が答えた。僕より1〜2歳年上だろうか。聡明そうな顔をしている。女の子は、「シュヴェリーン市は、シュヴェリーン州の州都よ」と答えた。

お互いに自己紹介をした。この家族はブラウエル一家で、聡明そうな女の子はハイケという名だ。1961年生まれなので、僕より1つ年下の14歳だ。男の子はウヴェという名で12歳だ。ブラウエルさんも奥さんも技師だという。僕がアマチュア無線技師の免許を持っているという話をしたらブラウエルさんも無線技師だということで話がはずんだ。ハイケは英語が上手だ。奥さんとウヴェはほとんど英語を話さないのでハイケが通訳をしてくれた。僕が「どこで英語を勉強しているのか」と尋ねたら、ハイケは「自由ドイツ青年団（東独社会主義統一党［共産党］の青年組織）の英語クラブで、英会話を勉強している」と答えた。そういえば、ワルシャワで会った東ドイツの大学生も英語が上手だった。あの大学生も自由ドイツ青年団で英語を勉強したのではないかと、僕はふと思った。感じのよい家族だ。今回の旅行で、東ドイツに行くことはできなかった。この家族から東ドイツの生活についていろいろ聞いてみたいと思った。

10

ブラウエル家の人々は、前菜にサラミソーセージ、ハム、チーズの盛り合わせとピクルスをとっていた。僕もウエイターに「同じものがほしい」と頼んだ。

ブラウエルさんは、白ワインを飲んでいた。「どうですか」と言って、僕にワインを勧めてくれたが、「日本では20歳未満の人は、酒を飲むことは法律で禁止されています」と言って断った。

ブラウエルさんは、「ドイツでは15歳以下はアルコール飲料を飲むことができません。それだからハイケもウヴェもコカ・コーラを飲んでいます。ＤＤＲ（ドイツ民主共和国＝東ドイツ）には、コカ・コーラがないので、ハンガリー旅行のよい思い出になります」と言った。

正確に言うと、ブラウエルさんが、ドイツ語で話し、それをハイケが英語に訳すのだ。

「英語は第一外国語なの」と僕はハイケに尋ねた。

「違う。第一外国語はロシア語よ」

「英語とロシア語のどちらが得意？」

「もちろんロシア語よ」

そう言って、ハイケはロシア語で何か話した。僕にはさっぱりわからない。

「僕はようやくキリル文字を読むことができるくらいで、ロシア語は全然わからない」

「学校ではロシア語の授業はないの」

「ないよ。英語だけだ」

「ドイツ語の授業はないの」

「ごく一部の高校でドイツ語を教えているけれど、ほとんどの学校では英語以外の外国語を教えていない」

「DDRでは、第一外国語はロシア語で、第二外国語は英語を勉強している生徒が多いわ。フランス語やスペイン語を勉強している生徒もいる」

「西ドイツでは、ほとんどの人がロシア人を嫌っているというけれど、DDRではどうなの」

僕はあえて挑発的な質問をした。

「恐らく西ドイツ人とは、違うと思うわ。ロシア人に対してそれほど悪い印象はない。ドストエフスキーやチェーホフの小説を私はよく読むわ」

「ロシア語で、それともドイツ語で」

「ドイツ語の翻訳で読む。ロシア語の教科書は、マヤコフスキーやファデーエフの作品が多い。ロシア語の本を売っている本屋もあるので、ロシア語の本もいくつか持っているわ」

「ロシア人と話をすることはあるの」

「ソ連から、代表団が私たちの学校に訪ねてくることがある」

「代表団って」

「コムソモール（共産主義青年同盟）の代表団よ。私たち、自由ドイツ青年団との定期交流があるの。街にはソ連兵がいるけれど、話をすることはあまりないわ」

どうもソ連と東ドイツの間では、組織間の交流が中心で、個人的な関係をつくることはしないようだ。

ブラウエルさんは、「アメリカ人にもよい人と、あまりよくない人がいるように、ロシア人にもよい人と、あまりよくない人がいる」と付け加えた。

日本にいるとき本で読んだ印象では、東ドイツは思想的統制がとても厳しい国だった。しかし、ワルシャワのユースホステルで会った東ドイツの大学生も、いまここでいっしょに食事をしているブラウエル家の人たちも、とても気さくでいい人たちだ。僕は東ドイツの生活について、根掘り葉掘り聞いてみた。

ブラウエルさんは、大きな工場の上級技師だ。奥さんも別の大きな工場の管理職だ。両親は、息子のウヴェも技師になってほしいと思っている。幸い、ウヴェは、数学と物理が得意なので、両親の夢をかなえてくれそうだ。ハイケは成績がいい。本人は文学を勉強したいと言っているが、医師になりたいという希望も抱いている。どうなるかはまだわからない。

シュヴェリーン市には、団地もたくさんあるが、ブラウエルさんたちは一軒家に住んでいる。職場までは、自動車で10分くらいだ。数年前にソ連車「ラーダ」を買った。それにキャンピングカーをつけて、週末には東ドイツの国内旅行をする。東ドイツでもオートキャンプ場が整っているので、キャンピングカーで快適な旅行ができる。夏休みは2カ月ある。残りの1カ月間は、学校が主催する夏期学校が行われるので、ハイケとウヴェは家を離れる。1カ月は、家族でキャンピングカーで海外旅行をすることにしている。これまで、ポーランド、チェコスロバキアを訪れた。今年は初めてハンガリーにやってきた。ハンガリーは、生活水準が高く、西側の影響も強いので、別世界に来たような感じがする、という。

僕は好奇心を抑えられなくなって、尋ねた。

「東ドイツの人たちが西ドイツを旅行することはできるのですか」

「できる」とブラウエルさんは答えた。

「西ドイツに行ったことがあるんですか」

「私たちはまだありません。60歳を超えて、年金年齢に達すると、東ドイツから西ドイツの親族を訪問することもできます」

年金年齢に達している、つまり労働力としてもはや期待できない人々は、西ドイツに渡ってもよいということのようだ。

ブラウエルさんの奥さんがドイツ語で何か言った。ハイケが「このレストランに来るのは初めてだけど、何がおいしいの」と英語に訳す。僕は、「以前、魚のスープを食べたけれど、とてもおいしかった」と答えた。ブラウエル家の4人は相談し、僕の推薦通り、このスープをとった。メインはステーキにするというので、僕もそれにあわせることにした。

僕は、両親や妹のこと、高校での勉強について話した。ブラウエル家の人々はその話を興味深そうに聞いていた。ハイケが、両親にドイツ語で何か話した。両親は「ヤー（いいよ）」と答えた。ハイケは僕の方を向いて言った。

「あなたと文通をしたいのだけれど、いいかしら」

意外な提案に僕は驚いた。ワルシャワで知り合った東ドイツの大学生も、とても感じがいい人だったが、僕に住所を教えてくれなかった。東ドイツ国民が、資本主義国の人間と文通することは、法律で禁止されていなくても、事実上は不可能なのだと思っていたので、ハイケの提案に驚いたのだ。

「よろこんで」と僕は答えた。

ハイケは、持っていた鞄からノートを取りだして、住所と名前を書いた。そして、その頁を千切って僕に渡した。ハイケが僕のそばに近づいてきたときに、香水のようないい香りがした。ハイケは金髪で、背は僕よりも高い。168センチくらいあると思う。白いブラウスに黒いスカートだ。体軀はしっかりしている。

そういえば、ポーランド人、ハンガリー人は、西側に近いおしゃれな服を着ている人が多い。特に女性はそうだ。マルギット島では、車にDDRというステッカーを貼った車をよく見る。ハイケだけでなく、東ドイツの女性たちの服はいずれも地味だ。

僕も自分の住所を書いた。

「これで、私たちは友だちね」とハイケが言った。

「たぶんそうなると思う」と僕は答えた。浦和高校が男子校だということを話すと、ハイケは驚いた。東ドイツでは、どの学校も男女共学だという。日本では、高校入試も大学入試も熾烈な競争があるという話をした。ハイケは東ドイツでは、幼稚園から17歳まで一貫教育で、この一貫校での成績で、どの大学に進学するかが決まると答えた。

「どの学部が難しいの」と僕が尋ねた。

「理科系だったら数学部ね。文科系だったら哲学部か、言語学部だと思う」とハイケが答えた。

「日本だと、哲学や言語学はそれほど人気がない。法学部や経済学部に人気がある」

「DDRだと、経済を専攻する学生は、総合大学よりも単科大学に進むわ。法学部に進んで、何になるの。内務省や、裁判所で働くの」

「法学部を卒業しても、一般の企業に就職する人が多い」

「それじゃ、学校で勉強したことと、将来の職業がつながらないじゃない」

「つながらないよ。むしろ、それが日本では普通だよ」

「でも、それじゃ大学で一生懸命に勉強をする気にならないじゃない」

「大学受験までがたいへんで、みんな疲れ切ってしまう。高校の先輩を見ても、大学ではアルバイトやサークル活動を熱心にやっている人が多い。大学生から勉強の話について聞いたことは、ほとんどない」

「不思議ね。私は大学生の家庭教師をやとっているけれど、勉強の話ばかりしているわよ。大学に入ると、毎日、夜の9時、10時まで机に向かっていないと、授業についていけないみたい。私も大学に進みたいと思っているけれど、勉強についていけるかどうか不安がある」

「ハイケは、英語がこんなに上手なところを見ると、大丈夫だよ」

「どうもありがとう」

ハイケが、「資本主義国では、失業者がいる。大学を卒業しても、就職できない人がいるというのはほんとうか」と尋ねるので、僕は「国によって違う。日本の場合、会社を選ばなければ、どこかに就職することはできる」と答えた。ハイケには、学生が就職活動をすることが、皮膚感覚としてわからないようだ。就職は、すべて学校があっせんしてくれる。それだから、大学に進学することは、就職と直結している。

「あなたは将来なにになりたいの」とハイケは尋ねた。

「わからない。以前は中学校の英語の先生になりたいと思っていた。その後、キリスト教の牧師になりたいと思ったことがある」

「牧師？」

「そう。牧師だ」

「日本にもキリスト教徒がいるの」

数は少ないけれど、いる。僕は、キリスト教の洗礼は受けていないけれど、子どもの頃から教会に通っている」

「私たちは、無神論者。だから教会には行かないわ。でも、シュヴェリーンには教会がたくさんあるわ。私の親戚で教会に通っている人もいるわよ」

「昔はみんな通っていたわ」とハイケのお母さんが言った。

「大学進学を希望しているの」とハイケが尋ねた。

「うん」

「何を勉強しようと思っているの」

「まだはっきりした希望はない。ロシア文学を勉強したいとも思うし、哲学にも関心がある」

「ロシア文学を研究すると、ロシア語の先生になるの」

「必ずしもそうじゃない。商社やメーカーに勤めたり、中学校や高校の英語や社会科の先生になる人も多い」

「哲学を専攻するとどうなるの」

「大学の先生になる人もいるけれど、だいたいは普通の会社に就職する」

ハイケは首をかしげた。大学での専攻とまったく関係ない職場で働くことが多い日本の就職事情が理解できないようだ。

11

僕は、ハイケに、公務員試験や教員採用試験などの場合、かなり厳しい競争試験で就職が決まるが、それ以外の場合、難しい大学を卒業した学生がよい就職先を見つけるということを説明した。

「よい就職先って、どういう意味」とハイケが尋ねた。

「そうだな。安定していて、給料がよい職場と考える人が多い。ただ僕は自分のやりたいことができる職業に就きたいと思っている」

「やりたいことってなあに」

「それがよくわからないんだ。いまは一生懸命、勉強していろいろなことを知りたい。特に僕は哲学に関心がある。この世界がどういうふうになっているのか、人生の目的は何かということについて知りたい」

「私もそういうことについて知りたい。これからも文通でそういうことも議論しましょう」

「いいよ。手紙もいいけど、明日また会わないか」

「それはできないわ。私たちは明日の朝早くブダペシュトを出発する。チェコに何泊かして、それからＤＤＲ（東ドイツ）に戻るわ」

僕は、ハイケとこれで会えなくなるかと思うと少し淋しくなった。ハイケは、マルガリータのような美人ではない。しかし、頭がとてもよさそうだ。それに英語ができるので、意思疎通が可能だ。

「お父さんは、ハイケが医学部を志望していると言ったけれど、日本では医者はとても人気がある。収入がいいからだ。だから、医学部の志望者はとても多い。僕の高校は１学年４１０人だけれど、１００人近くが医学部を受け、30人くらいが医学部に進学する」

「ＤＤＲでも医学部は人気があるわ。理科系では数学部に次いで優秀な生徒が進学する。入学試験はそれほど難しくなくて、高校の成績で進学先はだいたい決まる。ただ、医者になっても給料はそんなによくないわ」

「どんな職業の給料がいいのか。技師か」

「私は技師だけど、技師の給料はそれほどよくない」とハイケの父親が答えた。

「多分、炭坑夫がいちばん給料がいいと思う」とハイケが答えた。

どうも日本とは給与の規準が違うようだ。

「ハイケは医者になりたいの」と僕は尋ねた。

「まだはっきりは決めていない。文学にも関心があるわ。小説は大好き。でも世の中のためになる仕事をしたい。医者は世の中のためになる仕事だと思うの」

「それは確かにそうだ」

ハイケは真面目なのである。弟のウヴェが僕とハイケの話を熱心に聞いている。ウヴェがドイツ語でハイケに何か言った。

「ウヴェは何て言ったの」と僕は尋ねた。

「ウヴェは、『僕はお姉さんが医者になるといいと思う』と言ったの」とハイケが英語に通訳した。

ウエイターが、パプリカで真っ赤になった鯉のスープを持ってきた。ブラウエル家の4人は驚いた顔をしてスープを見つめた。

「おいしいよ」と言って、僕はスープを食べ始めた。具が多いので「飲む」というよりも食べるというのが正確な表現だ。

「ドイツでも鯉を食べることがあるが、フライにすることが多い。日本でも鯉を食べますか」とブラウエル夫人が尋ねた。

「日本人は海の魚を多く食べるけれど、鯉を食べることもあります。〝あらい〟という生の鯉の肉に味噌という大豆をすりつぶしてつくったソースをつけて食べる料理があります。おいしいです。僕の住んでいる埼玉県は海がないので、父親に山に連れていってもらい、湖で鯉を釣って、それをあらいにしてもらったことがあります」と僕は答えた。

僕は、小学生の頃、父親に連れられて、秩父の黒山三滝に行ったときの話をした。ブラウエル一家は、その話を興味深そうに聞いた。

「私たちの両親の世代は、日本のことをよく知っているわ。昔は日本に関する本もあったし、いまよりも日本人と知り合う機会も多かった」とブラウエル夫人が言った。

「いまでも西ドイツに旅行したり、留学する日本人は多いです」と僕が答えた。

「確かに西ではそうだね。DDRで日本人はほとんど見かけない。でも日本に関する本はたくさん出ている。いつか、家族で日本を旅行することができればいいと思っている」とブラウエルさんが言った。

その話を聞きながら、僕ももう一つのドイツであるDDRに関心を持った。今回の旅行で、少しお金がかかっても、DDRに行けばよかったと後悔した。

そういえば、ワルシャワのユースホステルで知り合った東ドイツの大学生も両親の話をずいぶんしていた。家族で旅行したときの思い出話だった。マルギット島にもDDRというシールを貼った乗用車やキャンピングカーが駐まっているが、家族単位で楽しそうに話をしている姿をよく見かける。東ドイツの人たちは家族仲がいい。どうしてなのだろうか。ワルシャワで知り合った東ドイツの大学生も、ブラウエル一家も、西側の資本主義体制にあこがれている様子はない。同時に社会主義が優秀だという宣伝もまったくしない。のんびりと自分の生活を楽しんでいるようだ。

ハイケの話を聞くと、東ドイツの学校では、日本のような激しい受験競争はないようだ。中学生時代、僕が週に3〜4回、学習塾に通って、家に帰ってくるのが夜の10時過ぎで、しかもそれから午前2時か3時くらいまで、机に向かっていたという話をしたら、ハイケはとても驚いていた。「そんな生活をしていたら、死んでしまうのではないか」と言った。ハイケは14歳だけど、ほんとうによく本を読んでいる。別にハイケが特別なのではなく、東ドイツでは僕たちくらいの歳の連中も、小説や哲学書をけっこう読んでいるようだ。僕は、日本に戻ってから、ドイツ語を勉強して、いつか東ドイツに行ってハイケたちと文学や哲学の話をしたいと思った。

スープを食べ終わると、今度はステーキが出てきた。茹でたジャガイモがつけあわせだ。ステーキは、中が半生だ。恐る恐る食べてみたが、これがなかなかおいしい。ただし、僕にはステーキよりもジャガイモの方がおいしかった。ハイケたちはジャガイモをそのまま食べていたが、僕はバターをつけて、塩を振って食べた。日本のジャガイモと比較して、水分が少ない。イモが引き締まっている感じがする。

メインが終わると、今度はデザートが出てきた。あんずが入ったパイの横にホイップクリームがたくさん添えられていた。コーヒーにもホイップクリームが山盛りになっている。ただし、日本のケーキのホイップクリームと違って、ほとんど甘くない。だから、こんなにたくさんのクリームがお腹に入るのだろう。

食事が終わったので、レストランを出ることにした。ブラウエルさんが、「あなたは学生ですから、ここは私が支払います」と言って、お金を払ってくれた。ポーランドでもハンガリーでも、ほとんどカネを使わないで済む。日本人と比べて、東ヨーロッパの人たちはカネに執着しないようだ。

レストランを出るときにハイケは、「まず、私からマサルに手紙を書くわ。必ず返事をちょうだいね」と言った。

僕は、「絶対に返事を書く」と答えた。

ヴェヌス・モーテルに戻ると、フロントには夜の支配人と、黒白のブチ猫のツェルミーがいた。ツェルミーが足にまとわりついてくる。可愛い猫だ。支配人が声をかけてきた。

「食事はおいしかったですか」

「とてもおいしかったです。東ドイツから自動車でやってきた家族と同席して、楽しかったです。夕食を奢ってもらいました」

「それはよかった」

僕はブラウエル一家と会った影響なのだろうか、日本にいる両親や妹の声をとても聞きたくなった。ツェルミーの姿を見て、ミーコは今ごろどうしているだろうかと思った。

「日本への国際電話の話を聞いていますか」と尋ねた。

夜の支配人はうなずいた。昼の支配人がきちんと引き継いでいたようだ。

「ブダペシュトからモスクワまではつながるのですが、モスクワからの回線が混んでいます」

「ドイツからつないでもらうことはできないのですか」

「試してみたのですが、日本への通話は、モスクワ経由だけだそうです。相当、回線が混んでいるようです」

「あと何時間くらい待ちますか」

「わかりません。キャンセルしますか」

一瞬、キャンセルしようかと思ったが、この機会を逃すと、旅行中、両親や妹の声を聞く機会がないと思い、「キャンセルしないでください。深夜でもドアをノックして叩き起こしてください」と夜の支配人にお願いした。

部屋に戻った。今日はいろいろなことがあった。ブダペシュトは面白い。それと同時に東ヨーロッパの旅行は、移動やホテル探しにひどくエネルギーがかかる。ワルシャワは、簡単にユースホステルに泊まることができたのでよかったが、プラハとブダペシュトではたいへんだった。フィフィとも会ってからブダペシュトを発ちたい。

9月初めには、数学の試験がある。準備をしなくてはならないと思って、問題集を開いて練習問題を解き始めたが、すぐに眠くなってしまったので、ベッドに潜り込んだ。

ドアを激しく叩く音で目が覚めた。時計を見ると午前4時だ。

「テレフォン、テレフォン」という夜の支配人の声が聞こえる。大宮の実家との電話がつながったのだろう。僕は、「ワン・モーメント」と言って、パジャマからジーンズとTシャツに着替えた。

部屋の外に出て、夜の支配人について、フロントまで行った。廊下の電気が消えているので、真っ暗だ。フロントにだけ橙色の灯りがともっている。

受話器を手に取った。

「ハロー」

「アリョー。ミステル・マサルウ・サトッ？」

「イエス」

ひどいなまりがある英語だ。何を言っているか、まったく意味がわからない。こういうときは、日本人の電話交換手を呼び出せばいいという話をどこかで聞いたことがある。僕は、「ジャパニーズ・オペレーター・プリーズ」と言った。しばらくして、日本語が聞こえた。雑音が激しくよく聞き取ることができない。

「よく聞こえません。もっと大きな声で話してください」と僕は叫んだ。

「ブダペストのサトウマサル様から、埼玉県大宮市のサトウヤスエ様への指名通話ですね」

「はいそうです」

「サトウヤスエ様は、現在、おられません。電話はお客様が御指定になられた番号とつながっています。この番号で、どなたか別の方とお話しになられますか」

「誰が出ていますか」

「ちょっとお待ちください」

しばらく電話が雑音になった。再び電話交換手の声が聞こえた。

「サトウジュンコ様が出ておられます」

「つないでください」

「それでは、サトウジュンコ様とおつなぎします。いまから料金がかかります」

「わかりました」

「つなぎます。どうぞお話しください」

「もしもし」

「もしもし。おにいちゃん。ずっとわけがわからない外人の声が聞こえたので、電話を切ろうかと思ったんだけど、もしかしたら、おにいちゃんかもしれないと思って、ずっと切らずにおいたの」

「ママはいないの」

「いない。大宮（駅の周辺）に用があると言って出かけた」

「いま、そっちは何時。こっちは夜中の4時だよ」

「こっちは朝の10時」

「変わったことはない」

「特にないよ。おにいちゃんがスイスから送ってくれた絵葉書が着いたよ」

「ポーランドからは、絵はがきと手紙を送ったけれど、着いた？」

「まだ着いていない」

「ミーコはどうしている」

「いまはソファの上で寝ている。ただ薄目を開けて、耳をこっちに向けているよ。きっとおにいちゃんから電話がかかってきたことに気付いたんだと思う」

「こっちにもミーコによく似た黒白のブチ猫がいるよ」

「何ていう名前」

「ツェルミーっていうんだ」

ツェルミーという名を出すと、フロントの前のソファで寝ていたツェルミーが目を開けて僕の方を見た。この猫は人間のことばをかなり理解することができるようだ。

「おにいちゃんはいまどこにいるの。パパが毎日、世界地図に『マサルは今ごろここにいるはずだ』と印をつけている」

「いま、ハンガリーのブダペシュトにいる。とてもいいところだ」

「ペンフレンドと会えた」

「まだだ。フィフィの家族は、ユーゴスラビアに行っている。僕もフィフィとはどうしても会いたいので、ハンガリーでの滞在を延ばすことにした。だから、ユーゴスラビアとブルガリアには行かない」

「ブルガリアに行かないの」

「行かない」

「なあんだ」

「ジュンコはブルガリアに関心があるの？」

「ブルガリアのヨーグルトが、日本で売っている『ブルガリア・ヨーグルト』とほんとうに同じなのかどうか、おにいちゃんの話を聞きたかった」

「残念ながら、ブルガリアには行かない。ハンガリーでヨーグルトを食べたけれどおいしかったよ。中にイチゴや、何かよくわからない酸っぱい果物が入っている」

「そうなんだ」

「お土産には何を買ったらいい」

「特にいらないよ。元気で帰ってきてね。パパとママはとっても心配している。ママは、おにいちゃんからなかなか手紙も葉書も来ないので、熱を出して、1日寝込んだよ。パパに『やっぱり、1人で外国になんか出すんじゃなかった』と言っていた。でもスイスからの絵葉書が着いたら、すぐに元気になったよ」

「僕は元気だから、パパとママによろしく伝えておいて」

「わかった」

時計を見ていると、そろそろ3分になりそうだ。指名通話は最初の3分が同一料金で、その後、1分ごとに電話料金が加算される。僕は、「それじゃ電話を切るよ」と言って受話器を置いた。

受話器を置いて10秒くらい経つと電話が鳴った。夜の支配人が受話器を取った。「モーメント」と言って、僕に受話器を渡した。日本語が聞こえてきた。

「通話は終了しましたか」

「はい。終わりました」

「通話時間は2分53秒です」

電話が切れた。

再び電話が鳴った。夜の支配人が受話器を取った。少し驚いたような声で話している。15秒くらい話して受話器を置いた。

「電話料金ですが390フォリントになります」

「それじゃすぐに払います」

「済みません。こんなに高いとは思いませんでした」

1フォリントが、観光客レートで約14円だ。日本円だと5500円くらいだ。ハンガリーの物価水準からすると恐ろしく高い。もっとも、ブダペシュトでは、知り合った人が食事代を出してくれるので、ほとんどフォリントを使うことがない。ホテル代は米ドルで支払わなくてはならない。ガイドブックの出国手続きのところにはこう書いてある。

〈出国検査前に使い残しのハンガリー通貨を再交換しておく。その際に両替記録が必要。ハンガリー貨の持ち出しは200フォリントまで。〉（前掲書207頁）

ただし、強制両替分のフォリントは再交換することはできない。それから、200フォリントを持ち出しても、ルーマニアやソ連でフォリントを使うことはできないだろう。とにかく出国までにフォリントを全部使い切ってしまわなくてはならない。この国際電話も決して無駄遣いではない。

僕は夜の支配人に100フォリント札を4枚出した。お釣りに10フォリント硬貨を出してきたので、僕は「チップでとってくれ」と言った。

部屋に戻ると涙が出てきた。どうして、涙が出るのか、よくわからない。母親が熱を出したという話が気になった。母親にこんなに心配をかけるのなら、無理を言って、旅行をしなければよかったと思った。しかし、すぐに思い直した。元気に日本に帰れば、母親も喜ぶ。土産よりも、いろいろな場所を見て、現地の人とできるだけ話をして、土産話をたくさん持ち帰ることにした。

電話で久し振りに妹の声を聞いて興奮したせいか、8月4日は午前中、ずっと寝ていた。起きてからバスルームで洗濯を済ませると午後1時過ぎになった。昨日、マルガリータの家に行ったときに、おばあさんが「モルゲン（明日）」と言っていたことを思い出した。明日は、マルガリータは家にいるということなのだろうか。昨日電話番号を聞かなかったのは失敗だった。もう一度、家を訪ねてみることにした。

マルガリータの家の呼び鈴を押したときには、緊張して心臓がどきどきした。すぐに昨日のおばあさんが出てきた。朗らかな顔をしている。家の中に案内されたので、入った。ダイニング兼居間のような部屋に通された。椅子を勧められたので、座った。

マルガリータのお父さんと、お母さんらしい人がいる。3人は、僕にドイツ語で話しかけてくるが、よくわからない。「マルガリータ、ポーレン」という言葉がかろうじてわかるだけだ。ポーレンとは、確かポーランドのことだ。マルガリータとポーランドにどういう関係があるのだろうか。

マルガリータのお母さんが「コーフェ（コーヒー）」と尋ねたが、僕は「ナイン」と答えた。お母さんが、席を外して、隣の部屋に行って、封筒を取って戻ってきた。封筒の表に、

MASARU SATO/ MACAP CATO

とローマ字とロシア文字で僕の名前が書いてある。マルガリータから僕に宛てた手紙のようだ。お母さんから渡された封筒を受け取ったときに手が少し震えた。封がされていないので、手紙を取り出した。手紙はロシア語の筆記体で書かれている。ロシア語は、活字体と筆記体がだいぶ異なる。活字体ならば、僕も読めるが、筆記体はまったく歯が立たない。封筒には、マルガリータのポートレート写真が入っていた。写真の裏にもロシア語の筆記体で何か書いてある。

3人は、身振りで僕に「また来なさい」と表現しているようだ。「モルゲン」と言ってい

るので、「明日来るように」と言っているのだろうか。僕はマルガリータのお父さんに「テレフォン」と言って、身振りで電話番号を尋ねた。お父さんは、ドイツ語で何か言ったが、意味がわからない。電話はないと言っているようだ。確かに家の中を見回しても電話機は見当たらない。

とにかく、手紙に何が書いてあるか、解読しなくてはならない。確かヴェヌス・モーテルの夜の支配人はロシア語ができたはずだ。昼の支配人ももしかするとロシア語を理解するかもしれない。僕は、3人に「ダンケ・シェーン。アウフヴィーダーゼン（どうもありがとうございます。また会いましょう）」と言って、マルガリータ家を後にした。

ホテルに戻るとフロントに昼の支配人がいた。

「ロシア語の手紙ですけれど、英語に訳してもらえませんか」

「女の子からの手紙ですね」と支配人は、封筒の表の左下に小さく書かれた名前を見て言った。

「そうです。一昨日、ドナウ川のそばで知り合いました」

僕は、自分の顔が赤くなっているのではないかと心配になった。支配人は淡々としている。

「私よりもロシア語がよくできる人がいるので呼んできます」と言って、フロントから離れた。5分くらいして、作業服を着た初老の男がやってきた。ボイラーマンか電気技師のような感じだ。支配人は、早口で何か言った。ハンガリー語なので、さっぱりわからない。初老の男が「イーゲン（はい）、イーゲン（はい）」と答えている。

初老の男はロシア語が堪能なようだ。すらすらハンガリー語に訳していく。支配人がそれをメモ用紙に英語に翻訳する。20分くらいで英訳が完成した。手紙には、僕が家を訪ねてきたことに対するお礼と、「今日は、どうしてもキャンセルできない約束があるので、家を不在にするが、是非、会いたいので、木曜日にまた来てほしい。一日中、家にいるので何時でも構わない」と書いてあった。写真の裏には、「マサル・サトウへ、記念に」とロシア語で書いてあるということだ。実は、手紙の内容について深刻な誤訳があったのだが、ロシア語ができない僕はそのことにまったく気づかなかった。

フィフィは明日ユーゴスラビアから戻ってくる。木曜日にフィフィといっしょにマルガリータ家を訪ねればいいと思った。マルガリータから嫌われていないようなので、ほっとした。外はまだ明るいけれど、そろそろ6時になる。今日は、モーテルのレストランで夕食を取ることにした。レストランに行くと、屋外のテラスに福井先生一家が座っているので、挨拶をした。

「市内観光はどうでした」と僕が尋ねた。

「とてもよかったよ」と娘さんが答えた。

「ブダの王宮もよかったけれど、ドナウ川をはさんで見た国会議事堂が素晴らしい」と福井先生が言った。

僕たちが話をしているところに日本人の添乗員が近寄ってきた。

「あなたは個人旅行ですよね」と僕に尋ねた。

当たり前のことをどうして訊くのかと不思議に思ったが、僕は「はい」と答えた。

「実は、ここは団体席で、食事は人数分しか準備していないので、あなたは別の場所に行ってほしいんだけど」と添乗員が言った。

福井先生の奥さんの顔色が変わって、「1人くらい増えても問題ないじゃないですか。追加料金は払います」と言った。添乗員が返事をする前に、僕は「わかりました。それじゃ失礼します」と言って、テーブルを離れた。福井先生夫妻が申し訳なさそうな顔をしている。添乗員は、僕が団体に紛れ込んで、ただ食いでもすると思ったのだろうか。腹が立ってきた。こんな奴がいるところで、食事をしたくない。そうかといって、毎日、同じレストランに行くのも芸がない。そのときにドナウ川の夜間クルーズがあることを思い出した。

フロントに行くと夜の支配人がいたので、夜間クルーズについて尋ねてみた。

「電話で予約しておいた方がいいでしょう」

「船にレストランはついていますか」

「サンドイッチやコーヒーくらいならあります。短時間のクルーズなので、本格的な食事はできません」

サンドイッチをつまむことができれば十分だ。僕は支配人に頼んでクルーズを予約してもらった。

船はかなり混んでいた。ラフな格好をした観光客もいるが、きちんとタキシードやドレスを着ている人もいる。船上には生バンドが入っている。音楽にあわせてダンスをしている人もいる。昼はあんなに暑かったのに、夜になると日本の10月初めくらいの感じだ。僕は半袖Tシャツなので、これだと風邪をひくかもしれない。スーツケースの中にある学生服を着てくればよかったと後悔した。

「どこから来たのか」と金髪の青年が話しかけてきた。

「日本からだ」

「東京からか」

「住んでいるのは東京の郊外だ」

「僕たちはロンドンの郊外に住んでいる」

「イギリス人か」

「そうだよ。ブダペシュトはきれいな街だ。ハンガリーの国会議事堂はほんとうにきれいだ」

そう言って、川岸の国会議事堂の方を見た。

青年の横には金髪の美人がいる。2人は夜景を見ながら何度もキスをしている。そのそばに小学2〜3年生くらいの女の子がいる。2人の子どもなのだろうか。

僕がじろじろ3人の顔を見ていると、青年が、「両親と妹と僕のガールフレンドと一緒にブダペシュトに来た」と説明した。

「あなたは何歳ですか」と僕は尋ねた。

「17歳」

「高校生ですか」

「いや、学校はもう卒業して働いている。夏休みだから家族で旅行をしている」

「驚いた。僕より10歳くらい年上に見える」

「君は何歳だ」

「15歳です」

「家族と一緒か」

「いや、1人です」

「驚いた。僕こそ君は大学生だと思った」

「高校1年生です。日本では、13～15歳で中学校、16～18歳で高校に通います」

「僕も彼女も去年、学校を卒業した」

家族旅行にガールフレンドと一緒に来るなんてとても不思議な気がした。日本人よりもずっと大人びている。年齢からすると少年なのだろうが、明らかに青年の雰囲気だ。

僕は、ハンガリーにペンフレンドがいるという話をこの青年にした。

「ペンフレンドを訪ねて、日本からハンガリーにやってくるのは感動的だ。ハンガリー以外にはどこを訪れたのか」

僕は、エジプト航空で、カイロ、チューリヒを経由して、ドイツを素通りして東欧に入ったと説明した。これから、ルーマニアとソ連を経由して日本に帰るという話をすると、青年は「シベリア鉄道に乗るのか」と尋ねた。

「中央アジアを訪れるので、シベリア鉄道に乗るのは、ハバロフスクからナホトカまでです」と答えた。

「そうか、うらやましいな。僕の家族も一度ロシアに行きたいと思っている。でも、手続きが面倒で、カネがかかるので、なかなか実現しない。ハンガリー、チェコスロバキア、ポーランドにはよく旅行する」

結局、船の中では話に夢中になって何も食べなかった。モーテルに帰るときにマルギット島のいつものレストランで夕食をとることにした。郊外電車は夜の遅い時間でも10分おきくらいに走っている。ポーランドでも感じたが、東欧社会主義国では、公共交通機関が発達していて、しかも安いので助かる。チューリヒの路面電車と比較しても、ブダペシュトの郊外電車の料金は10分の1以下だ。旅行者にとって、東欧は意外と穴場だ。それから、ハンガリーのフォリントは、ドルやマルクと同じくらい強い。だから、闇両替人を見かけない。プラハとワルシャワでは、街角でしょっちゅう「チェンジ・マネー」と声をかけられたが、ブダペシュトではそういう経験を一度もしていない。

レストランを覗くと、片付けが始まっていた。顔なじみのウエイターが「夕食はまだか」と尋ねた。「まだだ。お腹が空いている」と答えると、ウエイターは「とりあえず、ここに座って待っていて」と屋外のテーブルに僕を案内した。ウエイターは、屋内に入り、5分くらいして、戻ってきた。

「グラーシュとジャガイモしかないけれどいいか」と尋ねた。僕は「喜んで」と答えた。

「飲み物は?」

「いつものようにコカ・コーラ」と僕は答えた。

「コーヒーとデザートはどうしますか。まとめて注文してもらえるとありがたい」

「それじゃ、コーヒーとアイスクリームをください」

「アイスクリームには、チョコレートソースをかけますか」

「かけてください」

ウエイターは、10分くらいで、僕の頼んだメニューを運んできた。店には僕以外には3〜4人しか客が残っていない。いずれの客もかなり酔っぱらっている。ワインをたくさん飲んだようだ。

グラーシュは、パプリカがきいていてとてもおいしかった。付け合わせの茹でたジャガイモとよく合う。いつもの白くて堅いパンもでてきた。このパンにもだいぶ慣れてきた。それにしても、ハンガリー人は人懐こくて親切だ。親切なのはポーランド人と同じだが、ハンガリーは生活水準が高い。日本で思っていた、貧しくて自由がない東欧社会主義国というイメージは、間違っている。生活も豊かだし、資本主義国である日本から来た観光客を特に警戒している雰囲気もない。

ヴェヌス・モーテルの外門が閉まっているので、インターフォンのボタンを押した。「今すぐ行きます」という夜の支配人の声が聞こえた。玄関に行くとツェルミーが毛繕いをしていた。ここから約9000キロメートル離れている埼玉県大宮市本郷町の団地のベランダで、ミーコが同じような格好で毛繕いをしているような気がした。何だかおかしくて、思わず笑ってしまった。

「どうかしましたか」と支配人が尋ねた。

「いや、ツェルミーを見ていると、僕の飼っている猫とそっくりなんで。どうして、人間は日本とヨーロッパでこんなに違っているのに、猫はそっくりなんだろうと思うと、何だかおかしくて、笑ってしまいました」と僕は答えた。

「私たちマジャール人もアジア起源ですよ。日本人とは兄弟のようなものです」と言って、支配人は笑った。

「明日、日本人の団体は、何時に出発しますか。知り合いになった大学教授の家族を見送りたいので教えてください」

「朝食後、すぐに出ます。8時にバスが出ます」

「それじゃ、7時に起こしてください」と僕は支配人に頼んだ。

翌朝、僕は支配人に起こされる前に目が覚めた。時計を見ると6時を少し回ったところだ。シャワーを浴びてから、数学の練習問題を解いて、7時過ぎにレストランに行った。日本人の団体が、まとまって朝食をとっていた。僕の姿を見ると、昨日の添乗員が近づいてきて、「おはよう」と声をかけた。昨晩、福井先生の家族と一緒に夕食をとろうとしたら、この添乗員が「君は団体のメンバーでないので、あっちに行ってくれ」と追い出された経緯がある。

腹の中では、「何がおはようだ」と思ったけれど、返事をしないと子どもだと思われるので、僕も「おはようございます」と言った。

「昨日は済まなかった」

「いや気にしていません」と僕は素っ気なく答え、福井先生一家のテーブルに向かった。ホテル料金に朝食は含まれている。添乗員に何か言われたら言い返してやろうと思った。添乗員は何も言わなかった。

「昨晩はごめんなさいね。食事はできました？」と奥さんが尋ねた。

「大丈夫です。このそばのレストランで食べました。その前にドナウ川の遊覧船に乗りました。国会議事堂がライトアップされてとてもきれいでした」

「船に乗ったの？」と女の子が話に加わった。

「そうだよ。船は好き？」と僕が尋ねると、女の子は「大好き」と答えた。

「お兄ちゃんは、パリに来ないの」

「パリ？」

「そう。私たちは、パリに住んでいるの」

「知っているよ。残念ながら、僕はパリには行かない。モスクワを経由して、日本に帰る」

「モスクワ？」

「ソ連の首都だ」

女の子は、何の話かよくわからないようで、目を丸くしている。

「お兄さんは、パリとは反対の方に行く。日本に近い方に行くんだ」と福井先生が説明した。

「この前も言ったけれど、この旅行はあなたの人生に大きな影響を与えます。東欧に来たのは初めてですけれど、社会主義体制というよりも、古いヨーロッパが残っているような気がする」

「古いヨーロッパですか」

「そう。アメリカ化していないヨーロッパです。どうぞ新鮮な気持ちで、あちこちを見てくるといいでしょう。僕たちはもうそろそろ出かけます」

荷物はすでにバスに積み込んであるようだ。福井先生たちはバスに乗り込んだ。バスが出発するのを僕は支配人と一緒に手を振って見送った。

日本人が誰もいなくなると淋しくなった。それと同時に、少し熱っぽい感じがする。昨日の夜、半袖Tシャツでドナウ川の夜風に当たったのがいけなかったようだ。喉が少し痛い。僕は他の人よりも扁桃腺が大きいと医者に言われた。だから喉を腫らしやすい。今日はホテルでゆっくりすることにした。

午前中は部屋でごろごろしていた。今日はフィフィがユーゴスラビアから戻ってくる。会うのが楽しみだ。

部屋で数学の問題集を解いていたが、集中できないので、日本から持ってきた『生物I』の教科書を読み始めた。担任の高橋昇先生の担当が生物なので、悪い成績は取りたくない。生物は覚えなくてはならないことが多い。教科書を読んでいるうちに眠くなった。

食欲がないのでベッドで休んでいたが、レストランでサラミのサンドイッチと目玉焼きを作ってもらって、昼食にした。そのあとレセプションの前のソファに座って、ツェルミーと遊んでいた。ツェルミーは、1歳くらいで、仔猫ではないけれども成猫でもない「中猫」だ。それだから、ミーコと比べても、よくじゃれついてくる。あっという間に2時間が経ってしまった。フィフィが何時に帰ってくるかわからないが、とりあえずヨーゼフ通り60番を訪ねてみることにした。

ヴェヌス・モーテルからマルギット島の郊外電車の駅に行く途中の公衆電話を見たときに、今日、大使館に電話をすることになっていたことを思い出した。公衆電話から、大使館にかけると、ハンガリー語で女性が答えた。僕が、「もしもし」と言うと、女性は「モーメント」と電話を日本人職員につないだ。一昨日と同じ声だ。

「確か、あなたは今月の1日に入国して、10日間の観光ビザを持っているのですね」

「そうです。10日分の強制両替を日本で済ませました。ブダペシュトに着いたときに相当額のフォリントを受け取りました」

「厳密に言うと8月10日にビザが切れるので、内務省で延長手続きをしなくてはならないのですが、ホテルが手続きを代行してくれます」

「実は、今はホテルに泊まっているんですが、明日からハンガリー人の友人の家に宿泊します。その場合、手続きはどうすればいいんでしょうか」

「それでは、そのハンガリー人の友だちに、内務省に電話してもらって、手続きをしたらいいでしょう」

大使館員は、担当窓口の電話番号を教えてくれた。

「どうもありがとうございます。僕は先月の21日に日本を出たんですけれど、その後、何か大きなニュースがありますか」と尋ねた。

「あります」と大使館員は答えた。

大きなニュースとは、いったい何だろうか。

「ハンガリーでは報道されていませんが、昨日、クアラルンプールで日本赤軍がアメリカ大使館とスウェーデン大使館を襲撃して、占拠しました」

「クアラルンプール？」

「マレーシアの首都です。外交官が人質にとられて、大きな騒動になっています。あなたは確か学生でしたよね」

「高校生です」

「これから、オーストリアに出ますか、それともドイツですか」

「どちらでもありません。ルーマニアからソ連に出て帰国します」

「それならば、特に心配することはありません。西側に出るときは、日本の学生に対しては赤軍派の事件との関係で、入国審査が厳しくなるかもしれません。ルーマニアやソ連ならば関係ないでしょう」

「大使館の人がこんなに親切にしてくれるとは思いませんでした」

「そう言っていただけると嬉しいです」

「ハンガリー語ができるんですか」

「専門ですから、一応できます」

「難しいですか」

「外国語はどの言葉も同じくらい難しいです」

「日本に帰ったら、お礼の手紙を書きます」

「気を遣うには及びません。それよりも、旅行を楽しんでください。何か困ったことがあれば、遠慮せずに現地の日本大使館に電話してください」

「どうもありがとうございます」

外交官というと威張っている人ばかりだと聞いていたが、少なくともブダペシュトの日本大使館員はそうではないようだ。

郊外電車から路面電車に乗り換えて、ヨーゼフ大通りに向かった。２階に上り、Dr. Szigetvari Ferenceという表札の横のボタンを押した。

すぐに扉が開いて、大柄な男が出てきた。顔は文通をしたときに写真を送ってもらったフィフィと同じだ。少し口元に髭が生えているところが違う。身長は１８０センチ弱、体重は少なく見ても80キロはある。僕より２つ年上とは思えない。確実に20歳を超えているように見える。

「マサル」と言って、僕を強く抱きしめた。

第四章　フィフィ

12

フィフィは、両親とお姉さんを紹介してくれた。

フィフィの父親が僕に「ドイツ語がわかるか」と尋ねた。

「ナイン（否）」と僕が答えると、お父さんはフィフィに向かってハンガリー語で話しかけた。フィフィがそれを英語に訳す。

「マサルはいったいどこに行っていたんだ。ユーゴスラビアから戻ると、隣のおじさんから、『ホテルにマサルを案内したけれど、どこかに消えてしまった』という話を聞いた。外国人の泊まる市内のホテルに片っ端から電話をしたが、見つからないので、もうハンガリーから出国してしまったのかと思った」

「済みません。ヴェヌス・モーテルに泊まっています」と答えた。

「ヴェヌス・モーテル？　聞いたことがない。どこにあるんだ」とフィフィが尋ねた。

「マルギット島だ」

「あそこに外国人用ホテルがあるのか」

「小さいホテルだけれど居心地がいい。イブス（ハンガリー国営旅行社）本社で紹介してもらった。ミーコによく似た猫がいる」

「それはよかった。でも、マサルはわが家の客人なんだから、ホテルに泊まったらダメだ。世話は全部、僕たちがする。カネは一切、払わせない。それから、バラトン湖に一緒に行こう」

「それはありがたいけれど、今晩までホテル代を支払ってあるので、明日の朝、荷物を持ってここに来る」

「今から荷物を一緒に取りに行こう。とにかく、今晩から一緒に泊まろう」とフィフィは強い口調で言った。強い口調で言われると、反発を感じる。それに夜の支配人にも、お別れのあいさつをしておきたい。僕は、うまい言葉が見つからないので、黙っていた。フィフィのお父さんとお母さんが、ハンガリー語でやりとりをしていた。そして、お父さんがフィフィに何か言った。恐らく「マサルにも都合があるのだから、今日はホテルに泊まってもらえばいいだろう」と言っているのだろう。フィフィは、「イーゲン（はい）」と答えている。

「それじゃ、明日の朝、父と2人で車で迎えに行く」とフィフィは言った。淋しそうな顔をしている。僕は、「気分が変わった。今晩から君の家に泊めてもらうことにする」と言おうと思ったが、やめた。夜の支配人とツェルミーの顔が思い浮かんだからだ。実質4日間の滞在だったけれど、福井先生一家、東ドイツのブラウエル一家やマルガリータと知り合い、国際電話で妹とも話をした。マルギット島とヴェヌス・モーテルには、思い出がたくさん詰まっているので、特別にサンドイッチを作ってくれたシェフ、マルガリータの手紙をロシア語から英語に訳してくれた技師と夜の支配人、その他の細かなことで親切にしてくれたホテルの人たちに、感謝の気持ちを伝えずに去ることはしたくなかった。

翌朝、ドアを強く叩く音で目が覚めた。時計を見ると、8時を少し回ったところだ。ドアを開けるとフィフィとお父さんがいる。

「朝食はわが家でとろう。早く荷物をまとめて」とフィフィが言った。

昨晩のうちに荷物はスーツケースにまとめてある。昨晩は、ホテルのレストランでステーキを食べた。夜の支配人をはじめ、お世話になったホテル関係者ともゆっくり話をした。夜の支配人からは、

「ペンフレンドの家に泊まるのはよいことだ。遠慮しないで、あちこち案内してもらうといい」

と言われた。その後、ツェルミーとも30分くらい遊んだ。数カ月、マルギット島で暮らしたような気がする。

チェックアウトをして、外に出た。モーテルの駐車場に、マッチ箱のような形をしたソ連

車が駐まっていた。フィフィのお父さんの車だ。スーツケースをトランクに入れた。小型車なのに、トランクはずいぶん大きい。フィフィは助手席に、僕はバックシートに座った。

「マサルのお父さんは、日本車に乗っているの」とフィフィが尋ねた。

「いや、わが家には車がない。父は運転免許を取っていない」

「日本人はみんな車を持っているんじゃないのか」

「都心ではそうでもない。僕の住んでいる団地でも、半分くらいの家が車を持っている。僕の家からはバスの停留所まで1分もかからない。朝晩は5分ごとにバスが来るので、車がなくても特に困らない。僕としては、車があった方が便利なんだけれども、父が頑固なので運転免許を取ろうとしない」

「僕の父も頑固だ」

フィフィは、僕たちの話をハンガリー語でお父さんに伝えている。お父さんが、笑いながら何か答えている。父子の仲がとても良さそうだ。

道路は空いている。信号待ちもほとんどない。10分くらいで市の中心部に着いた。ヨーゼフ大通り60番から少し離れたところで、お父さんは車を停めた。

「僕たちはここで降りる」とフィフィが僕に声をかけた。

「お父さんは？」

「先に家に戻る。僕たちは、牛乳を買っていこう」

　僕はフィフィについて店に入った。焼きたてのパンのいい香りがする。食料品店で、パン、菓子類、野菜、肉などの売り場が分かれている。牛乳の売り場では、厚手のポリエチレンの袋に入った牛乳が山積みにされている。白い牛乳とこげ茶色の牛乳がある。

「このこげ茶色のは、コーヒー牛乳か」

「違う。チョコレート牛乳だ。1リットルのパックなので2つずつ買っていこう。コーヒーは、母さんが上手にいれてくれる」

　透明なパックの底にカカオが沈んでいる。

「マサルは、チョコレートが好きか」

「好きだよ」

「それじゃ、チョコレートも買っていこう。ハンガリーのチョコレートはおいしい」

　そう言って、フィフィは大きな板チョコを1枚買って僕に渡した。

　家に行くと、食堂に通された。天井がかなり高い。3メートル近くある。

「立派な家だね。こんなに天井が高くて」

「19世紀に建った住宅を改装してある。郊外に最近できた団地の方が住みやすいよ。さあ、朝ご飯にしよう。すぐに出かけないとならないので、僕たち2人で先に済ませよう」

「出かけるって、どこに」

「バラトン湖だ。もうすぐ友だちがやってくる」

フィフィが、袋の端をナイフで切って、牛乳をピッチャーに入れた。「どっちを飲む」と尋ねるので、僕は「こっちがいい」とチョコレート牛乳を指した。フィフィは立派なクリスタルのグラスに牛乳を入れてくれた。こくがあっておいしい。小学6年生のとき、沖縄の海辺で飲んだハーシーのアイスココアを思い出した。

フィフィのお母さんが、テーブルにパン、サラミ、ハム、チーズ、ピクルスと黄色や赤のパプリカを並べ、コーヒーをいれてくれる。

「パプリカは好きか」

「日本では、黄色や赤のパプリカは見たことがない。不思議な味だ」

「ハンガリー人はパプリカが大好きだ」

そう言って、フィフィはナイフでパプリカを上手に切り分けてくれた。食器もナイフも年代物だ。スジゲトバリ家が代々引き継いでいる食器かもしれないと僕は思った。

朝食を食べ終えるとすぐにフィフィの友だちがやってきた。フィフィと背丈は同じくらいだが、痩せている。大きなリュックサックを背負っているので、倒れそうだ。フィフィも自分の部屋から大きなリュックサックを取り出してきた。

「マサルのために新しい寝袋を買った」とフィフィが言った。

3人でヨーゼフ大通りに出て、2両連結の大きなバスに乗った。大宮でいつも乗っている東武バスと比較しても、立派で音も静かだ。乗り心地もいい。切符は郊外電車と共通で、自分で検札機に入れて穴をあける。

フィフィが、「このバスはどの国で作っているか知っているか」と言った。僕は「知らない」と答えた。

「ハンガリーで作っている。イカルスという名前だ」

「イカルス？」

「ギリシア神話に出てくる。イカルスは迷宮に閉じ込められるが、鳥の羽と蠟で翼を作って大空に飛びたつ。しかし、高く飛びすぎて、太陽の熱で蠟が溶けて、墜落してしまった」

「その神話なら聞いたことがある」

「でも、空高く飛ぶと、気温は低くなるので、蠟が溶けてしまうことはない。おかしな話だと思わないか」

「そう思う」と僕は答えた。

以前、フィフィは手紙で、学校の勉強は、歴史や地理よりも、生物や物理が好きだと書いていた。大学では生物を勉強したいと言っていた。理科系が好きだから、イカルスの話でも、合理的に詰めて考えるのだろう。

フィフィは、「これはハンガリーが世界に誇るバスなんだ。ロシア人には作れない」と自慢する。

フィフィの友だちも英語で僕に「ハンガリーに来る前は、どこに行ったの」と話しかけてきた。僕は、エジプト、スイス、西ドイツ、チェコスロバキア、ポーランドを経由してハンガリーに来たという話をした。フィフィも友だちも、チェコスロバキアとポーランドには旅行した経験があるということだった。

「西ドイツやオーストリアに行きたいな」と友だちが言った。

「難しいのか」と僕が尋ねると、友だちは、「誰か招待してくれる人がいれば、旅行できる。しかし、観光目的では難しい」と答えた。

フィフィが、「でもユーゴスラビアには自由に行ける。あそこは半分、資本主義国のようなものだ。もうすぐオーストリアやドイツにも行けるようになるよ」と言った。

バスに乗って15分くらいで南駅に着いた。切符売り場に行列はなく、すぐに乗車券と急行券を買うことができた。ただし、列車はひどく混んでいた。コンパートメントは8人掛けになっているが、詰めて10人が座っている。廊下には立ったままの人も多い。急行列車だというのにスピードが遅い。ブダペシュトから150キロメートルほど離れたバラトン湖畔のバラトンレーレ駅まで3時間もかかった。

湖は駅のすぐそばだ。白い砂浜が広がっている。琵琶湖畔の近江舞子の浜辺に似ている。ここに巨大なキャンプ場がある。キャンプ場は柵で囲われていて、入場料を払って、利用券を発行してもらう。

フィフィと友だちは、器用にテントを組み立てた。5〜6人用のテントなので、3人だとかなりゆったり使うことができる。

「日本では、テントを使ってキャンプをすることがあるか」とフィフィの友人が尋ねた。

「あるよ。ただ、僕はテントで泊まった経験は一度しかない。小学5年生の夏休みのことだった。同級生がテントを買ったので、その家の庭で1泊した。興奮して一晩中話していたので、疲れてしまい、翌朝、家に帰って寝た」

「山や海でキャンプしたことはあるか」

「ない。僕はキャンプよりもユースホステルの方が好きだ」

「日本にもユースホステルがあるのか」

「あるよ」

僕は、ユースホステルを使って北海道や伊豆大島を旅行した話をした。フィフィも友だちも、海の話を聞きたがった。僕が、伊豆大島の三原山に登って、火口のそばまで行った話をしたら、２人は目を輝かせた。

「しかし、規則が厳しくないか」とフィフィが尋ねた。

「10時から3時までは、ユースホステルの中にとどまれない。門限は夜の10時だけれど、そんなに窮屈じゃないよ」

「ビールもワインも飲めないだろう」

「アルコールは禁止だ。そもそも日本では20歳まで酒もタバコも禁止されているので、僕には関係ない」

「マサルはビールを飲まないのか」

「飲まない」

「僕は15歳のときはビールを飲んでいた」とフィフィが言った。すると「だから太っているんだ」と友だちが茶々を入れた。

　フィフィが、「湖で少し泳いでから、食料を買い出しに行こう。ビールも買わないと」と言った。

　海水パンツに着替えた後、僕が腕時計を外すとフィフィが不思議な顔をした。

「マサルの時計は、防水じゃないのか」

「防水時計だけど、泳ぐときは外す」

「僕たちは、つけたまま泳ぐ」

「腕時計を見せて」と僕が尋ねた。フィフィが腕時計を外して見せてくれた。知らないメーカーだ。

「ハンガリー製？」

「いや、2つともスイス製だ」

いかつい造りだ。水中使用ができるスポーツウオッチのようだ。

「店でスイス製の腕時計を売っているの」

「もちろん売っていない。父から貰った」

「僕の腕時計は、フィフィのものよりは劣るがスイス製だ。水中使用ができる。僕も誕生日のプレゼントで両親から貰った」と友だちが言った。

店で売っていないスイス製の腕時計をどこで手に入れるのだろうか。

「この腕時計はブラックマーケット（闇市場）で手に入れたのか」と僕は尋ねた。

「いや、闇市場ではなく、オーストリアや西ドイツに出張する人に頼んで買ってきてもらった。国外出張証明書さえあれば、フォリントは、銀行でドルや西ドイツ・マルクに簡単に替えられる。だから、ハンガリーには闇両替人がいない」

そういえば、プラハやワルシャワでは、闇両替人から「ドルを売らないか」とよく声をかけられたが、ブダペシュトでそういう経験は文字通り一度もなかった。

「中学校では、腕時計をして学校に行くことは禁止されていた。それでもみんな腕時計は持っていた。高校には腕時計をしていくけれど、僕の友だちで防水機能のついた腕時計を持っている人はいない」

「驚いた。日本人はみんな防水機能つきのスポーツウオッチを持っていると僕は思っていた」とフィフィは言った。

3人で一泳ぎした。海と違って淡水なので、浮力があまりつかない。水も塩辛くないが、浜辺は白砂なので不思議な感じがする。近江舞子の水泳場を思い出した。

陸に上がったときにキーンと空を切り裂くような音がした。僕は思わず空を見上げた。灰色のジェット機が1機、飛んでいた。

「ミグ23だ。このそばにハンガリー軍とソ連軍の基地がある。実は僕ももうすぐ徴兵で軍隊に行かないとならない」とフィフィが言った。

「どれくらいの期間行くの」

「1年弱だ。大学に入学するためには、兵役を先に終えておいた方がいい」

「日本には徴兵制はない」

「羨ましいな。軍隊には行きたくない」

「そうすると、軍隊に行っている間は、僕との文通もできないね」

「外国人からの手紙が軍隊に転送されると面倒だ。うまい方法を考える」と言って、フィフィはしばらく沈黙した。

「お腹が空いた。早く食料を買いに行こう」と友だちが言った。

キャンプ場の中にスーパーマーケットがある。そこで僕たちは、ライ麦パン、白パン、バター、サラミソーセージ、ハム、チーズ、トマト、キュウリ、リンゴ、オレンジ、パプリカ、ピクルスの瓶詰め、それにビール、ジュースとミネラルウオーター、チョコレートとビスケットを買い込んだ。フィフィが何種類ものパプリカを買い込むのを僕は眺めていた。

「パプリカが珍しいか。日本にはないのか」

「日本にもあるけれど、緑色だ。それにこんなに大きくない」

「緑色のパプリカはとても辛いので、あまり使わない。いずれにせよハンガリー人はパプリカなしに生きていくことができない」

それにしても真っ赤、真っ黄色の大きなパプリカは不気味な感じがする。日本では、東欧社会主義国は物資が欠乏しているという話ばかりを聞いたが、このスーパーマーケットは、僕の母がいつも買い物をする前原フードセンターよりも充実している。フィフィのアパートもきれいで広いし、ハンガリーの生活水準は日本よりも高いかもしれない。

　3人で食料品の入った紙袋を抱えてテントに戻ると、テントの前に男が立っている。60歳くらいだ。恐い目をして僕たちをにらみつけて、ハンガリー語で早口でまくしたてる。フィフィが英語で「ノー、アイ・ドント・アンダスタンド・ハンガリアン」と答える。外国人の振りをしているようだ。男がドイツ語で何か言い始めた。フィフィもドイツ語でやりとりしている。

　男は、「ティーズ・フォリント、ティーズ・フォリント」と繰り返している。何かお金のことが問題になっているのだろうか。

「どうしたの。何かトラブルが起きたの」と僕はフィフィに尋ねた。

「トラブルといえば、そうだけど。このおじさんが、この場所は俺がテントを張るためにとっていたので、1人10フォリント払えと言っている」

「ほんとうにこのおじさんがここに張ろうとしていたの」

「多分、違うと思う。マサルがいるから、僕たちが外国人のグループだと思ってカネを騙し取れると思っているのだろう」

「面倒だから払っちゃったら。僕が払ってもいい」

「マサル、それはダメだ。理不尽な要求に従ったらいけない。そうだ、マサル、頼みがある。何でもいいから日本語で、このおじさんに話しかけてくれ。そうすれば気味が悪くなって、このおじさんは退散してくれる」

　僕は、思いつく適当な日本語を、少しとげとげしい調子で話した。フィフィの予想通り、おじさんは退散した。

「マサルは何を話したの」とフィフィが尋ねた。

「安い中華料理屋に行って、注文したラーメンがなかなか出てこないのでクレームをつけている状況を思い浮かべて話した。『おじさん、僕はもう30分も待っているんだよ。他の人のラーメンやチャーハンはとっくに出てきた。注文が通っていないんじゃないの。きちんと調べてよ』と日本語で話した」

　フィフィと友だちは、腹をかかえて笑った。

「食堂の苦情のようには聞こえなかった。何か、悪魔が呪いの言葉を吐いているようだった。あのおじさんもきっと驚いたことと思う」

「フィフィ、あのおじさんは、いったい何をしているんだろう」

「多分、このキャンプ場の管理事務所で働いている。警備と清掃を担当しているのだと思う」

「しかし、警備担当者が客にカネを要求したらダメじゃないか」

「カネを渡して、よい場所を見つけてくれと頼む客がいるのも事実だから、ああいう小遣い稼ぎをするのだと思う。年金生活者だから少し小遣いが欲しいのだろう。悪く思わないでくれ」

「それだったら30フォリントくらいあげてもよかったじゃないか」

「いや、カネの問題じゃなくて、あのおじさんの要求が理不尽だから、僕たちは拒絶した。それに外国人の振りをしてみるのも面白い」と言って、フィフィは笑った。

フィフィが慣れた手つきで簡易コンロに火をつけてコーヒーをいれてくれた。簡易テーブルの上に、ナイフでパン、野菜、ハム、サラミソーセージをきれいに切り分けて、夕食の準備ができた。

「今日は、昼食抜きになってしまった。それから、温かい料理がなくて済まない。ピクニックではだいたい冷たい食事になる」

「別に気にしていない。おいしいよ。ハンガリー産のピクルスとジャムは、日本でも売っている。でもこのピクルスの方が、酸っぱくなくておいしい」

周囲を見ると高校生、大学生のグループや家族連れが、簡易テーブルの上に、同じような冷たい食材を並べて夕食をとっている。みんな楽しそうだ。

「野外ディスコに行こう」とフィフィが言った。僕は踊ったことがない。「嫌だな」と思ったが、口に出すことができず、フィフィたちについていった。もちろん野外ディスコがどういうものか覗いてみたいという好奇心もあった。

僕たちのテントから10分ほど歩いたところに大きな野外ホールがあった。ディスコという名前だが、レコードではなく、生のロックバンドが入って、若者たちだけでなく中年や初老の人たちも楽しそうに踊っていた。僕の知らない曲が演奏されている。

この野外ホールに巨大な肖像が4つ立っていた。縦5メートル、横3メートルくらいある。マルクス、エンゲルス、レーニンとハンガリー現政権の指導者カーダール・ヤーノシュ社会主義労働者党第一書記の肖像画だ。

どれもできがよくない。マルクス、エンゲルス、レーニンはやぶにらみだが、悪人顔ではない。特にマルクスが愛嬌のある顔をしている。ひどい肥満体で、いかにも安物でサイズが合わない三つ揃いのスーツを着ている。上着は濃紺色に少し緑が入った奇妙な配色だ。懐中時計とつながっているのであろうか、品のない金色の鎖がチョッキのボタンに結びつけられている。そして奇怪な蝶ネクタイをつけている。しかし、いかにも憎めない顔をしているのだ。

カーダール第一書記の肖像画は悲しげだ。そういえばドイツとチェコスロバキアの国境で見たグスタフ・フサーク・チェコスロバキア共産党第一書記の肖像画も悲しげだった。ポーランドでは、政治家の肖像画を見た記憶がない。

フィフィの友だちは、女の子を誘って、踊りの輪の中に入っていった。

「誰かパートナーを見つけて、踊りに行こうか」とフィフィが僕を誘った。

「いや、僕は踊りは嫌いだ。ここでみんなが踊っているのを見ている」

「それじゃ、僕も踊らずにマサルの横にいる」

「フィフィ、野外ディスコでマルクスとレーニンの肖像画を見るとは思わなかった」

「このディスコは、ハンガリー社会主義労働者党の青年組織が運営しているからね」

「共産党組織がディスコを経営しているのか」

「そうだよ。ディスコだけでなく、ホテルやレストランも経営している」

「フィフィは共産主義者か」

「違うよ」と言ってフィフィは首を横に振った。

「僕は政治には関心がない。僕の両親も、姉も非党員だ」

「僕は社会主義国を旅行するのは今回が初めてだ。日本で聞いていた社会主義国のイメージとだいぶ異なる。チェコスロバキアは、確かに日本で想像していたような社会主義国だった。ホテルの予約も列車の切符を買うのも、ほんとうにたいへんだった。しかし、ポーランドは全然違った」

「どういうふうに」とフィフィが尋ねた。

僕は、ワルシャワの大衆食堂で偶然知り合ったポーランド人の団地を訪れて、宴会に参加し、ポルノ写真を見た話をした。

「その写真はカラーだったか」とフィフィが尋ねた。

「いや、白黒だった」と僕は答えた。

「ユーゴスラビアではキオスクでポルノ雑誌を売っているよ」

「社会主義国では自由がないと聞いていたけれど、ポーランドでも、ここハンガリーでも、みんな結構自由に生活し、好き勝手に話をしているように見える」

「東欧の社会主義国といっても、国によってだいぶ違う。僕は両親とポーランド、東ドイツ、ユーゴスラビア、ルーマニアに旅行したことがある。国ごとに人々の生活は全然違うよ。東ドイツでは、昼間、街を歩いている人がほとんどいない。みんな仕事をしているんだ。それに観光客も少ない」

「日本から東ドイツに旅行するのも、手続きがとても面倒だ。あらかじめ、ホテルと列車の切符を予約して、お金を払い込んでおかないとビザが出ない」

「僕たちの場合、東ドイツは、国内パスポートを持っていれば、入国許可が下りる。オートキャンプ場が整っているので、旅行しやすい。特に僕の両親の世代だとドイツ語を自由に話すので、国内旅行の延長のような感じだ。ポーランドでは昼からみんなウオトカを飲んでいる。それにポーランド人は例外なく愛国者だ。ハンガリー人はポーランド人のように喜怒哀楽を激しく表に出さない。ルーマニアは嫌な国だ」

「確かドラキュラ伝説のあるトランシルバニアは、元ハンガリー領だったよね」

「トランシルバニアにハンガリー人は入れない。あの国は秘密警察の監視が厳しい。息が詰まる思いがする。マサルは確かこの後、ルーマニアに向かうんだったよね」

「そうだ。ブカレストから列車でソ連のキエフに向かう」

「ルーマニアは、ハンガリーとだいぶ雰囲気が違う。僕たちはルーマニアで黒海沿岸のリゾートに行ったけれど、そこは外国人ばかりでルーマニア人はほとんどいなかった。オーストリアや西ドイツの観光客が多かった」

「フィフィは、アルバニアに行ったことはある？」

「ない。アルバニアは中国の盟友だ。東欧諸国の観光客は受け入れていない」

「ソ連とは国交を断絶している。ハンガリーはアルバニアと国交があって、ブダペシュトからチラナに飛行機が飛んでいるとガイドブックに書いてあった」

「飛行機の話は初めて聞いた。周囲でアルバニアに行った人は、誰もいない。確かルーマニアはアルバニアと関係がいい」

「ブダペシュトで、社会主義諸国の国旗を売っている店がないだろうか。土産に買っていきたい」

「国旗を売っている店？　僕は行ったことがないけれど、きっとどこかにあるはずなので、探してみる。他に行きたい店があるか」

「時計屋に行ってみたい。どういう腕時計を売っているか見てみたい」

「時計屋で売っているのは、ソ連製腕時計がほとんどで、一部、東ドイツ製とチェコスロバキア製があるだけだ」

「ハンガリー製の腕時計はないの」

「社会主義国間の分業体制で、ハンガリーは時計生産国じゃない。イカルス・バスは作っているが、乗用車は主にソ連から輸入している。ルーマニアのダチアやチェコスロバキアのシュコダも輸入している。マサルは以前、社会主義国と資本主義国はどう違うかと聞いてきたことがあるよね。あのとき僕は返事に絵を描いて送ったけれど、意味がわかったか」

文通の初期、確か僕が中学2年のときのことだった。僕は確かにそんなことを尋ねた手紙をフィフィに送った。フィフィはその質問に対して直接答えずに、ボールペンで書いた2人の子どもが向かい合っている絵を送ってきた。僕はフィフィがこのテーマについて書きたくないのだと思って、手紙で社会主義について聞くことはやめた。

「確か青色のボールペンで書いた2人の子どもの絵を送ってきた」

「そう。あれは双子なんだ。社会主義だって資本主義だってよく似ているよ。主義の違いは関係ない」

「フィフィはソ連に行ったことがあるのか」

「まだない。だけど再来年の夏休みはソ連に行くことになっている。団体旅行になるけどね」

「来年はどこに行くの」

「多分、外国には行かない」

「どうして」

「僕が徴兵で軍隊にいるので、家族で遊びに行くことはやめることにした。それで今年は少しお金がかかるユーゴスラビアに、また再来年もチェコスロバキアやポーランドと比べれば、はるかにお金がかかるソ連に行くことにした。ソ連旅行は人気が高いので、なかなか順番が回ってこない」

「ハンガリー人はソ連を嫌っているかと思った」

「もちろんだ。ソ連は嫌いだよ。だけどソ連旅行はエキゾチックじゃないか。ヨーロッパとはまったく別の世界が広がっている。好奇心が刺激される」

「1956年のことはどう考えているんだ」

「1956年てなんのことだ」

「ソ連軍が攻めてきたじゃないか。ハンガリー動乱だ」

「マサルはハンガリー動乱に関心があるのか」

「ある」

「それじゃブダペシュトに戻ってから僕の両親から話を聞いてみるといい。赤ん坊の僕を抱いて途方に暮れたという話を母から何度も聞いた」

こんな話をしているときに、2人連れの女の子が「一緒に踊ろう」と僕たちを誘った。女性から誘われて断るのは、失礼になるので、フィフィと僕も踊りの輪に入った。途中で曲目が変わり、ハンガリーの民族ダンスになったところで、フィフィの友だちが僕たちに「外に出よう」と声をかけてきたので、僕たちは踊りの輪から抜け出した。

13

僕たちは、野外ディスコ会場からテントに戻ることにした。帰りがけにふと上を向くとやぶにらみのマルクスの絵が目に入った。その後、この絵がふとしたときに僕の頭の中で浮かび上がるようになった。

テントに戻ってきた。さっき30フォリントを要求したおじさんがやってきて、面倒なことになるかと思ったが、それはなかった。

「明日はゆっくりしていこう」とフィフィは言った。

明日は木曜日だ。僕は、まずいことになったと思った。マルガリータからの手紙に「是非、会いたいので、木曜日にまた来てほしい。一日中、家にいるので何時でも構わない」と書いてあったことを思い出したからだ。

僕は、フィフィにどう切り出したらよいのか、迷った。

「マサル、どうしたんだ。ここが気に入らないのか」

「そんなことはない。実は、明日、ブダペシュトの友だちを訪ねなくてはならない」

フィフィの顔が少し曇った。

「僕以外にもペンフレンドがいるのか」

「そうじゃない。フィフィたちがユーゴスラビアに行っていて、僕がヴェヌス・モーテルに取り残されているときに、ドナウ川の岸辺で知り合ったマルガリータだ」

そう言って、僕はマルガリータの家を2回訪ねたが、空振りだったという話をした。フィフィは、真面目な顔で「これは恋だな」と言った。

僕は、真っ赤になって「そうじゃない。ただの友だちだ。ただ、マルガリータの家族に『木曜日に行く』と約束したので、それを守りたいだけだ」と反論した。

「彼女の写真を持っているか」とフィフィが尋ねた。僕は財布からマルガリータの写真を取り出して渡した。

フィフィの友だちが「ヒュー」と口笛を吹いた。

「どういうことか」と僕が尋ねた。

「すごい美人だ」と友だちが言った。

「それに性格がよさそうだ」とフィフィが言った。

「会ったこともないのにどうしてわかるんだ」と僕が尋ねた。

「目を見ればわかる。聖書に『目は心の窓』と書いてある」とフィフィが答えた。

フィフィは友だちの方を向いて「日本とハンガリーの友好関係に貢献するためにもマサルの恋を助けなければ」と言った。

僕が真顔で、「そうじゃない。恋なんかじゃないって」と言った。フィフィも真顔になって「日本に好きな女の子がいるのか」と尋ねた。

「いるよ。でも好きと告白したことはない」

「どうして」

「照れくさいからだ。それに恋というのは、いちいち声に出して告白するもんじゃないと僕は思っている」

「付き合っているの」

「高校に入ってからは会っていない」

「中学のときの同級生か」

「小学5～6年生のときの同級生だ。中学校も一緒だったけれど同じクラスになったことはない。ただし、学習塾（night school）が一緒だった」

「ナイト・スクール？　昼間は働いているんじゃないだろう」と友だちが尋ねた。

ハンガリーに学習塾はないので、わかりにくいらしい。フィフィにも「マサルがどうしてナイト・スクールに通っているのか、よくわからない。何を勉強しているんだ」と尋ねられたので、「難関高校に合格するためには、学校の勉強だけでは不十分なので、ナイト・スクールで勉強している」と答えた。フィフィは僕の手紙の内容をよく覚えていたようで、友だちにハンガリー語で話していた。

「昼も夜も勉強をするんじゃ、たいへんだ。僕たちにはできない」と友だちが言った。

「マサルが好きな女の子の話に戻そう」とフィフィが言った。

「もういいよその話は」

「そうじゃない。恋人の話は重要だ。僕は、最近、ひどい失恋をした。長く付き合っていた恋人だったが、別れることになった」

「どうして」

「秋に僕が軍隊に入るからだ。1年間、待っているつもりはないと言われた」

「軍隊に入る前に、別れるカップルはよくあるので、以前からうまくいっていなかったのが、この機会にはっきりしただけだ」と友だちが言った。

「いったい何があったの」と僕が尋ねた。

「簡単に言うと、僕が振られた。きっと相手に好きな男ができたんだと思う」

「闘わないの」

「闘う？」

「そう。闘って恋人を取り戻す」

「そんなことをしたって取り戻せないよ。却って、僕が嫌われる。どうせ軍隊に行っている間は、会うことができないので、これでよかったと思っている」

僕はフィフィがずいぶん大人の対応をしていると思った。僕は、恋人と付き合ったことがない。小学5～6年生のときに同級生で、中学校、塾もいっしょだった美紀ちゃんには好意を寄せていたが、口に出してそう言ったことはない。そもそも中学校に入ってからはクラスも違ったので、学校では一言も口を利かなかった。美紀ちゃんも僕と同じ時期に山田義塾に入った。山田義塾では成績順にクラスが編成される。最初、美紀ちゃんは一番成績がいいCクラスで、僕はその次のBクラスだった。半年後のクラス替えで、僕もCクラスに入った。美紀ちゃんから「佐藤君がこのクラスに来るのをずっと待っていた」と言われたときは嬉しかった。

山田義塾から早慶学院に変わるときは美紀ちゃんと別れるのが淋しかったが、勉強の方を優先した。早慶学院の1回目の授業で、同じ教室に美紀ちゃんがいたので驚いた。「勘違いしないでね。佐藤君を追いかけて、塾を変わったんじゃないから。こっちの塾の方がきちんと教えてもらえると思ったからよ」と美紀ちゃんから強い口調で言われた。「勘違いなんかしていないよ」と僕も言い返した。美紀ちゃんは、浦和第一女子高等学校に進学した。

「マサルは、こういうとき闘って恋人を取り戻すか」とフィフィが尋ねた。

「僕にはこれまで恋人がいないので、自分の経験としては何とも言えない。しかし、自分の恋人が別の男を好きになったら、その男を殴りに行くと思う」

「そんなことをしたら逆効果だよ。恋人から嫌われるだけでなく、人間として軽蔑される」と友だちが言った。

フィフィも友だちも、恋愛については経験を積んでいるようだし、対応もずいぶん大人だ。

僕は少し恥ずかしくなった。

「同級生で恋人と付き合っているのは何人くらいいるか」とフィフィは尋ねた。

「僕のクラスは40人いるけれど、恋人がいるのは2~3人と思う」

「同じ学校にいて、付き合わないのか」と友だちが尋ねた。

「浦和高校は男子校なので、女はいない」と言って、僕は、東京都の公立高校は男女共学だが、埼玉県では成績の良いトップ数校は男子校、女子校に分かれていると説明した。

「しかし、人間の半分は男で半分は女だ。それなのに男子校とか女子校とか作って、男女を無理に分けるのはおかしい。修道院みたいだ」とフィフィが言った。

「確かにそうかもしれない。しかし、異性を気にしないで、勉強やクラブ活動に専念できるといういい点もある」

「男だけで固められるなんて、軍隊の兵舎みたいだ。僕は男子校には行きたくない」

「ハンガリーに男子校はないのか」

「ない。大学の学部によっては、男子が多いところもあるけれど、必ず女子がいる。この機会にハンガリーで恋人を作れ。マルガリータと恋人になれ。僕たちも応援する」とフィフィが言った。

フィフィは、からかっているのではなく、僕にハンガリー人の恋人ができたらほんとうにいいと思っているようだ。

「とにかく、マルガリータから木曜日に訪ねてきてくれ、と言われているので、僕は約束を守りたい。だから、午後、あまり遅くならないうちにブダペシュトに戻りたい」

「わかった。ちょっとハンガリー語で相談するから、待ってて」

そう言ってフィフィは友だちと早口でやりとりをした。

「マサル、列車だとブダペシュトに着くのが夜になるので、バスで帰ろう。ここからブダペシュトまでは、幹線道路が通っている。時間も列車と変わらない」

「切符は簡単に買えるのか」

「朝一番でバスターミナルに行けば買える。ターミナルはこのキャンプ場の隣なので、8時少し前に起きればいい。もう11時を回っているので、そろそろ寝よう」とフィフィが言った。

僕たちは寝袋に入った。地面にはエアマットを敷いているので、寝心地は悪くない。今日はほんとうにいろいろなことがあった。ヴェヌス・モーテルをチェックアウトしたのは今朝だが、1週間くらい前のことのように思える。フィフィの家で朝食をとって、バラトン湖に移動し、野外ディスコで踊って、テントで寝ることになるなんて、昨日の夜は想像もしていなかった。フィフィたちと一緒にいるとほんとうに楽しい。疲れているせいか、僕はすぐに熟睡した。

翌朝、フィフィと友だちが、ごそごそとテントから出ていく気配がしたが、僕は眠くて起きることができなかった。しばらくして、2人が戻ってきた。

「バスは1時間後に出る。その前に、もう一度、バラトン湖で泳がないか」とフィフィは僕を誘った。

泳げば目が覚めると思って、僕は寝袋から外に出て、海水パンツに着替えた。3人で水に入った。昨日より、2~3度、水温が低いような感じがする。

「ひどく冷たいね。日本でこんな冷たいところで泳いだ経験はない」

「朝は水が温まっていないからこんなもんだよ。だから泳いでいる人も少ないだろう」

周囲を見渡してみると、泳いでいるのは十数人だけで、ほとんどの人が岸辺の砂の上にマットを敷いてくつろいでいる。

「マルギット島のプールでも、泳いでいる人は少なかった。ハンガリー人がプールや湖に行く目的は日光浴なのだろうか」

「多分そうだ。ただ、ハンガリー人だけでなく、ドイツ人、ポーランド人、チェコ人も同じだ。夏のうちに太陽をいっぱい浴びておかないと、冬に体調を崩す。冬はほとんど日が照らない」

「しかし、寒いね」

「8月だもの。8月は秋だ。来週になれば、夜は吐く息が白くなる」

僕たちは15分くらいで水遊びをやめ、撤収作業に取りかかった。昨日、30フォリントを要求したおじさんがやってきた。面倒なことになるかと身構えた。

フィフィは、ハンガリー語でおじさんと話している。和気藹々とした感じだ。5分くらいで、おじさんは去っていった。

「大丈夫だった？」と僕が尋ねた。

「大丈夫だ。おじさんは『昨日はお金を要求して済まなかった』と謝りに来た。僕からは『外国人のふりをして済まなかった』と伝えた」

「悪い人じゃなかったわけだ」

「マサル、世の中に悪い人なんて、そんなにいないよ」と言って、フィフィは笑った。

「バスの切符は？」

「既に3枚買ってある。さあ急ごう」

バスターミナルは、人でごった返していた。きれいなハンガリー製の「イカルス」バスが並んでいる。僕たちは指定されたバスに乗った。満席だ。フィフィは僕に窓側の席を勧め、自分は通路側に座り、友だちは後ろの席に座った。荷物はバスのトランクに入れた。椅子の幅が広く、クッションもいい具合だ。バスに乗ってしばらくするとひどく眠くなった。

誰かに肩を叩かれて目が覚めた。フィフィが「ブダペシュトに着いた」と言った。後ろの席を見ると友だちがいない。

「どこに消えたの」

「自宅のそばの停留所で降りた。マサルにくれぐれもよろしくと言っていた」

「起こしてくれたらよかったのに」と僕はふくれた。

「あまりに熟睡していたので、起こしたらいけないと思った。日本を出てから3週間近くになるだろう。自分で気づいていないだけで、相当、疲れが溜まっていると思う。今晩は僕の家のベッドで、ゆっくり眠ればいい。一旦、家に帰って荷物を置いてからマルガリータの家に行こう。マルガリータは英語を話せないだろう」

「ロシア語が上手だと言っていた」

「僕はロシア語が不得手だ。でもハンガリー語はわかるので通訳する」と言ってフィフィは笑った。

「ありがとう」

郊外電車でマルガリータの家に行った。フィフィが住んでいる建物と比べると、だいぶ粗末だ。呼び鈴を押すと、お母さんとお婆さんが出てきた。マルガリータはいないのだろうか。

お母さんがフィフィと何か話をしている。

「マルガリータからの手紙を持っているか」とフィフィが尋ねた。

「持っていない。フィフィの家に置いてある」

「手紙にマルガリータは、『火曜日に待っている』と書いたそうだ。家族で食事を用意してマサルのことを待っていたとお母さんが言っている」

「マルガリータのロシア語の手紙は、ヴェヌス・モーテルのロシア語に堪能な技師がハンガリー語に訳し、そのハンガリー語を支配人が英語に訳してくれた」

「マルガリータが曜日を間違えて書いたか、誤訳があったかのいずれかだ。僕はロシア語が苦手だけれど、姉はロシア語の翻訳と通訳の仕事をしている専門家だ。後で手紙を姉にチェックしてもらおう。とにかくここで立ち話をしていると奇妙だ。家に入ろう」

「いや、マルガリータがいないならば、家族の人たちを煩わせるのは申し訳ない。帰ろう」

と僕は言った。

フィフィはハンガリー語で、お母さんとお婆さんとしばらく話した。そして、僕の方を振り向いて英語でこう言った。

「『マサルは他に行かないといけないところがあるので、ハンガリーに長く滞在できない』と伝えた。マルガリータは、昨日、ポーランドに行ったとのことだ。ブダペシュトに戻ってくるのは2週間後なので、マサルはハンガリーにいない。マルガリータはお母さんに『マサルが訪ねてきたら、日本の住所に手紙を書くから。ロシア語の手紙を、誰かに頼んで英訳をつけて送るからと伝えて』と頼んだということだ」

僕はドイツ語で「ダンケ・シェーン」と言って、マルガリータ家を後にした。

「マサル、元気を出せ。今回は運が悪かった。お母さん、お婆さんは、とても感じがいい人だ。そういう人たちに育てられているからマルガリータも気だてがいいと思う」

「確かに感じがいい人だ。フィフィ、気をつかわなくていいよ。とにかく訪ねていくという約束は果たしたので、これでいい」

「マサル、夕食までは時間がある。今日は母が仕事を休んで特別の料理を準備する。その前にどこか観光しよう。ブダの王宮に行かないか」

「観光地にはあまり関心がない。ハンガリーの普通の人たちがどういう生活をしているかを知りたい。そうだ。時計屋に行きたい」

「時計屋？　ソ連製の時計がほとんどだよ。日本製の時計の方がずっと性能がいいじゃないか」

「昨日、バラトン湖で時計の話をしたので、ソ連製の時計を是非見てみたくなった」

「正気か？」

「正気だ」

「わかった。ペシュト地区の、ヨーゼフ大通りからそれほど離れていないところに時計屋があるので、案内する」

フィフィに案内された時計屋は、19世紀に建った大きな建物の1階にあった。数百の腕時計がショーケースに並んでいる。いずれも時計の本体だけで、ベルトがついていない。

「どうしてベルトがついていないの」

「ベルトは別売だ。メタルのベルトの場合、時計本体と色の合うものが少ないので困る。革や布のベルトはハンガリー製もある」

「メタルのベルトは？」

「ソ連製だ。アルミニウムでできているので軽い。金や銀のベルトは、アンティーク店で戦前のものか、あるいは西側のものを買うしかない」

「西側の製品には関心がない。ソ連製の時計をいろいろ見てみたい。ショーケースから出して、手にとってみたい。可能か」

「もちろん」

フィフィは、ハンガリー語で店員と話をした。彼女は、とても愛想がいい。共産圏の店員は、仏頂面をしていると聞いていたが、どうも勝手が違う。

僕は、気に入ったデザインの時計を10個ほど指差した。

「聞きたいことがあったら、遠慮なく言え。僕が通訳する」とフィフィが言った。以下はフィフィの通訳を通した店員とのやりとりだ。

「時計は、全部、ソ連製ですか」

「そうです。現在、当店にある腕時計はすべてソ連製です。ときどきチェコスロバキア製の腕時計が入りますが、すぐに売り切れてしまいます」

「チェコスロバキア製の腕時計の方が性能がいいのですか」

「性能はほぼ同じです。しかし、ハンガリー人はチェコスロバキア製の時計の方を好みます」

「ここにある腕時計はすべて手巻きですか」

「そうです。自動巻腕時計もありますが、見てみますか」

「お願いします」

「ちょっと待ってください」

そう言って、店員は店の奥に入っていった。2〜3分後に箱を3つ持ってきた。見た目は、日本製と変わらないような立派な腕時計が入っている。日付と曜日もついている。曜日はロシア語で書かれている。

「英語で曜日は表示されないのですか」

「英語でもできます」

　そう言って、店員が腕時計の竜頭を軽く引っ張って回すと曜日が英語表示になった。

「防水はされていますか」

「一応されていますが、不十分です。ほんものの防水時計とは考えない方がいいでしょう。それから、自動巻が安定していないから、腕を強く振らないと、十分にバネが巻かれないので、時間が遅れることがあります」

「値段はいくらですか」

「７００フォリント（９８００円）です」

　ソ連製の腕時計を持っている日本人は少ない。これならば、格好も悪くないので、土産にしてもいいかもしれない。値段は少し高いが、日本製ならばもっとする。僕はフィフィに「この腕時計を買おうと思うが、どう思うか」と尋ねた。フィフィは大きく首を横に振った。

「絶対にダメだ」

「どうして」

「すぐに壊れる。それだからショーケースにも飾っていない。ソ連製品の場合、新しい物に手を出すことは勧めない。昔からずっと使われていて、故障しないものがいい」

店員が頷いて「私もそう思います。この腕時計はすぐに動かなくなります」と言った。日本では、時計屋の店員が自分の店で売っている腕時計の品質が良くないなどということは絶対に言わない。このあたりが社会主義国の特徴だと思った。

「どの時計がお勧めですか」

「POLJOT（パリョート）の腕時計がいいと思います」

「パリョート？」

「ロシア語で飛行という意味です。ソ連がイギリスに輸出するときにはこの時計をSEKONDA（セコンダ、ロシア語で秒の意味）という名前に変えます。当店のパリョートは、セコンダと同じ輸出用なので品質検査もきちんとされていて、壊れにくいです」

パリョートの時計で、黄土色の文字盤にラテン文字で時間が示された腕時計が気に入った。

「いくらですか」

「140フォリント（1960円）です。ネジは1回巻けば48時間持ちます。時間も正確です。ただし、防水がなされていないので、水仕事をするときは必ず外してください」

腕時計がこんなに安いとは思わなかった。

「どう思う」と僕はフィフィに尋ねた。

「日本には世界中の人が羨む腕時計がたくさんあるのに、何でソ連製を買うのか僕には理解できない」

「だって珍しいじゃないか。日本で、国産の腕時計ならば誰でも持っている。スイス製の腕時計を持っている人もときどきいる。しかし、ソ連製の時計を持っている人はいない。自慢できる。ハンガリー製だともっといいんだけど」

「前にも言ったけど、残念ながらハンガリーは腕時計を作っていない」

「僕はこれからソ連に行くけど、この腕時計は輸出用だから、向こうでは買えないということですね」

フィフィは僕が言ったことをハンガリー語に訳して店員に伝えた。

「この腕時計は、輸出専用でソ連では販売されていません。イギリスでかなり売れています。ブダペシュトを訪れる西側観光客も当店のソ連製腕時計をお土産に買っていきます。西側よりはかなり値段が安いそうです」

僕はこの腕時計を買うことに決めた。好奇心から店員に、もう一つ質問した。

「ドイツ民主共和国（東ドイツ）製の腕時計はありますか」

「腕時計はありませんが、小型時計ならばあります。手にとってみますか」

「お願いします」

再び店員は店の奥に入っていった。東ドイツ製の小型時計とは、一体、どのようなものなのだろう。そわそわしてきた。

しばらくすると店員が箱に入った時計を持ってきた。直径5センチメートルくらいのプラスチックのケースに入った時計だ。後ろが磁石になっていて、金属板や冷蔵庫に貼ることができる。

「磁石が時計に影響しませんか」

「それはありません。時間は正確です。故障もほとんどありません」

フィフィが僕の袖を引いて、「不格好な時計だ。灰色で憂鬱な感じがする。腕時計じゃないし、こんなの買わない方がいい」と言った。しかし、僕はこの時計が気に入った。文字盤に made in GDR (ドイツ民主共和国製) と書いてある。日本でこんな時計を持っている友人は一人もいないはずだ。

「いや、僕はこの時計を買いたい。いくらですか」

「50フォリント(700円)です」

この値段ならば、友だちへの土産にもちょうどいい。

「5つください」

「そんなに在庫がなかったと思います。倉庫を見てきます」と言って、店員は再び店の奥に入っていった。僕はフィフィに話しかけた。

「共産圏の店員は、愛想が良くないという話を聞いたけれど、彼女は全然そうじゃない」

「ハンガリーの店員は、昔からそんなに無愛想じゃないよ。ポーランドを旅行すると、店員の態度が悪いのに驚く。ソ連はもっと酷いという話だ。チェコスロバキアではどうだった」

「ホテルの予約、列車切符購入のための行列に並んで、くたくたになってしまい、買い物をする余裕がなかったのでわからない」

「両親に聞いてみても、社会主義政権前と比較して、それほど大きな違いはないという話だ」

「ハンガリーはほんとうに社会主義国なのだろうか」

「何が社会主義かということだけど、僕たちはこの体制に基本的に不満はないよ。自由に西側を旅行することができればもっといいけどね。マサルみたいに資本主義国から来た友人を自宅に泊めても、今では誰も問題にしない」

　店員が戻ってきた。

「残念ながら、在庫は2つしかありません」

「それでは2つ買います。それから、さっきのパリョートの腕時計にベルトをつけてください」

「どんなベルトがいいですか」

「この腕時計に合うハンガリー製の布のベルトをつけてください」

「かしこまりました」と言って、ショーケースの下の引き出しから、濃い緑色の布ベルトを取り出した。

フィフィが早口のハンガリー語で何か言った。店員は、「イーゲン（はい）」と答えて、笑って何か言った。

「何を話しているんだ」と僕が尋ねた。

「『この日本人は、これからルーマニアに行く。ルーマニアの税関では所持品検査が厳しいので、包装は簡単にしてほしい』と言った」

「ルーマニアは税関検査が厳しいのか」

「ものすごく厳しい。ハンガリーやポーランドとはまったく異なる」

その後、僕はこの東ドイツの時計を持っていたためにルーマニアの税関でちょっとしたトラブルに巻きこまれることになる。

14

時計店からフィフィの家までは、歩いて10分もかからなかった。フィフィの家族は、両親とお姉さんで、お姉さんはフィフィより3～4歳年上だ。ベッドルームが3つあって、15畳くらいの居間がある。天井が高いので、家はだいぶ広い感じがする。居間には年代物のソファ、テーブルと食器棚が置かれている。社会主義化する前には、きっと中産階級の上流に属したのであろう。フィフィは、僕にソファに座るようにとすすめた。適度な硬さがあって、長時間座っていても疲れない造りになっている。僕とフィフィは並んで座った。

「フィフィは、いつもここに座っているの？」

「ソファにいるときと食卓の椅子に座っているときが半々くらいだ。勉強は食卓でする」

「ベッドルームに机はないの」

「あるけれど、あそこではあまり勉強をする気にならない。机は本棚や書類入れみたいになっている。寝室は寝るとき以外、あまり入らないようにしている」

ソファに座って部屋を見渡してみた。まず、部屋の隅にある大きなテレビが気になった。

「ソ連製の白黒テレビだ。カラーテレビを買いたいんだが、手が出ない」

お父さんが、ハンガリー語で何か言った。

「父は、今年、カラーテレビを買っても良かった。しかし、ユーゴスラビアへの旅行にカネを使った。両方ができるほど家にはカネがない」

「僕の家では、おととしカラーテレビを買いました。14万円ですから、米ドルにすると約400ドルでした」

「1万フォリントにもなるわけだ」と言ってフィフィは口笛を吹いた。

「ハンガリーで売られているカラーテレビは、ほとんどソ連製だ。委託販売店に行けば、オランダのフィリップスのカラーテレビが手に入るが、1万フォリント以上する。高いけれど、フィリップスのテレビを買いたい」とお父さんは言った。

「どうしてですか。ソ連製は質が良くないのですか」

「ブラウン管の質が悪いので、画像が粗いし、色もずれている。それに壊れやすい」

「修理はしてもらえるんですか」

「修理はできるが、またすぐに壊れる。カラーテレビだけでなく、ソ連製の新製品はすべて壊れやすい。直しながら使用に堪えるようにしていく。これが実に面倒だ。それだから、ソ連製のテレビ、冷蔵庫、自動車などを買うときは、新しいものではなく、既に評価が定着している昔のモデルを買うといい」

「日本の商品は、4～5年でモデルチェンジします」

「ソ連製品は、評判がいい限りモデルチェンジしない。紙巻きタバコだって、戦前の商品がそのまま流通している」

「日本の戦前の紙巻きタバコは、『ゴールデンバット』『朝日』の2つが今も残っていますが、人気はありません。祖父のところに土産に持っていくと喜びます」

テレビの反対側の壁には、大きな油絵がかかっていた。「ゲッセマネの祈り」の絵だ。この家でキリスト教の雰囲気をうかがわせるのはこの絵だけだ。

僕は子どもの頃から、「ゲッセマネの祈り」の話は、母と牧師から何度も聞かされてきた。ゲッセマネは、エルサレムの近くにあるオリーブ園の名前だ。イエスは、危機の切迫を感じ、ここで三度祈る。

〈それから、イエスは弟子たちと一緒にゲッセマネという所に来て、「わたしが向こうへ行って祈っている間、ここに座っていなさい」と言われた。ペトロおよびゼベダイの子2人を伴われたが、そのとき、悲しみもだえ始められた。そして、彼らに言われた。「わたしは死ぬばかりに悲しい。ここを離れず、わたしと共に目を覚ましていなさい」。少し進んでいって、俯せになり、祈って言われた。「父よ、できることなら、この杯をわたしから過ぎ去らせてください。しかし、わたしの願いどおりではなく、御心のままに」。それから、弟子たちのところへ戻って御覧になると、彼らは眠っていたので、ペトロに言われた。「あなたがたはこのように、わずか一時もわたしと共に目を覚ましていられなかったのか。誘惑に陥らぬよう、目を覚まして祈っていなさい。心は燃えても、肉体は弱い」。更に、二度目に向こ

う へ行って祈られた。「父よ、わたしが飲まないかぎりこの杯が過ぎ去らないのでしたら、あなたの御心が行われますように」。再び戻って御覧になると、弟子たちは眠っていた。ひどく眠かったのである。そこで、彼らを離れ、また向こうへ行って、三度目も同じ言葉で祈られた。それから、弟子たちのところに戻ってきて言われた。「あなたがたはまだ眠っている。休んでいる。時が近づいた。人の子は罪人たちの手に引き渡される。立て、行こう。見よ、わたしを裏切る者が来た」〉（「マタイによる福音書」26章36〜46節）

イエスは、その後、自分の身に起きること、すなわちイスカリオテのユダに裏切られて、官憲に逮捕され、裁判にかけられて、処刑されることを予測していた。杯には毒が入っていることが想定されている。「父よ、できることなら、この杯をわたしから過ぎ去らせてください」というのは、イエスの命乞いだ。これに対して神は沈黙で答える。イエスは弟子たちに「わたしと共に目を覚ましていなさい」と命じたのに、みんな眠っている。まったく情けなく、頼りにならない弟子たちだ。

ゲッセマネの祈りは、いま述べたようにイエスの無力感を示す出来事だ。もっとも自らが無力であるがゆえにイエスは神の意志を従順に受け止め、人間を救済する基盤を作ったという逆説がこの物語に含まれているのである。

なぜ、無神論を国是に掲げるハンガリーに住んでいるフィフィの家の中心にゲッセマネの祈りの絵があるのだろうか。居間の本棚に目をやったが、聖書らしき書物はないようだ。フィフィの一家、少なくとも両親は、キリスト教徒ではないのだろうか。しかし、そのような質問をすると気まずい雰囲気になると思い、僕は黙っていることにした。

僕はフィフィのお父さんに「立派な家ですね」と言った。

「昔はもっと大きな家に住んでいたけれど、家族4人で住むにはこのスペースで十分だ」と答えた。

フィフィの両親は、僕の滞在に合わせて夏期休暇をとってくれたようだ。お姉さんだけが昼は仕事に出ている。

お母さんが、「ほんとうはワインを出すところだけれど、あなたがお酒を飲まないというので、ジュースにしたわ」と言って、こげ茶色の瓶に入ったジュースをグラスに注いでくれた。ピーチネクターだ。かなり濃厚だ。

「これだと喉が渇くから、ソーダ水を飲むといい」とフィフィが言って、小さな消火器のような機械で、別のグラスにソーダ水を注ぐ。

「中に二酸化炭素のボンベが入っているので、普通の水がソーダ水になる。いま流行だ。日本人はソーダ水を飲まないのか」

「ウイスキーやレモンジュースをソーダ水で割ることはあるけれど、ソーダ水自体を飲むことはない」

「ミネラルウオーターは飲まないのか」

「通常は飲まない。ミネラルウオーターに炭酸は入っていない。みんな水道水を飲んでいる」

「茶にしてか」

「いや、そのままだ」

「一度沸かしてから、湯冷ましにしないのか」

「しない。そうすると味が落ちる」

フィフィは、「信じられない」という顔をしている。

お父さんとお母さんは、「私たちは、ワインを飲みます」と言って、白ワインを注いだ。

「ハンガリー人は、白ワインが好きだ」とお父さんが言った。

フィフィは、「僕はいつもワインを飲むが、今日はマサルに合わせてジュースにする」と言った。お姉さんもジュースを注いだ。「姉はアルコールを飲まない」とフィフィが言った。

前菜には、ハム、サラミ、チーズ、パテ、ピクルスがたくさん出てきた。どれもおいしい。ザワークラウトと肉団子の入ったスープも出てきた。メインは、ヒレ肉とマッシュルームをパプリカで煮込んだ料理だった。マルギット島のレストランで食べたパプリカの料理と味が似ていた。デザートには木イチゴのタルト、それに桃のコンポートが出てきた。コンポートは生温かったので、不思議な感じがした。

食事をしながら、お互いの家族の話をした。お父さんが、「あなたのお父さんは銀行家なのか」と尋ねたので、僕は「違います。バンク・クラーク（銀行員）です。経営陣ではなく、一般の職員で、電気技師です。住宅も借家です。客観的に見れば、労働者階級に属します」と説明した。

「日本では、ごく普通の技術者の家の子どもが、外国に旅行することができるのか」とお父さんは、少し驚いて尋ねた。

「僕の中学校時代の同級生では、夏休みにアメリカに行った人が2人います。ハンガリーやソ連など社会主義国への旅行はまだ珍しいけれど、大金持ちでないと海外旅行ができないというわけではありません」

「ハンガリーから社会主義国への観光旅行は簡単になった。ソ連旅行はだいぶお金がかかるけれど、それ以外は簡単にできる。確か、モンゴル旅行もできる。中国になると難しいけどね」

「アルバニアにも行けるんですか」

「アルバニアは、難しい。ほとんど入国が認められない。それにアルバニアは中国の友好国だから、ハンガリーやユーゴスラビアなどとの関係は冷え切っている」

「今回、ソ連・東欧を旅行するので、ガイドブックで調べてみたのですが、アルバニアへの観光旅行は団体だけで、ウィーン発のグループが1年に数回、認められているに過ぎない。チラナの国営旅行社アルプツーリストに手紙を書いたのですが、残念ながら、日本からの観光客は受け入れていないということと、参考のためにといって、アルバニアの観光地のパンフレットが同封されていました。カラーだけど色がずれている。それに観光地の建物や海岸に人間がまったく写っていないのが不思議な感じがしました」

「誰かアルバニアに行ったことのある知り合いはいないか?」

そう言って、お父さんは家族の顔を見回した。みんな首を横に振った。

「知り合いでアルバニアに行った人はいないけれど、休みをコソボで過ごした人はいるわ。観光だったらコソボに行けばいい。あそこにはアルバニア人がたくさんいるし、アルバニア文化が残っている」とお姉さんが言った。

「コソボ?　初めて聞く地名です」

「アルバニアと国境を接しているユーゴスラビアの地域よ。いつか機会があれば私も行きたいと思っている。マサルは、この後はどこに行くの」

「ルーマニアです」

「あそこは酷い国よ」

「そんなに酷いんですか」

「行ってみればわかる。独裁国家で、国民はひどく貧乏。そして、秘密警察に怯えているわ」

「警察といえば、マサルに説明しておかなくてはいけないことがある」とお母さんが言った。

　僕は一瞬身構えた。フィフィが、お母さんの発言を引き取って、話を続けた。

「明日の朝早く、私服の警官がやってくる。実は、先週、この付近で強姦事件が起きたが、まだ犯人が捕まっていない。その聞き込み捜査だ」

「それはたいへんだ」

「マサルに何か尋ねることはないと思うけれど、仮に尋ねられても、言葉がわからないという態度をしてほしい」

「ハンガリー語で尋ねてくるんだろう。実際に言葉はわからない」

「ドイツ語で尋ねてくるかもしれない」

「ドイツ語もわからない」

「いや、マサルは少しドイツ語がわかるので心配してる。強姦事件のような凶悪事件があったことを資本主義国の観光客に知られることを警察は嫌がる」

「わかった」。僕は少し気分が憂鬱になった。

フィフィが、「昨日からマサルといっしょに何をしていたかについて、家族に説明したいので、ハンガリー語で話してもいいか」と尋ねたので、僕は「もちろんいいよ」と答えた。

フィフィは、まずバラトン湖で30フォリントを要求してきたおじさんに僕が日本語で対応した話を、少し膨らませて、面白おかしく家族に説明したようだ。それから、マルガリータの家を訪ねたときの話をしているようだった。お姉さんがフィフィに何か言った。フィフィが僕の方を向いて、「マルガリータからもらったロシア語オリジナルの手紙と英訳を姉に見せてもらえるか」と尋ねた。僕は、「いいよ」と答えて、フィフィの寝室に置いてあるスーツケースから手紙を取り出して、お姉さんに渡した。手紙を見ると、お姉さんが、首を横に振って、ハンガリー語で何か言っている。

「お姉さんは、何て言っているんだ」と僕は尋ねた。

「ロシア語のフトールニク、つまりチューズデイ（火曜日）が、英訳ではサーズデイ（木曜日）になっている。単純な誤訳だ」とフィフィが、お姉さんの説明を英訳した。

「誤訳ならば仕方ない」と僕は答えた。

お姉さんが、何かロシア語で言っている。僕には全然わからない。フィフィは少しわかるようだ。

「姉は、マルガリータは、しっかりしたロシア語を書くと感心している。姉はロシア語の翻訳が仕事で、学生時代から本格的にロシア語とドイツ語を勉強した」

「ロシア語は義務教育なのか」

「そうだ。しかし、一生懸命に勉強する生徒は少ない。第二外国語の英語かドイツ語を一生懸命に勉強する。姉のようにロシア語を本格的に勉強するハンガリー人はあまりいない」

「御両親は、ロシア語を話さないのか」

「まったく話さないし、勉強する気もない。ただし、父も母もドイツ語は、ハンガリー語と同じくらい上手に話す。社会主義化する前のハンガリーでは、誰もがドイツ語を話した」

「フィフィもドイツ語を話すのか」

「あまり上手じゃない。でもドイツ語の新聞を読むことはできる。父はドイツ人と同じくらい上手にドイツ語を話す。僕の家は、代々医者だ。第二次世界大戦時に父は、ハンガリー軍に加わった」

「ハンガリー軍？」

「もちろん。ドイツの同盟軍だ」

フィフィは、手紙にその話を書いたことはない。ハンガリーは、ソ連やチェコスロバキアと比較すれば自由だ。それでも父親が戦時中に枢軸側で戦ったことについて書くことは、検閲を考慮して避けたのだろう。僕は、自分の父親が1945年3月10日の東京大空襲に遭遇した後、召集され中国大陸で従軍した話をした。

「お父さんは、戦争でだいぶ辛い経験をしたのか」とフィフィが尋ねた。

「きっといろいろ辛い経験をしたと思うけれど、『お母さんが経験した沖縄戦と比較すれば、お父さんは苦労らしい苦労はしていない』というのが父の口癖だ」

そう言って、僕は母の沖縄戦での体験について、かいつまんで話した。フィフィ一家は注意深く僕の話を聞いて、みんなしばらく黙っていた。お母さんが、ハンガリー語でつぶやいたことをフィフィが英語に翻訳する。

「ハンガリーはドイツの同盟国だったから、戦争末期のブダペシュト攻防戦もたいへんだった。ソ連兵の略奪や暴行はひどかった。でも、もっと恐かったのは1956年のハンガリー動乱だったわ。ヨーゼフ大通り周辺が戦場になった。あれは内戦だった」

僕は、ハンガリー動乱について、日本にいるときに調べた内容を頭の中で反芻した。

ここでハンガリー動乱について、簡潔に解説するので、お付き合い願いたい。1956年にソ連共産党第20回大会が行われた。1953年にスターリンが死んだ後、初めての党大会だ。党大会最終日の1956年2月24日深夜、代議員が再招集された。そこでフルシチョフ・ソ連共産党第一書記が、スターリン批判の秘密報告を行った。この報告の内容を口外することは厳重に禁止されたが、情報が徐々に漏れた。この秘密報告の影響で、東欧諸国ではスターリン主義との訣別を求める運動が起きた。同年6月には、ポーランドのポズナンで、反共色の強いデモが起きた。もっとも緊張が高まったのがハンガリーだった。10月23日、学生を主力とするデモ隊が秘密警察と衝突した。翌日、国民に人気のある元政治犯のナジ・イムレが首相になった。ナジ首相は、すべての政治犯を釈放した。釈放された政治犯の中には、筋金入りの反共闘士として有名なカトリック教会のミンゼンティ枢機卿が含まれていた。ミンゼンティは急速に政治力をつけて、ハンガリーの社会主義体制からの離脱を要求した。ナジ首相は、非社会主義政党を含む複数政党制の導入、ワルシャワ条約機構からの脱退を検討すると発表した。改革派のフルシチョフ第一書記としても、脱社会主義の意向を示すナジ政権を看過できなくなった。ソ連はハンガリーへの軍事介入を決行した。

10月25日、ブダペシュトのソ連軍は、国会前の民衆に向けて発砲し、死者100名、負傷者数百名を出した。ソ連はミコヤン政治局員をブダペシュトに派遣し、ナジ首相との間で一旦は和平合意ができた。ソ連軍は10月30日に撤退を開始したが、この日、ブダペシュトで秘密警察職員や共産党専従職員が反共派に射殺され、死体が街路樹に吊された。ソ連は態度を硬化させ、11月4日に再度、ハンガリーに軍事介入した。2カ月近い動乱でハンガリー側の犠牲者は死者1万数千名、負傷者数万名、更に約20万名の亡命者を出した。この出来事は、ブダペシュト市民にとって、第二次世界大戦末期のブダペシュト攻防戦に匹敵する戦争だった。

フィフィの家があるヨーゼフ大通りは、ハンガリー動乱のときの激戦地だった。生後間もないフィフィを抱いて、お母さんはひたすら神様に祈っていたという。

「あのとき、いちばん卑劣だったのはルーマニア人だった」とお母さんが言った。

「どうして？」と僕が尋ねた。

「ナジをルーマニアに呼び込んで、処刑したからさ」とお母さんではなく、フィフィが答えた。お母さんが、ハンガリー語で何か言った。フィフィが、席を立って、本棚から地図帳を取り出して戻ってきた。お母さんは地図の、ハンガリーと国境を接するルーマニアの地帯を指差して、ハンガリー語で何か言った。フィフィは、「ここは歴史的にハンガリーの領土だった。今も多くのハンガリー人が住んでいるけれど、悲惨な生活をしている」と英語に訳した。

「ルーマニア政府は、ハンガリー系少数民族と、ハンガリー本国のハンガリー人の交流も制限している。ハンガリー人が観光で黒海沿岸の観光地を訪れることは、カネさえ払えばできるが、自分の親族と会うためにルーマニアのトランシルバニア地方を訪れることは厳しく制限されている」とフィフィが言った。

「日本では、ルーマニアは、ソ連の言いなりにならない自由な国と思われている。アメリカとの関係も良い。1968年のチェコスロバキア侵攻にも参加しなかった」

「マサルはこれからブカレストを訪れるんだろう。自分の目で見れば、ルーマニアがどういう国かわかるよ」とフィフィが言った。

それを受けて、お父さんが「ハンガリー人は、あまり民族的偏見を持たない民族だけど、ルーマニア人に関する話題になると興奮する。重苦しい話はこれくらいにしよう」と言って、話を切り上げた。

「マサル、西側の人たちが思うほど、わたしたちはハンガリーの社会主義政権を嫌っていないわよ。スターリン時代と違って、いまは政治と一切関係しないで、ハンガリー人は生きていくことができる。資本主義国からのお客さんを家に泊めても、怯える必要はない。とにかく戦争や動乱がないことがいちばん大切」とお母さんが言った。

夕食の席での話を通じて、僕は、フィフィ一家は、現在のハンガリーの指導者であるカーダール社会主義労働者党（共産党）第一書記に悪い感情を抱いていないことを知った。フィフィ一家は共産主義者ではない。社会主義体制になって、没落した旧中産階級だ。しかし、カーダールには好感を抱いている。ハンガリー動乱のとき、カーダールは、当初、ナジ首相とともにソ連と戦う姿勢を示した。以前に、「人民の敵」として裁判にかけられ、終身刑を言い渡されて、収監されたことがある。1948年にスターリンはユーゴスラビア共産党をコミンフォルム（共産党情報局）から追放した。それから少し時差を置いて、東欧諸国ではユーゴスラビアのチトー首相を弾劾するキャンペーンが展開された。カーダールも1951年に「チトー主義者」として逮捕され、終身刑となった。カーダールは、スターリンが死んだ翌1953年になってようやく釈放された。1956年にナジが首相に就任した後、カーダールはハンガリー社会主義労働者党第一書記兼国務相に就任したので、ナジの側近と見られていた。しかし、カーダールは1956年11月4日にソ連軍がハンガリーに侵攻すると同時に、ソ連の後押しでできた「ハンガリー労農革命政権」の首班に就任した。カーダールは、ブダペシュトのユーゴスラビア大使館に避難していたナジ首相に「身の安全は保障するので出てこい」と呼びかける。この言葉を信じて11月22日に大使館から出てきたナジは、ソ連軍によって拘束され、ルーマニアに送られる。その後、密かにブダペシュトに送還され、秘密裁判にかけられた後、1958年6月16日に絞首刑になった。当初、ハンガリー人は、カーダールを裏切り者であると軽蔑した。

しかし、カーダールは徐々に国民の人気を得ていく。「われわれの敵でない者はすべて味方である」というのが、カーダールが掲げたスローガンだった。事実、旅行制限や資本主義国の人々との文通に対する規制も少なかった。だから、僕はハンガリーの文通協会を通じてフィフィと知り合うことができた。フィフィの両親も、社会体制と文化が違う日本の少年を数日間自宅に泊めることで、息子の視野を広げることを考えているのだろう。カーダールは、大胆な経済政策で、国民の消費生活を向上させることを政策の中心に据えた。僕はブダペシュトしか見ていないが、経験した範囲ではハンガリーの生活水準は日本よりも高い。「グヤーシュ（牛肉がたっぷり入ったシチュー）型社会主義」は、この国に定着している。僕は、バラトン湖畔で見たカーダールの肖像画が悲しそうな顔をしていたのを思い出した。ソ連に押さえつけられて政治的な自由には限界があるから、経済を良くすることしかハンガリーには選択肢がないのだ。

「フィフィ、日本からのお土産があるので取ってくる」

僕はフィフィの寝室にあるスーツケースから、カシオの関数機能つき計算機を持ってきた。2万6000円もした最新型だ。フィフィとお父さんが、大喜びで、計算機をいじっている。

「これはすごい。初めて見た。大学に入ってからとても役に立つ」とフィフィが興奮している。フィフィの土産に何がよいかと考えていた僕に、父が「フィフィは理科系志望だから関数機能のついた卓上計算機がいちばん喜ぶと思う」と言うので、そのアドバイスに従った。

フィフィが僕の頬に何度もキスをする。髭が当たって少し痛い。

フィフィの家族には、日本人形や漆塗りの工芸品をプレゼントした。これは僕の母の見立てだ。フィフィの両親も、お姉さんも喜んでいる。

「マサルは、ハンガリー土産に何が欲しい」とフィフィが尋ねた。

「ソ連製の時計が手に入ったからお土産は十分だ」

「ソ連製ではハンガリー土産にならない。テーブルクロスと妹さんとお母さん用のブラウスは用意してある。お父さんにはワインを準備した。マサルの分は相談して買うことにした」

僕は少し考えてから言った。

「社会主義諸国の国旗が欲しい」

「国旗？」

「そう。大型ではなくて、テーブルの上に置くような国旗が欲しい」

フィフィは、両親、お姉さんと話し始めた。お姉さんが、早口で説明している。フィフィが頷きながら話を聞いている。

「マサル、国旗の専門店がある。そこに社会主義国の国旗セットがあるので、明日行ってみよう」

「それはすばらしい。日本では絶対に手に入らないからいい土産になる」と僕は答えた。

15

「ほかにももっと面白いお土産をあげよう」とフィフィのお父さんが言った。

「何でしょうか」

「ちょっと待って」と言って、お父さんは笑った。

お父さんは、居間の引き出しを開けて、封筒を取り出した。そこから小さな紙片を取り出した。

「見てごらん」

それは古い紙幣だった。ただし、書いてある数字が尋常でない。

100 000 000 millió
1 000 000 000 millió
10 000 billió
100 000 billió
1 000 000 billió

10 000 000 billió

僕は、ハンガリー語がわからないが、millióとは100万のことだろう。billióとは10億だ。とにかく天文学的な数字だ。僕がきょとんとしていると、フィフィが、「この当時のビリオンは、1000ミリオンではない」と言った。

「どういうことだ」と僕は尋ねた。

「現在のビリオンは、10の9乗だけれども、当時のビリオンは10の12乗だ」

そうすると、紙幣の額面を順に訳すと

100兆

1000兆

1京

10京

100京

1000京

となる。確かにフィフィが言うとおり10の何乗という指数で示した方がわかりやすい。単位はフォリントではなく、ペンゲーだ。

「ペンゲー?」と僕はつぶやいた。

「旧通貨の名前よ。第二次世界大戦中もインフレが凄かったけれど、戦後は考えられないような超ハイパーインフレーションが起きた。朝と夕方で、パンの価格が倍になっていた」とお母さんが言った。

「みんなどうやって生活していたんですか」

「紙袋に山のように紙幣を入れて買い物をしていた。また、タバコがお金の役割を果たした」とお父さんが答えた。

「第一次世界大戦後、ドイツのハイパーインフレがもの凄かったという話は、日本でも有名です。中学校の歴史教科書にも書いてあります。しかし、第二次世界大戦後のハンガリーでもっと激しいインフレがあったとは知りませんでした」

「ハンガリーのインフレは、ドイツよりもひどかった。1946年8月1日にデノミネーションを行って、ようやくインフレが収束した」

「デノミネーション？」

「そう。4×10の30乗ペンゲーを1フォリントに定めた」

10の30乗というと、いったい日本語ではどのような単位になるのだろうか。きっとそれに相当する漢字があるのだろうが、思い浮かばなかった。

「日本のデノミネーションはいつ行われたの」とフィフィが尋ねた。

「デノミが行われたことはない。100円を新1円にするデノミネーションを行った方がいいという意見もあるが、少数派だ」

「たいしたものだ。敗戦国では通常、デノミネーションが必要になるほどのハイパーインフレが起きる。それが起きていないというのは、珍しい」とお父さんがコメントした。

「確かに第二次世界大戦前と比べれば、物価は上昇しています。僕の祖母は、昔の10円は、今の1万円以上の価値があったと言っています」

「日本は、第二次世界大戦には負けたが、第一次世界大戦では勝った。それに対して、ハンガリーは二度とも負けた。その差が経済にも表れている。戦争はするもんじゃない」とお父さんが言った。

フィフィのお父さんの話を聞きながら、日本とハンガリーは第二次世界大戦の敗戦国という共通の要素があることに気づいた。

「明日はどうするのか」とお父さんがフィフィに尋ねた。

「午前中に、さっき話に出た国旗の専門店に行きます。午後は、フィフィに街を案内してもらいます」

「観光地には行かないのか?」

「観光地にはあまり興味がありません。普通の旅行者ができないような経験をしたいです」

と僕は答えた。

「例えば？」

「一緒にバラトン湖に行きました。あれはフィフィがいなければできなかった。ブダペシュトでもちょっと変わった経験をしたい。今日、時計屋でソ連製の腕時計と東ドイツ製の小型時計を買いました。ああいう経験をしてみたいんです」

フィフィは、家族とハンガリー語で話し始めた。どこを見せれば、僕の好奇心を満足させられるかについて、相談しているようだ。フィフィが、少し長い説明をすると、3人が「イーゲン、イーゲン」と反応している。「それでいい」という意味なのだろう。

「明日の昼は、大衆食堂で食事をして、その後、本屋に行こう」

「本屋といっても、ハンガリー語の本ばかりなんだろう」

「ドイツ語、ロシア語の本はかなりある。英語とフランス語の本も少しある」

「英語以外はわからない。それじゃ本屋に行く意味がない」

「実は、その本屋に日本語を話す店員がいる」

「日本人との二世か」

「ちがう。生粋のハンガリー人だ。夜行われている社会人学校で、日本語を勉強した。大学で日本語を教える講師よりも上手ということだ。文通相手の日本人がブダペシュトに来るという話をしたら、是非、話をしたい、と言っていた。政治にも関心を持っている人だ。１９５６年のハンガリー動乱についても、この書店員から面白い話が聞けるかもしれない」

フィフィの話を聞いて僕の好奇心のアンテナが震えた。

「是非、その本屋に行ってみたい」と答えた。

「今日は長い一日だった。疲れただろう。風呂に入って寝よう」とフィフィが言って、僕をバスルームに案内した。バスルームは大きい。８畳くらいある。天井が高く、そこに洗濯物が干してある。

「日本では洗濯物を外に干すという話を聞いたけど、ほんとうか」

「そうだ。僕の団地には小さな庭があるが、そこにロープを張って洗濯物を干している」

「面白い。日本じゃないけど、中国や東南アジアで、アパートの外に洗濯物をたくさん干してある写真を見ると、不思議な感じがする」

「僕は、家の中で洗濯物を干すのがむしろ不思議な感じがする。僕の母は、洗濯物を太陽の光に当てることで消毒すると言う」

「僕の母は、下着、靴下、ハンカチなどにアイロンをあてる。アイロンをかけると消毒になると言っている」

「僕の母は、下着にアイロンをかけない。僕の家だけでなく、日本人は下着にはアイロンをかけないと思う」

「意外なところで、文化が違う。それが面白い」とフィフィが言った。僕もあいづちを打った。

「日本では、街角に大きな風呂があって、そこに入りに行くんだろう」

「今は、だいたいの家に風呂がついている。もちろん風呂がついていないアパートに住んでいる人は銭湯に通うよ。でもフィフィは、銭湯のことなんかよく知っているね」

「だって、マサルが手紙に書いてきたじゃないか」

そういえば、中学2年生のとき、同級生と近所の銭湯に行った話を書いたことがある。フィフィはそのことを覚えているようだ。

「中学生の頃、友だちに誘われて、ときどき銭湯に行った。僕の団地には、各戸に小さな風呂がついている。ただ、新しいけれど風呂のついていないアパートに住んでいる友だちとときどき銭湯に行った」

「一緒に風呂に行くのは親しい友だちとだけか」

「お互い、裸になって風呂に入るわけだから、親しい友だちだ」

「その友だちは、今、何をしている。同じ高校で勉強しているのか」

「いちばん仲のいい友だちは、成績があまり良くなかった。ただ、運動神経が抜群に発達していて、サッカー部のエースだった。それでスポーツ推薦で私立高校に進学した。実は、僕はそいつにひどく殴られたことがある」

「どうして」

「僕がそいつのお父さんを侮辱するようなことを言ったからだ。そいつは、僕が教師に告げ口をすると思ったらしい。しかし、僕は告げ口をしなかった。そうしたら、『成績がいい生徒はずるい奴ばかりだけれど、佐藤は信用できる』ということになった。それで僕は中学校の不良グループと仲良くするようになった。この連中は一緒に銭湯に行くのが好きだった。それだから、僕もときどき誘われた。学習塾があるんで、5回に1回くらいしか付き合えなかったけれど、楽しかった」

「風呂でどういうことをするのか」

「湯船の外で身体を洗って、それから風呂に入る」

「水着はつけないのか」

「もちろんつけない」

「男も女も一緒なのか」

「ちがう。銭湯は、男湯と女湯に分かれている。ただし、父親が女の子、母親が男の子を連れて一緒の風呂に入ることがある。しかし、それも幼稚園くらいまでだ」

「湯船はどれくらいの大きさなのか。プールくらいあるのか」

「プールほどは大きくない。10人くらい入れる湯船が2つある。1つは、比較的ぬるく、もう1つはひどく熱い。僕たちは熱い風呂に誰がいちばん長い時間入っていることができるか競争した」

「火傷（やけど）をしないのか」

「そこまでは熱くない。しかし、身体全体が真っ赤になる」

「想像できない。サウナに入ったあとのような感じか」

「すこし似ている。そうそう、湯船の大きさはサウナのプールくらいだ」

「マサルは、熱い風呂に長時間入ることができるか」

「できない。僕は熱い湯船から、いつもいちばん最初に飛び出していた。みんなからは、『我慢ができない奴だ』と笑われた」

「楽しそうだね」

「確かに楽しい。銭湯では、アイスクリーム、牛乳、コーラなどを売っている。風呂に入った後は、冷たいものがおいしい」

「それはわかる」

「僕が好きなのはフルーツ牛乳だ」

「牛乳にフルーツが入っているのか」

「そうだ。牛乳にバナナ、みかん、パイナップルなどのジュースが入っている。香料が添加されているので強い香りがする」

「いつか僕も日本に行って、マサルと銭湯に行ってみたい」

「チャンスを見つけて、必ず日本に来てほしい」

「ここの風呂の使い方はわかるか」

「ホテルで慣れた。湯船の中で、身体を洗う。そして、最後にシャワーを浴びる」

「僕は風呂よりもシャワーが好きだ」

「僕が子どもの頃、日本では風呂にシャワーが普及していなかった。小学2年生のときに、水道工事をして、風呂にシャワーがついたときはとてもうれしかった。今日は僕もシャワーだけにする」

僕は5分くらいでシャワーを浴びた。フィフィは、自分の部屋に僕を案内した。部屋の真ん中にセミダブルベッドがある。

「ベッドは1つしかないので、一緒に寝るんでいいよね」とフィフィが言った。

「別に構わない」と僕が答えた。

僕が先に寝ていると、15分くらいしてフィフィがベッドに入ってきた。

「父が子どもの頃は、お客さんを泊める部屋が家にいくつかあったそうだ。農村に行けば、今でも大きな家があるが、ブダペシュト市内の古いアパートは、かつて1家族が使っていたフラットを、4～5家族で使っている。設備も良くない。でも僕はヨーゼフ大通りが好きだ。将来もこの辺に住みたいと思う」

「僕の団地はとても狭いよ。フィフィの家の4分の1くらいしかない。こんな大きな家に住んでいて羨ましい」

少し話をすると、たまっていた疲れがどっと出てきた。フィフィも疲れているようだ。僕たちはすぐに眠りについた。

目が覚めた。時計を見ると、9時を回っている。フィフィはいない。ベッドを触るとひんやりするので、だいぶ前に起きたのだろう。

居間にいくとフィフィが、「朝ご飯を食べよう」と言って、僕をキッチンに誘った。小さなテーブルがあり、その上に牛乳とチョコレート牛乳のピッチャーが置かれている。その横に、パン、サラミソーセージ、チーズ、パプリカ、キュウリが適当な大きさに切られて並んでいる。その横に小型消火器のようなソーダ水製造器がある。

「だいぶ早く起きたのか」

「そうでもない。7時頃だ。牛乳を買いに行ってきた」

「僕を起こしてくれればよかったのに」

「疲れているようなので、そのままにしておいた」

「起こしてくれればよかった。フィフィと一緒に朝の街を見たかった」

「明日は、起こす。ところで、10時に警察が来る」

「警察?」

「昨日、話したじゃないか?」

フィフィがレイプ事件で、警察が聞き込みに来るという話をしていたことを思い出した。

「僕はどうすればいいんだ」

「昨日言ったように、とにかくハンガリー語もドイツ語もまったくわからないという態度を取って、座っていてくれ」

「わかった。外に出ていた方がいいか」

「いや、家にいた方がいい。近所の人たちが、外国人が僕の家に泊まっているようだということを警察に話しているはずだ。マサルがいないと不思議に思われる。秘密警察ではないので、マサルについて調査しに来るわけではない」

秘密警察でないといっても、警察官と顔を合わせるのはいやだ。それにこのあたりでレイプ事件があったということは、犯人が近所に住んでいるということなのだろうか。社会主義国は、治安がいいと聞いていたが、レイプのような凶悪犯罪もあるのだろうか。

僕は、お腹が空いていないので、パンやサラミソーセージには手を付けずに、チョコレート牛乳だけを飲んだ。

10時ちょうどに玄関の呼び鈴が鳴った。僕はソファの端の方に座っていた。お母さんが扉を開けると、私服の刑事が2人入ってきた。1人は身長が180センチメートルくらいある。もう1人は背が低い。僕より少し背が高いくらいなので、168センチメートルくらいだろう。2人ともおしゃれなジーンズをはいている。社会主義国の刑事とジーンズが何となく似合わないように思えた。2人は警察手帳のようなものを見せている。

お母さんは、刑事をソファに招いた。目が合ったので、僕は黙って会釈した。

お母さんが、刑事に何か説明している。ヤーパンという言葉が出てくるので、僕について話しているのだろう。刑事がメモをとっていないのを見て僕は安心した。

その後、背の低い方の刑事が、いろいろな質問をフィフィとお母さんにしていた。それを背の高い警官がメモにとる。フィフィは、ジェスチャーを交えながら、説明をしていた。20分くらいして、警官は出ていった。

「いったい何があったんだ」と僕は尋ねた。

「ひどい暴行とレイプが、この建物の裏側で行われたようだ。ブダペシュトでこういう凶悪事件は珍しい。犯人は若い男ということだ。警察は威信を賭けて、犯人を絶対に検挙しようとしている。だから、この周辺に住んでいる若い男から、全員、アリバイをチェックするとともに、何か役に立つ情報がないかと探っている」

「アリバイっていったって、フィフィがそんなことするはずないじゃないか。第一、事件が起きたときは、家族でユーゴスラビアに行っていたわけだろう」

「もちろん。警察も僕のことを疑っているわけじゃない。しかし、若い男については、全員調べるという方針を立てている。こういうことは、ほんとうに珍しい」

「事件は新聞に出たのか」

「よほどひどい殺人事件でない限り、この種の事件が新聞で報じられることはない。アメリカやドイツの凶悪犯罪は、毎日、新聞で報道されているよ。社会主義国で、レイプのような犯罪は『あってはならない』ということになっている。だから新聞には出ない。こういう情報は、口コミで市民に伝わる」

「犯人は逮捕されるのだろうか」

「警察がこれだけ本格的に捜査しているから、必ず逮捕される」

「逮捕されたら、死刑になるのだろうか」

「殺人ではないので、死刑にはならないだろう。初犯でも懲役15年くらいになると思う。再犯だったら終身刑かもしれない。ハンガリーは、フォリントがほぼ自由化されているので、西側の物品を簡単に手に入れることができる。チェコスロバキアやソ連と比べると経済犯罪に対する取り締まりは緩い」

「緩いというよりも、行われていないんじゃないだろうか」

「大規模な収賄や高額な商品を横領して利益を得ているというような場合以外、摘発されない。外貨を持ってはいけないという法律はあるけれども、誰も守らないし、普通の市民が経済犯罪で摘発されることはまずない。しかし、レイプ、強盗、傷害などの犯罪に対する取り締まりは厳しい」

「それにしても、私服警官がジーンズをはいていたのはちょっと驚きだった」

「私服警官はだいたいジーンズをはいているよ。ブダペシュトの若者の半数以上がジーンズをはいていると思う。それがいちばん目立たない。さっきの警官は2人ともハンガリー製のジーンズだった。これがいちばん目立たない」

「でも目つきは鋭かった」

「それは仕事だから当然だよ。マサルだって目つきが鋭い。将来、警察官になるかもしれない」

「そういう仕事は嫌だ。前に手紙に書いたように中学校の英語教師になりたい。離島の小さな学校で、子どもたちに英語を教えたい。そうしたら、その中からハンガリーの中学生と文通する生徒が出てくるかもしれない」

「そして、夏休みにペンフレンドを訪ねて、ハンガリーに遊びに来る」

「いい話じゃないか。そうやって日本とハンガリーが友だちになる」

いつか僕は中学校の英語教師になる。そのとき僕の影響を受けて、社会制度や文化の違った国の人々と文通をする生徒が何人出てくるだろうか。大学を卒業するまでに7年ある。もしかすると1年、浪人するかもしれない。そうしたら8年後に、僕は伊豆諸島のどこかの島で、きっと英語を教えているだろう。その頃、日本とハンガリーはどうなっているのだろうか。多分、今とあまり変わらないと思う。社会主義国といっても、ポーランドとハンガリーは、豊かで自由だ。フィフィとも、日本の友だちと同じ感覚で付き合っている。ただ、僕の英語が下手だから、思っていることを半分くらいしか伝えることができない。しかし、フィフィとはずっと文通を続けているので、お互いに何を考えているかがよくわかる。僕が頭の中で、こんなことを考えていると、フィフィが暗い顔をして声をかけてきた。

「マサル、ちょっと言いにくいことがある」

「何だい」

「社会主義諸国の旗なんだけれど、マサルにプレゼントすることはできない」

「どうして。資本主義国の人間に国旗を売ってはいけないという規則でもあるのか」

「そうじゃない。自由に買うことができる。でも、値段がひどく高い」

「どれくらいするのか」

「セットで2000フォリント（2万8000円）する」

「セット？」

「ハンガリー、ソ連、ポーランド、東ドイツ、チェコスロバキア、ルーマニア、ブルガリア、ユーゴスラビア、アルバニア、中国、北朝鮮、モンゴル、ベトナム、キューバがセットになっている。バラ売りはできないということだ。両親から、値段が不当に高いので、別の土産を考えた方がいいと言われた」

「僕はプレゼントをねだっているんじゃない。日本では手に入らないお土産が欲しいんだ。社会主義諸国の旗は、まさにそういう土産だ。フィフィの家に泊まったんでホテル代が浮いた。2000フォリント払っても釣りがくる」

「でもこの旗は不当に値段が高い。多分、お客は政府や党で、値段なんか関係なしに買うのだと思う。こんなものを土産に買っても、金の無駄遣いだと思う」

「無駄遣いかどうかは、僕が判断する。とにかくその店に連れていってくれ」

「わかった。でも店に行って、品物をよく見てから、もう一度、考えてみた方がいい」

「わかった、そうする」と僕は答えた。

フィフィとバスを2回乗り換えて、旗の専門店に行った。大小さまざまな旗がある。ほとんどが、公共機関の旗竿につけるための大きな旗だ。一部、テーブルの上に置く小旗があるが、ハンガリー、西ドイツ、米国、英国、オーストリアの小旗しかない。ビジネスで代表団が来たときの需要があるようだ。フィフィが、店員に何か説明している。店員は、店の奥に入って、段ボールの箱を持ってきた。その中に社会主義諸国の旗が1セット入っている。店員は、旗を大きなテーブルの上に並べた。

ハンガリーの国旗は三色旗で単純だが、東ドイツ、ルーマニアの国旗は、旗の真ん中に複雑な国章がついている。この国章が、きれいな刺繍でつくられている。また、ソ連国旗のハンマーと鎌、中国の五星紅旗の星も刺繍だ。これは、つくるのに相当、手間のかかる手工芸品だ。2000フォリントでも決して高くない。

「きれいだ。見事な刺繍だと思わないか」と僕が尋ねた。

「そう思う。実物を見る前は、2000フォリントは高いと思っていたが、間違いだった。2000フォリントでは安いくらいだ」

「いいお土産になる」

「僕が両親に掛け合って、お金を出してもらう」

「いや、その必要はない。お土産用に十分な小遣いを母からもらっている。これはとてもいい土産になる。浦和高校の同級生にも自慢して見せることができる」と僕は言った。

16

小学校時代、運動会の万国旗を見て、国の名前を言いあてる遊びが流行していた。僕たちは、地図帳を見て、懸命になって世界の国旗を覚えた。万国旗には中東、アフリカ、中南米などの、日本人にはあまり馴染みのない国旗が交じっていることはあったが、ソ連以外の東欧社会主義国の旗を見たことはない。

「アルバニアの旗も売っているんだ」と僕が言った。

「一応、社会主義国だから。中国の旗だってある。仲間の振りをしておかなくてはならない」と言ってフィフィは笑った。

僕は店員に「包んでください」と言って、代金を支払った。店員は愛想良く応対してくれる。日本で読んだガイドブックでは、社会主義国はどこでも店員はサービス精神がなく、愛想が良くないと書いてあったが、ハンガリーでの経験はそれとまったく異なる。ガイドブックの内容を額面通りに受け止めてはいけないと思った。

「時間がない。昼は、カフェでいいか」とフィフィが尋ねた。

「あまりお腹が空いていない。抜いてもいいよ」と僕は答えた。

「いや、食事を抜くのはよくない。この近くに比較的おいしいカフェがあるので行こう」

「わかった」

包んでもらった旗は、僕のアタッシェケースには入らないので、フィフィの鞄に入れ、僕たちは店を出た。

カフェは、バスに乗って3停留所くらいのところにあった。カフェというから、日本の喫茶店のようなものと思っていたが、立ち食い食堂だ。行列について、食事と飲み物をとる。僕は、フィフィの勧めに従って、チーズとサラミ、トマトとパプリカ、それにグラーシュとパンをとった。フィフィはグラーシュではなく、ゆでたソーセージをとった。

「僕はビールを飲む。だからソーセージにした。マサルはビールは飲まないんだったよね」

「飲まない。前にも言ったけれど、日本では20歳未満の飲酒は禁止されている。法律の規定は守ることにしている」

「わかった。それで何を飲む」

「コカ・コーラだ」

「何か甘い物も食べよう」とフィフィが言った。

「何がおいしい」

「チョコレートケーキだ」

「それじゃ、それにする」

「飲み物はコーヒーでいいね。ホイップクリームは入れるか」

「たっぷり入れてくれ」

　トレー一杯に皿と瓶とカップが並んだ。

　ハンガリーのチーズとサラミは絶品だ。グラーシュにも牛肉がたっぷり入っている。ハンガリーの生活水準は、食や住居に関する限り、明らかに日本よりも高い。服が貧弱なので、写真に写ると貧しそうに見えるだけだ。

　チョコレートケーキは、少し硬い。たっぷりチョコレートを使っているからだ。それにホイップクリームが山盛りにしてある。ケーキというよりも、少し軟らかくて粉っぽいチョコレートにたくさんホイップクリームをかけて食べているような感覚だ。

「フィフィはいつもこんなチョコレートケーキを食べるの？」

「いつもじゃないけど、ときどき食べるよ。オーストリア＝ハンガリー帝国の時代からチョコレートケーキは自慢のメニューだ」

「ハンガリーは、菓子類も食事もおいしいよね」

「ハンガリー人は、食べることにエネルギーの大部分をかける。他に楽しみがないから」

「そんなことないだろう。家も立派だ」

「確かに僕の家は、19世紀に建ったときは立派だった。いまは多くの家族で分けている。それに中庭の噴水だって、ずっと壊れたままだ。戦前の方がずっときれいだった。もっとも戦前のように極端な貧富の差があった時代よりは、いまの方がずっといいと両親は言っている。特に父は、『医者は腕さえしっかりしていれば、どんな時代でも生き残っていくことができる』と考えている。母は、１９５６年のハンガリー動乱はほんとうに嫌だったけれど、その後、20年近くも戦争がないことを喜んでいる。予想できる近未来にハンガリーが戦争に巻きこまれることはない。オーストリアは永世中立国で、チェコスロバキアやユーゴスラビアとハンガリーが戦争をすることは、考えられない」

「ルーマニアは？」

「前にも言ったけれど、ルーマニアは、ほんとうに嫌な国だ。あそこで暮らしているハンガリー人は、差別されている。ハンガリーに移住したいと思っても認められない。しかし、ルーマニアとの領土問題を戦争で解決しようとするハンガリー人はいない。恐らく、ルーマニア人も僕たちと戦争をすることは、望んでいない。それにしても嫌だ」

「何が？」

「徴兵で軍隊に行くのがだ」

「古参兵に殴られるからか。僕の父は、日本軍で、教育期間だった最初の3カ月で数百回殴られたと言っていた」

「酷いな」

「当時は、殴る方が教育効果があがると考えられていた。まったく非科学的な教育法だけど」

「ハンガリーの軍隊は殴らない。しかし、意地悪な古参兵はどこにでもいるということだ。特に雪かきが初年兵に集中的に回ってくるという」

「それで、陸軍、海軍、空軍のいずれに勤務するんだ」

「ハンガリーの海軍について、アネクドート（小話）を聞いたことがあるか」

「どんな」

「ソ連との関係だ」

「聞いたことがない」

　フィフィが披露したのはこんな話だった。

　あるとき、モスクワを訪れたハンガリー政府代表団が「わが国にも海軍省は必要なので認めてくれ」とソ連政府に要請した。

ソ連政府高官は、首をかしげて「ハンガリーには海がないじゃないか。それなのになぜ海軍省が必要なんだ」

それに対してハンガリー政府代表団は、「ソ連にだって文化省があるじゃないか」と答えたというのだ。

ソ連には、ヨーロッパ文化がないというハンガリー人の心証を端的に示したアネクドートだ。

「そんな話を聞いて、ロシア人は怒らないのか」

「怒らない。なぜなら僕たちはロシア人がいるところでは、こういうアネクドートを話さないからだ。相手が不愉快になるような話をあえてする必要はない」

「ハンガリーにソ連からの旅行客はかなり来るのか」

「かなり来る。ただし、例外なく団体旅行で、みんな一緒に行動している。だからハンガリー人と触れる機会は少ない。ホテルも西側の人々とは別だ」

「いいホテルなのか」

「いや、二級のホテルが多い。ソ連人は外貨を持っていない。ループルで支払うことになる」

「そういえば、東ドイツの観光客とも会ったが、あの人たちは東ドイツ・マルクで支払うのか」

「フォリントは、社会主義国市民が持っている自国通貨との間では両替できる。しかし、ルーブルや東ドイツ・マルクを大量に入手しても、ハンガリー人が必要とする物が入手できるわけではない。だから、ホテルや観光会社は、資本主義国の観光客からドル、西ドイツ・マルク、オーストリア・シリング、スイス・フランを獲得するのに熱心だ。もっともソ連や他の社会主義国からの観光客に対してもていねいに対応している」

「どうして」

「ハンガリー人が観光に行く先は、ソ連、東ドイツ、ポーランド、チェコスロバキア、それにエキゾチックな旅を望むならキューバがあるからだ。お互いに数を決めて観光客を受け入れている」

「前にソ連旅行が人気があると言ってたよね」

「人気がある。エキゾチックだからだ。モスクワだって、ヨーロッパの都市じゃない。中央アジアやシベリアは別世界だ。さらに北朝鮮やモンゴルに足を延ばすこともできる」

「初めて知った。中国には行けないのか？」

「中ソ対立の煽りで行けない。中国についたアルバニアへの観光ツアーもない。それにしてもすぐ近くのオーストリアや西ドイツには行けない。不思議な感じがする」

「日本だって、すぐ隣の中国には、観光旅行で出かけることができない」

「日本人の旅行客を一切受け入れていないのか」

「社会主義中国を正しく理解しようとする人たちから構成された代表団しか受け入れていない。それに北朝鮮に観光で旅行する術はまったくない」

「ハンガリーからは、観光旅行で北朝鮮に出かけることはできる。もっともカネがかかるし、旅行中も行動が制約されて窮屈そうなので、希望者はあまりいないけどね」

「僕は北朝鮮には行きたいと思わないけれど、アルバニアには行ってみたい」

「どうして」

「アルバニアは世界で唯一の無宗教国家で、教会もモスクも一切閉鎖されてしまったという。そういう国を一度見てみたい」

「アルバニアは、恐ろしい独裁国家だ。教会がすべて閉鎖されている国家なんて、気味が悪いから見たくない。ハンガリーがアルバニアみたいにならなくて、ほんとうに良かったと思う」

これ以上、アルバニアの話をしてもフィフィが乗ってきそうにないので、話を切り替えた。

「午後は、本屋に行くんだったっけ」と僕が尋ねた。

「そうだよ。日本語を話す店員がいる。もっともどれくらい上手か、僕にはわからないので、マサルにチェックしてほしい」

「ヨーロッパ人にとって日本語は難しいからね。でも日本語を話すハンガリー人がいるというのは驚きだ。是非、話をしてみたい。遠いのか？」

「路面電車で20分くらいだ。ヨーゼフ大通りの僕の家からは徒歩数分だ」とフィフィは答えた。

カフェはセルフサービスだ。僕たちは、食べ終えた食器をトレーに載せて、食器返却コーナーに戻した。

本屋は、古い建物の1階にあった。かなり大きな本屋だ。10万冊は本がある。店内には、オレンジ色の電球が灯っているが、薄暗い。

フィフィに、本屋の中程にあるカウンターに案内された。フィフィがハンガリー語で何か言っている。30代半ばに見える店員が出てきた。

「日本からはいつ来られたのですか」と店員は僕に声をかけた。訛りもなく、文法的に正確な日本語だ。

「ブダペシュトには、先週着きました」

「ずいぶん長い滞在ですね。観光ですか」

「ここにいるペンフレンドのスジゲトバリ・フェレンス君を訪ねてきました。しかし、最初の数日間は、フェレンス君一家がユーゴスラビアに旅行していたので、ホテルに泊まっていました」

「市内でよくホテルがとれましたね。今の時期は、かなり前に予約をしていないと外国人が宿泊するホテルはとれません」

「イブス（ハンガリー国営旅行社）の本社に行って、マルギット島のモーテルを紹介してもらいました」

「マルギット島のモーテルですか。だいぶ高かったんじゃないでしょうか」

「そうでもないです。ホテルの従業員や、マルギット島で知り合った人たちに親切にしてもらったので、楽しかったです」

「一般論として言えば、ハンガリー人は外国人に対して親切です。もっとも私たちが好感を持てない外国人もいます」

そう言って、書店員は黙った。この書店員は、敬語も正確に使う。日本に留学したことがあるのだろうか。

「あなたは日本に留学したことがありますか」と僕は尋ねた。書店員は、首を横に振った。

「日本語学習を目的に、日本に留学することは、まず不可能です」

「日本との交換留学制度はないのですか」

「ありますが、毎年1人で、理学、工学を専攻する人が優先されます。日本語を勉強するには、モスクワ国立大学に留学するのがいちばんいいとされています」

「モスクワ？」

「そうです。ソ連で日本語を勉強します。確かに日本語教育の水準は高いです。しかし、私はソ連で勉強したいとは思いません」

「どうしてですか」

「理由は簡単です。私はソ連が嫌いだからです」

「そんなことを公言していいのですか」

「ここで日本語をわかるのは、あなたと私だけです。ですから、心配せずに何でも自由に話すことができます」

書店員は、僕のアタッシェケースを見つめている。

「佐藤さんは、どうしてキリル文字で氏名を書いているんですか」

確かに僕は、黒いアタッシェケースの片面に白マジックでMASARU SATO, JAPAN、反対面に（マサル・サトウ、日本）とキリル文字（ロシア文字）で書いている。

「これからソ連に行きます。だから書いておきました」

「ロシア人もラテン文字を読むことができます。ハンガリーだけでなく、チェコスロバキア、ポーランド、ルーマニアでもキリル文字は占領のシンボルなので、皆嫌っています。楽しい旅行をするためにもアタッシェケースのキリル文字は消しておいた方がいいと思います」

「わかりました。帰ってから消します」

フィフィの家に戻ってから、ベンジンでアタッシェケースとスーツケースに書いてあるのを消したが、その後の、色があせた部分にくっきり文字が残ったので、結局、僕はこのキリル文字の名前をつけながら旅行することになる。もっともソ連では、このキリル文字が気に入られたので、もう一度、白マジックでなぞることになった。

「ハンガリー人は、ロシア人が嫌いなのでしょうか」

「嫌いです」と書店員ははっきり答えた。そして、僕に尋ねた。

「ブダペシュトの街角や、マルギット島でロシア人を見ましたか?」

「東ドイツ人やポーランド人、それからオーストリア人や西ドイツ人はいましたが、ロシア人は一人も目にしませんでした」

「そうでしょう。ハンガリーとソ連の関係が、ほんとうに友好的ならば、ブダペシュトの街角のあちこちにロシア人がいるはずです」

「1956年のハンガリー動乱後、ハンガリー人のソ連に対する感情が悪化したのですか」

「1956年はわれわれにとって決定的でした。しかし、第一次世界大戦でも第二次世界大戦でもハンガリーはロシア（ソ連）と戦っている。特に第二次世界大戦末期のハンガリーでの戦闘は激烈でした。ポーランドとチェコスロバキアは、連合国側に組み入れられていたので、占領後のソ連軍の立ち居振る舞いにも一応、抑制がきいていた。それに対して、ハンガリーは、ドイツと同じ敵国だったので、ひどい目に遭わされました。もちろんこういう経験を踏まえて、もう二度と戦争をしたくないという気持ちがハンガリー人には強いですけどね」

この書店員はとても頭が良い。語学の才能もあるようだ。しかし、共産主義体制をとても嫌っている。フィフィの家族は、社会主義体制にもいいところがあると言っていたが、この書店員は違う考えを持っているようだ。こういう人が社会主義国にいることに僕は驚いた。

僕たちが話をしているところに訪れた、50歳くらいの上品なスーツを着た人が、書店員とハンガリー語で話をしはじめた。書店員は、引き出しから2〜3冊本を出してこの人に渡した。

書店員が僕に「この人に日本語で自己紹介をするといいです。ブダペシュト大学の日本語の先生です」と言った。

僕は、自己紹介をした。先方は、たどたどしい日本語で、「ようこそハンガリーに来ました。楽しみなさい」と言って、そそくさと立ち去っていった。

「大学の日本語教師の会話力はあの程度のものです。ただし、日本語の読み書き能力は高いです」と書店員は言った。

フィフィが書店員にハンガリー語で早口で言った。フィフィが僕の方を向いて、「あんな日本語の試験みたいなことをしたら可哀想だ」と言った。

書店員が流暢な日本語で、僕に「普段だったら、私もああいう失礼なことはしません。しかし、私たちが日本語で話している内容をあの人には聞かれたくなかった。あの人は日本語を聴き取る能力はかなり高いです。そういう人がそばにいると話ができない」と説明した。

「あなたとの話の内容をここにいるハンガリー人の友人とその家族にすることは構いませんか」と僕は、慎重にフィフィという単語を避けて、書店員に尋ねた。

「大丈夫です。フィフィはあなたの友人でしょう。友人には何を話しても大丈夫です」

「どこでこんなに上手な日本語を学んだのですか」

「夜間学校です」

「夜間学校？」

「私は大学教育を受けていません。専門学校を卒業して本屋で働いています。残業はまったくないので、午後5時以降は、好きなことができます。ブダペシュトには、外国語、絵画、哲学、文学などのさまざまな夜間学校があります。そこで教えられていることの水準はかなり高いです」

「あなたの日本語力を見ると、教育水準がいかに高いかがわかります」

「お世辞に感謝します。さて、この店に来られたのは、何か本に関心があるからですか、それとも日本語を話す珍しい書店員がいるから来たのですか」

「両方です。第二次世界大戦に関するアルバムとハンガリー語の学習参考書に関心があります」

「残念ですが、第二次世界大戦のアルバムは、この本屋にはありません。歴史と軍事の本を中心に扱っている本屋の住所をフィフィに伝えておくので、後でその店を訪ねてみるといいでしょう」

「わかりました。ハンガリー語を勉強するには、どの本がいいでしょうか？」

「日本人は大学書林の『ハンガリー語四週間』(旧版) を標準的なテキストにしていますが、あの本の文法や表現は、ハプスブルク時代のハンガリー語に基づいています」

「ハプスブルク時代？」

「そうです。19世紀のハンガリー語です。江戸末期から明治初期くらいの日本語教科書を用いて外国人が日本語を勉強するようなものです。もちろん新聞や本を読むことはできます。

しかし、作文の場合、スタイルがだいぶ変化している。会話になると、あの教科書の内容で話すと滑稽です。外国人が100年前のハンガリー語を話しているのですから」

「あの教科書は使わない方がいいということですか」

「そう思います。入門にどのような教科書を使うかは、外国語を習得する場合に決定的に重要になります」

「どの本で勉強したらいいでしょうか」

「あなたは英語以外にどの外国語を理解しますか」

「英語もろくにできません」

「入門書は、英語、ドイツ語、ロシア語で、ほぼ同じレベルのものがあります。問題は辞書です。ハンガリー・英辞典、英・ハンガリー辞典がありますが、アカデミックな観点から満足なものではない。ドイツ語は、中級レベルの参考書、文法書が充実しています。辞書もしっかりしている。ただし、現代ハンガリー語を外国語経由で勉強するのならば、ロシア語の教科書、参考書、文法書、辞書が優れています。特に新語や新しい表現がロシア語の辞書には盛り込まれている。日本でハンガリー語を学ぶ場合、独習が基本となるでしょうから、ロシア語経由でハンガリー語を勉強することをお勧めします」

「ハンガリー人はロシアが嫌いじゃないんですか」

「ソ連を好きな人はいないと思います。ロシアとなると別です。ロシアが嫌いな人もいれば、好きな人もいます。フィフィのお姉さんは大学でロシア文学を専攻しました。ロシア文学を愛しています」

書店員は早口で同じ内容をハンガリー語でフィフィに伝えたようだ。フィフィは、大きくうなずいた。

その後、フィフィが書店員にハンガリー語で何か説明した。かなり深刻な面持ちだ。何の話をしているのだろうか。

書店員が僕の方を振り向いて言った。

「1956年の事件について、ハンガリーでもいろいろな本が出ていますが、読むに値するものはほとんどありません。直接、ハンガリーのインテリたちから話を聞くといいでしょう。来週もブダペシュトにいますか」

「いいえルーマニア経由でソ連に入ります」

「次にハンガリーに来る予定がありますか」

「いつか来たいと思っていますが、具体的な予定はありません」

「そうですか。残念です。あなたはハニセツコさんを知っていますか」

「いいえ、知りません」

「日本で大学の先生をしています。ハニセツコさんを訪ねれば、1956年の事件について、正確な話を聞くことができます」

「わかりました。機会があれば訪ねてみます」

もっとも僕が日本に帰ってから羽仁説子さんを訪ねることはなかった。

「とりあえず、英語で書かれたハンガリー語教科書と英・ハンガリー辞典、ハンガリー・英辞典を買いますか。かなり重くなるので、郵便で送るといいです」

「航空便ですか」

「船便になります。6カ月で日本に着くと思います」

「郵便料金と本代を合計するといくらになるでしょうか」

書店員は、秤で教科書と辞典の重さを量った。それから郵便料金表で値段をチェックした。1000フォリント(1万4000円)を超えていた。

「それならばこちらで買うのは見合わせます。東京にソ連、東欧の書籍を輸入販売しているナウカ、日ソ図書という書店があります。両方の本屋で、この教科書と辞典を見たことがあります。全部で、700フォリント(9800円)くらいで買えます。6カ月、待つ必要もありません」

「それならその方がいいです」と書店員は答えた。商売っ気はないようだ。

「この店を訪れた記念に、ハンガリー・英／英・ハンガリーのポケット辞典を買いたいです」

「ポケット辞典には、単語しか収録されていません。例文がまったくないので、初学者の学習には適していません」

「それでも構いません」

「わかりました」と言って、書店員は棚から辞書を1冊取り出して、僕に見せた。フィフィが「いいお土産になる」と言った。

「代金を払います」と言って100フォリントを渡すと、コインでお釣りが来た。

17

「ハンガリー語の教科書と文法書は持っていますか」と書店員が尋ねた。

「持っていません。ただし、この前、東京のナウカ書店を訪れたら、教科書や文法書が数冊ありました。ここに並んでいる本も見た記憶があります。値段もそれほど高くありませんでした」

「それならば東京で買うことを勧めます。教科書には、教授者を想定したものと自習書があります。自習書を買うことをお勧めします」

「わかりました」と僕は答えたが、ハンガリー語を勉強するつもりはまったくない。フィフィは英語を上手に話すし、マルガリータもロシア語に堪能だ。僕が英語とロシア語をマスターすれば、ハンガリー人とコミュニケーションを取る際に、支障は生じないであろう。ハンガリー語学習の話は、この辺で切り上げて、日本語が堪能なこの書店員から、いろいろな情報を得ようと思った。フィフィは僕が尋ねたことについては、正直に答えてくれる。しかし、2人とも英語力に限界があるので込み入った話ができない。また、細かいニュアンスがうまく伝わっていないと思う。この書店員は、周囲の人々が理解できない日本語でならば、一切遠慮せずに話すようだ。

「少し聞きにくいことを聞いてもいいですか」

「何なりと。日本語で話しているならば、誰もわかりません」

「ハンガリー人の大部分は社会主義体制を支持しているのでしょうか」

「難しい問題ですね。支持するとか、支持しないとかいう選択の問題ではありません。社会主義はハンガリー人にとって与件です。だからどういう社会主義が可能かということを考えます」

「どういう社会主義？」

「そうです。１９５６年のハンガリー動乱は、事実上の内戦だった。あの事件で私たちはソ連の強大な軍事力を肌で感じました。ソ連には、ハンガリー人を滅亡させるくらいの力があります。だから、そういうソ連について知るために、ハンガリーの知識人でロシア語を一生懸命勉強する人は意外と多いです」

「嫌いな国の言語だから勉強したくないという気持ちにならないのですか」

「そういう域を超えた問題です。日本人は、アメリカに好感を持っていますか」

「好感というよりも憧れと表現した方がいいと思います。もちろん一部にアメリカは帝国主義国だといって厳しく批判する人もいます」

「日本人は英語をよく勉強しますか」

「英語は中学1年生からの必修科目になっています。小学5～6年生になるとそろそろ英語が不安になって親が塾に通わせることも多い。日本人の大多数が高校に進学するので、ほとんどの人が6年間、英語を勉強します。それでもほとんど話せない。大学を卒業しても英字新聞を読めない、英会話ができない人はたくさんいます」

「第二次世界大戦まで、ハンガリー人は生活していくためにドイツ語の知識が不可欠でした。戦前に教育を受けた人はハンガリー語とドイツ語のバイリンガルです。戦後、ドイツ語は必要なくなりました。ドイツ語の代わりにロシア語が必修科目になった。小学生からロシア語を勉強します。しかし、日常生活で用いる機会がないので、かつてのドイツ語のようには定着していない。１９５６年にソ連軍が入ってくるまで、ソ連を嫌う人とソ連に好感を抱く国民の比率は半々でした。しかし、ハンガリー動乱で国民の圧倒的多数がソ連を嫌いになった。そうなると知識人は、ロシア語やソ連事情について一生懸命に勉強するようになりました」

「どうしてですか」

「ハンガリーが生き残るために、ソ連との関係が死活的に重要だからです」

生き残るために外国語の勉強をしなくてはならない状況があるということだ。好奇心でしか外国語の勉強について考えていなかった僕には、書店員の話はとても衝撃的だった。

「日本で読んだ東ヨーロッパの紀行文には、ロシア語を話すと嫌われるということが書いてありましたが、僕が会話帳を見ながらたどたどしいロシア語で質問しても、チェコスロバキアでもポーランド、ハンガリーでも、みんな丁寧に答えてくれました」と言うと、書店員は笑いながら「言葉には罪はありません。ソ連の政策に問題があるのです。ロシア語を嫌っているわけではありません」と答えた。

「日本では、社会主義国は貧しいと聞いていました。しかし、ポーランドでもハンガリーでも生活水準は高い。特にハンガリーは、住宅、食事、公共交通機関のいずれを取っても日本よりもレベルが高いと思います」

「しかし、電化製品や乗用車のレベルは低いでしょう」

「確かにカラーテレビ、洗濯機、冷蔵庫、電子レンジなどの電化製品は、日本と比べて見劣りがします。乗用車については、フィフィの家には自家用車がありますが、わが家にはありません。父も母も自動車免許を取る気がないようです。自家用車があるだけフィフィの家の方が豊かだと思います」

「ハンガリー人でも自家用車を持っている人は少数派です。フィフィのお父さんは有名な内科医なので、確かに経済的には恵まれている。毎年、家族で海外旅行をしています」

日本語で話していても、フィフィという固有名詞はわかるので、フィフィが英語で僕に「何を話しているんだ」と尋ねる。僕は、「別に悪口は言っていない」と答え、日本語で話を続けた。

「グラーシュ社会主義という言葉を聞いたことがありますか」と書店員が尋ねた。

「グラーシュとは、ビーフシチューのことですね。パプリカがたくさん入っている」

「そうです」

「マルギット島のレストランで食べました。おいしかったです」

「カーダール（労働党第一書記）は、グラーシュを毎日、食べられるようにするのが社会主義の目標だと言っています。要するに政治には関心を持たず、一生懸命に働けば、国民の生活水準を上げることを約束しています。その約束は確かに果たされています」

「しかし、それで国民は満足しているのですか」

「満足したふりをしています」

「どういうことですか」

「ハンガリー人は誇り高き民族です。言語も周囲と異なります。チェコ語、セルボ＝クロアチア語などのスラブ語もラテン系のルーマニア語もインド＝ヨーロッパ語族に属します。しかし、ハンガリー語はまったく別の系統に属する。私たちは、日本人と同じアジア起源かもしれません。だから、ハンガリー人は自らの歴史を一生懸命勉強します。学校では、共産主義的な歴史が教えられますが、家庭では別の歴史が伝えられる。そのうちハンガリー人も自分がほんとうに考えていることを自由に表現できるようになる日が来ると私は信じています」

「しかし、フィフィの家族にしても、あなたにしてもすでに自由に発言している」

「それは個人的な発言だから自由にできるのです。しかし、新聞や本で自分の思っていることを書くことはできない」

「検閲があるのですか」

「あります。ソ連やチェコスロバキアと比べると、ハンガリーの検閲はずっと緩いです。しかし、ソ連を批判することはできない」

「手紙の検閲はありますか」

「現在はほとんどありません。フィフィだってあなたに自分が思っていることを自由に書けます。もっとも政府からマークされている人物については厳しく検閲が行われています。カーダールは、ソ連当局が許す範囲で、最大限にハンガリー人の自由を保障しようとしています。国民もそのことをよくわかっている」

「カーダールは国民から支持されているということですか」

「ポーランド、東ドイツ、チェコスロバキア、ルーマニアと比較すれば、ハンガリー国民は政府に好感を持っています。しかし、それは諦めの気持ちがあるからです。あなたは、将来、ハンガリーの専門家になることを考えていますか」

「いや、将来、何になるかについて真剣に考えたことはありません」

「是非、ハンガリーに留学するといい。ハンガリー語が少し話せるようになれば、友だちがたくさんできます。ハンガリーのことをよくわかってくれる日本人が1人でも増えればいいと私は思っています」

　こんな話をしばらくしてから、僕とフィフィは店を出た。本屋でだいぶ時間をつぶしたようだ。時計を見ると午後4時を回っている。

「博物館や美術館はもうすぐ閉まる。映画を見に行くか。それとも家に帰ろうか」とフィフィが尋ねた。

「映画は何をやっているのか」

「日ソ合作映画をやっている」

「何ていうタイトルだ」

「『モスクワわが愛』だ」

「栗原小巻が出ている映画か」

「その人の名前は知らない」

「確か栗原小巻がモスクワのボリショイ劇場に留学するバレリーナの役で出ている」

「コマキというのは有名な女優なのか」

「とても有名だ」

「マサルはこの映画を見たのか」

「父と一緒に見た」

「いつ」

「去年の夏だ。かなり話題になった映画だ」

「同じ映画を二度見るのは退屈だろう。それじゃ、映画を見ずに家に帰ろう」

「いや、映画を見に行こう。あの映画には、東京や広島が出てくる」

「わかった。次の上映時間を調べてくる」

そう言って、フィフィは近所の公衆電話からどこかに電話をした。

「マサル、次の上映開始時刻には間に合わない」

「途中から入ることはできないのか」

フィフィは僕が言っていることの意味がわからないようで、きょとんとしている。

「日本では、上映の途中で映画館に入ることができるのか」

「もちろんできる。途中から映画を見て、次の上映で残りを見ればいい」

「それじゃストーリーが混乱するじゃないか」

「別に混乱しない。後で頭の中で再整理すればいい」

「僕にはそういう器用なことはできない。ハンガリーでは映画館はすべて入れ替え制だ」

上映中に映画館に入ることなど考えられないという顔をフィフィがしている。

「それじゃ、明日の夕方、『モスクワわが愛』を見に行くことにしよう。一旦、家に帰って、旗と本を置いてくることにしよう」と僕が言った。フィフィもうなずいた。

家に帰るとフィフィのお母さんが、洗濯物にアイロンをかけていた。僕の下着にもていねいにアイロンをかけている。お母さんがフィフィにハンガリー語で話しかけた。フィフィが僕に英語で、「今日は何をしていたかと母が聞いている。マサルがブダペシュトの生活を楽しんでいるか気にしている。母に感想を話してくれ」と言った。僕は、社会主義諸国の立派な旗を買うことができて、満足したことと、日本語を話す書店員とのやりとりが面白かったと言った。フィフィが英語からハンガリー語に訳す。

「母は書店員とどういう話をしたかについてもっと知りたがっている。詳しく説明してあげてくれ」とフィフィが言った。僕は書店員とのやりとりをできるだけ詳細に思い出して英語で説明した。ときどき単語が出てこないので、和英辞典を引きながら話をするので時間がかかる。フィフィがそれをハンガリー語に訳す。フィフィのお母さんに説明するのに2時間くらいかかった。お母さんは、「とてもいい話ができてよかった。私たちはフィフィに日本人の友だちができたことをとっても嬉しく思っている」と言った。お母さんはあまり詳しい説明はしなかったが、書店員と同じことを考えているようだ。

その後、お母さんとフィフィはハンガリー語で早口で話をした。

「マサル、キューバ料理は苦手か」

「キューバ料理？　食べたことがないので、何とも言えない」

「この近くに『ハバナ』という有名なキューバ・レストランがある。キューバ料理は米を使うので、マサルの口にあうんじゃないかと母が言っている」

「是非、試してみたい。でも高級レストランだとジーンズとTシャツじゃ入れてくれないだろう」

「ジャケットを着ていった方がいい」

「ジャケットは持ってこなかった」

「確かスーツケースの中にジャケットが入っていた」

「あれはジャケットじゃなくて高校の制服だ」

「それでいい。その服を着ていけば大丈夫だ」

　東京で、YSトラベルの舟津さんに「ソ連や東欧のレストランは、服装はうるさくないから、ジャケットを持っていく必要はないわ。ただし、ネクタイは1本持っていった方が無難かもしれない」と言われた。僕は「ネクタイをするのは面倒だ」と言うと、舟津さんは「それならば学生服を持っていくといいわ。学生服は背広と同じ扱いなので、ネクタイの着用が必要とされる場所にも入れるわよ。それに8月だとモスクワはかなり寒くなることがあるので、学生服を持っていくと便利よ」と助言してくれた。この助言に従ってよかったと思った。

　レストラン「ハバナ」はヨーゼフ大通り沿いにあった。フィフィの家からは5分もかからなかった。家族全員で行くのかと思ったら、お母さんは「フィフィとマサルの2人だけで行きなさい」と言う。お母さんは財布から100フォリント札を数枚、フィフィに渡していた。かなり値段の高いレストランなのだろう。

レストランに入るとタキシードに蝶ネクタイのフロアマネージャーがテーブルに案内してくれた。テーブルの上にはロウソクが立っている。僕たちが座るとタキシード姿のウエイターがやってきてロウソクにマッチで火を点けた。これは確かにかなり高そうなレストランだ。

フィフィがウエイターにハンガリー語で何か言った。ウエイターはメニューを2つ持ってきた。僕の方のメニューには値段が書いていない。

ウエイターに飲み物は何がいいかと尋ねられたので、僕は「コーラ」、フィフィは「ビール」と答えた。

メニューを見ても何が何だかよくわからない。

「フィフィ、何を注文したらいいんだろう」

「僕もこのレストランは初めてなんで、よくわからない」とフィフィが答えた。

「ウエイターに聞いてみるのがいいだろう。最初は何かおいしいスープを飲みたい。その後は、キューーバの名物料理がいい。付け合わせは米にしてほしい」

フィフィは、ハンガリー語でウエイターとメニューを見ながら話をしている。

「メインは豚肉がいいか、それとも鶏肉にするか」

「豚肉がいい」

「蒸した米にするか、バターライスがいいか」

「バターライスがいい」

「それじゃ、僕も同じものを注文する」とフィフィが言った。

豆のスープに豚肉の煮込みを頼んだとのことだ。

「フィフィは、友だちとレストランに行くことがあるか」

「いつもは両親か親戚の大人と一緒だ。子どもだけでレストランで食事をするのは、実は今回が初めてだ」

「今日、キューバレストランで夕食をすることは、前から決まっていたんじゃないのか」

「いや、そういう話はなかった。母が突然『今晩はレストランでマサルと2人で食事をするといい』と言い出した。僕たちを子ども扱いしないということだと思う」

「それは嬉しい。お母さんは、お金をずいぶんたくさんフィフィに預けていたようだけど、このレストランは高いんじゃないだろうか」

「メニューを見たけれど、それほど高くない。母から預かった金の半分以上は戻すことになると思う。きっとマルギット島のレストランと同じくらいの値段だと思う」

「家族でよくレストランに行くのか」

「月に2~3回は行く。父も母も着飾って家族で食事をするのが好きだ。マサルも日本では家族でレストランに行くことが多いか」

「僕が小学生の頃は、月に1回はレストランで食事をしていた。父が母と結婚するときに『月に一度はテーブルクロスのかかったきちんとしたレストランで食事をする』と約束したので、その約束を守っていた」

「どんな料理を食べるのか」

「いろいろだけど、中華料理が多い」

「昔はブダペシュトにも中華レストランがあったという話だ。しかし、ハンガリーと中国の関係が悪くなって、閉店したということだ」

「いつ頃のことか」

「ずっと昔のことだ。少なくとも僕たちの家族は中華レストランに行ったことはない。中華料理と日本料理はだいぶ違うのか」

「かなり違う。前に手紙に書いたけれど、日本料理では、刺身や鮨など生魚を使うことが多いけれど、中華料理は炒め物が多い。ただ、僕の母は沖縄出身なので、中華料理に近い食事を作る」

「例えば、どんな料理?」

「日本語では、ギョウザと言うんだけれど、ラビオリみたいな料理だ」

「ラビオリなら知っている。ときどき母が作ってくれる。日本がなつかしくならないか」

「まだなつかしいと思うほど長期間、日本を離れていない。もっともこの前、電話で妹と話をしたときはなつかしくなった。これからソ連に行くが、旅行中、病気や事故に遭わずに無事日本に戻ることができるかどうか、ちょっと心配だ」

「セーターや長袖のシャツは持っていないのか」

「長袖はこの学生服とワイシャツが2枚あるだけだ」

「バラトン湖でも少し寒かったんじゃないか」

「確かに寒かった」

「ルーマニアやソ連はハンガリーよりも寒い。ブダペシュトでも夜は気温が15度くらいまで下がる。モスクワはブダペシュトよりも5度は気温が低い」

「東京だと昼は30度を超えるし、夜でも25度くらいある」

「ハンガリーだとセーターを着ないと風邪を引く。僕のセーターを持っていけばいい」

「サイズが大きくて合わないと思う」

「何もないよりは、その方がいい」

確かにフィフィの家からこのレストランに来るときも肌寒く感じた。学生服を着ているから何とかなったが、昼のようにTシャツ1枚だったら風邪を引いたかもしれない。日本と違ってヨーロッパでは日が沈むと急に冷え込むようだ。フィフィの厚意に甘えることにした。

「ありがとう。それじゃ、フィフィのセーターを1着わけてもらう」

「ところで、その学生服のボタンには何のマークが書いてあるのか」

銀杏の葉の上に「浦高」と学校名が書いてある。銀杏を英語でどう表現したらいいかわからないので、アタッシェケースから和英辞典を取り出して引いてみた。ginkgoと出ている。フィフィに伝えるが首をかしげている。maidenhair treeという訳語が出ているので、それを伝えたが、「わからない」と言う。僕は銀杏の葉の絵を描いて、「秋になると葉の色が緑から黄色に変わる。ポプラよりも大きな木だ」と伝えた。

「日本にしかない木か」とフィフィが尋ねた。

「いや、中国にもある。東アジアではそれほど珍しくない木だ。この葉が僕たちの学校のシンボルマークになっている」

「どういう意味があるのか」

「特に考えてみたことはない。銀杏の葉をシンボルにしている学校はときどきある。それから東京都のシンボルが銀杏の葉だ」

「日本のシンボルのような木か」

「日本のシンボルというと桜だ。多分、銀杏は大きくなるし、樹齢が700～800年になるものもあるので、出世や長生きの意味があるのだと思う。ハンガリーの高校には制服があるのか」

「ある。ソ連の学校と似た紺色の制服だ。学校を卒業してようやく制服を着ないでいいと思ったら、今度は軍隊で制服を着なくてはならない。軍隊には行きたくない。日本は徴兵制がないので羨ましいよ」

「その話は前にも聞いた。軍隊に行くのが余程嫌なようだね」

「嫌だ。毎日、駆け足を強制されるような生活はしたくない。しかし、文句を言っても始まらない。我慢するしかない」

ウエイターが豆のスープを持ってきた。以前、母が「メキシコ料理だ」と言って作ってくれた豆のスープに味が似ていた。

ウエイターはスープと一緒にロールパンも持ってきた。

「米を頼んだのにパンを持ってくるのか」

「スープには必ずパンがついてくるよ。バターライスは、豚肉料理の付け合わせについてくる」

スープをスプーンで口に入れた。うずら豆を少し小さくしたような豆が入っている。

「おいしいね。母が似たスープを日本で作ってくれたことがある。確か沖縄の親戚が小包で送ってきたアメリカ製の豆の缶詰を使っていた」

「僕は初めて食べる味だ。パプリカがよくきいている」

「確かに。母はパプリカではなく胡椒を使っていた」

スープを飲み終わるとすぐにウエイターがメインディッシュを持ってきた。一度焼いた豚肉をソースで煮込んだ料理だ。マッシュポテトとゆでた人参が付け合わせになっている。バターライスは別の皿に大盛りにされている。炊いた米にバターを混ぜているのではなく、蒸した米をバターで炒めたようだ。香ばしい。それに少し焦げたところがある。塩と胡椒で味を付けているが、ニンニクも入っているようだ。ステーキハウスのガーリックライスに似ている。豚肉の料理もバターライスもおいしい。

「フィフィ、これは確かに日本人の口に合う料理だ」

「母さんの見立てが正しかったわけだ。『きっとマサルに喜んでもらえるはずだ』と言っていた」

「親戚でもない僕に、こんなによくしてもらって、恐縮している」

「僕たちの家族にとってマサルは親戚のようなものだ」

「しかし、資本主義国の人間と親しくしているとトラブルに巻き込まれるんじゃないかと心配にならないのだろうか」

「その辺は、何が許されることで、何が許されないことなのか、両親はよくわかっている。両親はマサルを通じて僕に世界は広いということを伝えようと考えている。マサルから来る手紙を両親も楽しみにしている」

「僕の両親もそうだ。今回、僕をハンガリーやソ連に送り出したのも、両親たちが若い頃は外国に行く機会がなかったから、僕には若いうちに日本と文化や社会体制の違う国を見せて、僕の視野を広げようとしている」

「それじゃ僕たちの両親は似たようなことを考えているわけだ」とフィフィは言った。

18

僕の両親と、フィフィの両親が顔を合わせることは、恐らく一度もないだろう。今回、僕の両親はだいぶ無理をして旅行費用を作ってくれた。次に、僕が外国に出るのは、きっと大学生になってからだ。今度はアルバイトで金を稼いで自力で海外旅行をする。そのときに、もう一度、今回の旅行で訪れた場所を訪ねてみたい。ただし、西ドイツとチェコスロバキアは飛ばすことにしよう。西ドイツ人は意地悪で、チェコ人はとても暗い感じがした。スイス、ポーランドは、地元の人たちも親切だし、観光名所もたくさんある。しかし、どこよりも素晴らしいのがこのブダペシュトだ。確かに僕もフィフィも、英語を母国語のように話すことはできない。しかし、言いたいことは、政治や歴史や文化に関することでも、きちんと伝えることができる。フィフィとは中学1年生の時から文通していたが、手紙に書いている内容と本人の人柄がぴったり一致する。

「ブダペシュトの国際文通紹介センターに、マサルから人を紹介してほしいという手紙が来た。マサルはどうして国際文通に関心を持ったのか」とフィフィが尋ねた。

「それは、母の影響が大きい」と僕は答えた。そして、母がドイツ人と文通していた話をした。

僕の母は、昔、ドイツ人と文通していたことがあるという。1952年に母は父に連れられて沖縄から本土に出てきた。船は神戸港に着いた。米軍の嘉手納基地で働く契約期間が満了したので、父は東京で新しい仕事を探すことにした。そこで、母は、兵庫県尼崎市にいる兄の所に身を寄せた。もっとも兄は沖縄県人会の仕事であわただしくしており、寄宿しても迷惑をかけるだけなので、母は神戸に職を見つけ、下宿した。神戸には、アメリカ人、イギリス人以外にも、ソ連から亡命したいわゆる白系ロシア人も住んでいた。母は白系ロシア人のパン屋で買う黒パン、ロシアケーキ（クッキー）がとても気に入った。このロシア人のパン屋だけでなく、神戸のパンやコーヒーは水準が高い。沖縄で慣れたアメリカ流のインスタントコーヒーとは違う豆を碾いたコーヒーに母は魅了された。朝食は喫茶店でコーヒーとトースト、日曜日も喫茶店で半日くらい本を読んで気分転換をするようになった。喫茶店には外国人もよくやってくる。あるときアメリカ人とは違うアクセントの英語を話す白人青年と知り合った。ドイツ人ということだった。どうしてこのドイツ人が日本にいたかについて、母は僕に話さなかったが、近く船で母国に帰ると言っていた。このドイツ人は、アメリカ人を嫌っていて、「何で日本人はアメリカ人にあんなにぺこぺこするんだ」と腹を立てていた。青年が西ドイツに帰る前に、母はこの青年と住所を交換した。しばらくして、青年から手紙が来て、母は英語で文通をするようになった。

　東京で職探しをしていた父はこの話を聞いて、最初は「英語の練習になるからいいじゃないか」と言っていたが、だんだんやきもちを焼くようになった。幸い、東京の都市銀行に父は就職することができた。そこで東京に母を呼び寄せて、正式に籍を入れることになった。母は、ドイツ人の青年に「結婚することになったので、文通は止めることにしたい」という手紙を書いた。ドイツ人の青年から、「了解した。ドイツは暮らしにくいので、南アフリカ共和国に移住することにした」という返事が来た。それからしばらくして、この青年に母の住所を聞いたというドイツの老婦人から、「日本に関心があるので、よかったら文通したい」という手紙が来た。母が相談すると、父は「男じゃなければいいよ」と答えた。

老婦人は戦争で夫と子どもを亡くし、親戚の家に寄宿していた。戦前のドイツの様子、国土が戦場になって逃げ回った話などを書いてきた。この老婦人の話は、母を元気づけた。沖縄戦と同じような辛い思いを多くのドイツ人もしている。日本から沖縄が切り離されたように、ドイツからソ連軍によって占領された東部が切り離されてしまった。ドイツは急速にアメリカ化しているが、それに反発を覚えるドイツ人もかなりいるということだ。しかし、敗戦国なので、大きな声で文句を言うことはできない。敗戦国である日本の人ならば、気持ちが通じると思って、この老婦人は母に手紙を書き続けた。

母は、ドイツにいつも航空便で手紙を送った。しかし、ドイツから来る手紙はすべて船便だった。航空便だと1週間で届くが、船便だと2カ月かかる。母から老婦人に船便を使う理由を問い質したことはないが、ドイツ人は節約家で、急ぐやりとりでないので、あえて航空便にしてお金を無駄にすることを避けているのだと考えた。

「その文通はいつまで続いたんだ」とフィフィが尋ねた。

「僕が生まれるまでだ。母が僕が生まれたことを伝える手紙を書くと、それから3カ月してお祝いの手紙と、手編みの赤ちゃん用の靴下が届いた。母はその靴下を僕には穿かせずにっと記念にとってある」

「それを最後に手紙が来なくなったのか」

「そうだ。母は、それから3回手紙を出したが、返信はなかったということだ」

「どうしてなんだろう」

「母は『きっと戦争で死んだ子どものことを思い出すのが辛かったのだろう』と言っていた。母も子育てに忙殺されるようになったので、国際文通どころじゃなくなった。ただ、母は国際文通はとてもよい勉強になると言っていた。父も、『俺もママくらい英語ができれば国際文通をしたんだけれど』といつも残念がっていた。僕には『国際文通を通じて視野を広げろ』といつも言っていた」

「僕の両親も同じことを言っていた。僕たちの両親は不思議なくらい似ている」とフィフィが言った。

「僕もフィフィと文通するまで、ハンガリーについては何も知らなかった。例えば、日本人と同じようにハンガリー人は名字を先に書いて、名前を後にすることも知らなかった。だから最初の手紙で、スジゲトバリがフィフィの名前だと思った。申し訳なかった」

「外国人はいつも間違えるので、ハンガリー人は何とも思わないよ。僕が軍隊に行くと、直接、文通はできなくなるけれど、父に宛てて手紙を書いてくれ」

「確か同姓同名だよね」

「Dr.と書くと父宛、Mr.と書くと僕宛になる」

「それで混同することはないのか」

「差出人の名前を見れば、誰に宛てた手紙かわかる。とにかくずっと文通を続けよう」

「そうしよう。僕たちが両親の年になっても文通を続けよう。その頃までに僕たちは必ず再会するよ」

「僕もそう思う」

僕が父と同じ年になったときには、いったい何をしているのであろうか。どこかで仕事をしていると思う。僕は英語が好きなので、多分、中学校で英語を教えていると思う。

父は今年2月でちょうど50歳になった。見た目はもっと若いが、銀行をあと5年で定年になる。技術系なので出世とは無縁だった。給料も悪くないので、処遇については特に不満はなかったようだ。ただし、「優君、日本の社会は事務屋が主導している。事務屋は電気工学の基礎知識に欠けているので、技術的に不可能な無理難題ばかりを言ってくる。お父さんは若い技師たちとの間に立って事務屋との調整をするのだが、ほんとうに疲れる。優君が技術屋になるなら、銀行のような事務屋の多い職場では、理解されず、余計な苦労をする。それだから工場や研究所のある会社に就職した方がいい」とときどきビールを飲みながらこぼしていた。フィフィはお父さんとどんな話をしているのだろうか。

「お父さんは、フィフィの将来について、何か希望を言うか」

「父も母も子どもの自主性に任せるという姿勢だ」

「医者を継げとは言わないのか」

「言わない。僕は医学よりも生物学に関心がある。マサルの両親は、君が将来どうなればいいと思っているのか」

「以前、確か手紙に書いたと思うけれど、小学生の頃、父は僕を将来、電気技師にしようと思って、技術の手解きをしてくれた。小学6年生のときにアマチュア無線の免許を取って、6メーターバンド（50メガヘルツ）の超短波通信で遊んだ。その頃を最後に電気や無線への関心がなくなってしまった」

「どうして」

「よくわからないけど、多分、本を読むのが面白くなったからだ」

そう言って、僕は早慶学院の副塾長から、教わったことをかいつまんで話した。

「良い先生と出会えて羨ましい。僕は、学校では何人か親しい友だちができたけれど、教師からはあまり影響を受けなかった」

「中学校は管理がとても厳しかった。高校は自由だけれども、まだ入学したばかりなので、ほんとうに親しい友だちはいない。中学時代と比べると教師は威厳がある。だから僕たちからすると距離がある。それに比べると学習塾は楽しかった」

「今は学習塾に通っていないのか」

「通っていない。学習塾に通うのは受験勉強が目的だけど、大学入試は2年半後だ。それに大学受験に備えた勉強は、予備校（preparatory school）でする」

「preparatory school? 大学に付属した予科のことか」

「そうじゃない。大学受験を目的とした専門学校で、大学には直結していない。大学受験に失敗した生徒が通う」

「大学受験に失敗したら、就職しなくてはいけないんじゃないのか」

「いや、家に経済的余裕があれば、浪人する。自宅で勉強をする人もいるけれど、効率が上がらないので、予備校に通う場合が多い」

「翌年も大学に落ちたらどうするんだ」

「だいたいの浪人生は志望校のレベルを落として、どこかの大学に入る。まれに2年浪人する人もいる」

「1年も予備校に通うくらいならば、最初から自分の学力に合った大学か専門学校に進学すればいいじゃないか。大学に入ってから一生懸命、勉強すればいい」

「確かに理屈からするとそうだけど、日本の高校生は少しでも難しい大学に入ろうとする」

「競争が好きなのか」

「そうではないと思う。受験勉強が好きな生徒はいないと思う。しかし、周りができるだけ難しい大学に行こうとするので、何となくそうしなくてはいけないと思うのだろう。ハンガリーに浪人生はいないのか」

「いない。大学か専門学校の入学を認められない場合は、どこかで働かなくてはならない。もっとも数年間、働いてから大学に入る人も珍しくない。職場から推薦状をもらえると入学しやすくなる。だから、高校の成績があまり良くない生徒は、まず工場で2〜3年働いて、工場からの推薦枠で大学に入る」

「日本にはそういう制度はない」

「いずれにせよ僕は軍隊に行かなくてはならないので、進学について考えるのはその後だ」

とフィフィは言った。

　どうも日本と比べるとハンガリーの進学熱はそれほど高くないようだ。フィフィの話によると、大学や専門学校で学んだ勉強がそのまま卒業後の就職につながるという。高校や大学が就職をあっせんするのは当たり前になっているということだ。そう言えば、マルギット島で出会った東ドイツのハイケも、大学での専攻とまったく関係ない職場で働くことが多い日本の就職事情を理解できなかった。受験システムや教育と就職の関係は、日本よりもハンガリーや東ドイツなどの社会主義国の方が整っている。

「お腹がいっぱいになったか」とフィフィが尋ねた。

「もう少し食べたい。このバターライスが気に入った。もう一皿、注文できないか」

フィフィはウエイターを呼んで、ハンガリー語で相談した。少しやりとりがあった後、ウエイターは「オーケー」と言って、キッチンの方に行った。

「これから米を蒸して炒めるので、時間がかかると言っていた。問題ないよね」

「もちろん、問題ない」

「肉か魚を一緒に注文するかと尋ねられたけど、バターライスだけでいいと答えた。これも問題ないよね」

「もちろん問題ない。バターライスだけ注文すると変か？」

「変ではないけれどハンガリー人はそういう注文はしない」

どうもフィフィに恥をかかせてしまったようだ。

「日本ではフライドライスに野菜や肉を入れて調理する。それ一品で、十分昼食になる」と、僕は炒飯について説明した。フィフィが、目を輝かせて僕の話を聞く。何を考えているのだろうか。

「マサルはそのフライドライスを作ることができるか」

「それくらいだったらできるよ」

「その料理ならばここでも材料が手に入る。どうだろう。明日の夜、フライドライスを作ってうちの家族に御馳走してくれないか」

「腕にはあまり自信がないよ」

「大丈夫だ。誰も日本で本物を食べたことがない」

「日本の伝統料理じゃなくて、中国から入ってきたものだよ」

「構わない。ブダペシュトに中華レストランはないので、珍しい。材料に何を揃えたらいいのか」

僕はアタッシェケースからメモ帳を取り出して、米、豚肉、卵、タマネギ、グリーンのパプリカ、人参、塩、胡椒、植物油あるいはバターと書いた。

「これならば簡単に手に入る。明日の夕食が楽しみだ」とフィフィは言った。

ウエイターが、山盛りのバターライスを持ってきた。僕一人では食べきれないので、フィフィと分けた。バターライスは、ところどころ焦げている。そこが煎餅を思い出させた。

「これに肉、野菜、卵が加われば立派なフライドライスになる」と僕は言った。

追加のバターライスが多かったので、デザートは取らずに家に戻った。家に帰ると、僕の洗濯物はきれいにアイロンがあてられてフィフィの机の上に置いてあった。フィフィのお母さんは細かいところまで気を遣ってくれる。

翌朝は10時過ぎに目が覚めた。フィフィはすでに起きて、居間にいた。

「マサル、だいぶ疲れがたまっているんじゃないか」

「そうでもないよ。昨晩はちょっと食べ過ぎた。バターライスの追加は余計だった」

「でもおいしかったんだろう」

「おいしかった。ただ、まだお腹がいっぱいだ。朝食は抜くことにする」

「コーヒーかチョコレート牛乳を飲むか」

「コーヒーにする」

「ホイップクリームと砂糖は？」

「入れてくれ」

フィフィは台所に行って、コーヒーを準備した。今日は土曜日で、休日のはずだが、フィフィ以外の家族は誰もいない。

「御両親は？」

「姉を連れて親戚の家に出かけた。ランチがある」

「フィフィは行かなくていいのか」

「マサルと一緒に映画を見る約束をしているので、断った」

「映画はいつ始まるの」

「午後1時過ぎの切符を買ってある。ここを12時半に出れば、十分間に合う。それまでは、家にいて少しのんびりしていよう」

「それはありがたい。僕は両親と妹に手紙を書く」

「それじゃ、航空便用の便箋と封筒を持ってくる」と言って、フィフィは自分の部屋に戻った。フィフィが青色の便箋と封筒を持ってきた。日本の航空便箋と比べるとかなり厚い。色も日本製よりずっと濃い。僕は居間のテーブルの上で、妹に電話をした後のハンガリーでの出来事について、手短に書いた。手紙を書くとあっという間に時間が経つ。気が付くと時計は12時を回っていた。

「昼は映画館のカフェで済ませよう。だから少し早く家を出よう」とフィフィが言った。路面電車に乗って15分くらいのところに映画館はあった。

「まず席をチェックしておこう」とフィフィが言うので、客席に入った。500席くらいの大きな映画館だ。

「ずいぶん大きな映画館だね」

「ブダペシュトの映画館はどこもこれくらいの大きさだ」

「いつも満員になるの」

「映画による。劇場と比べると映画館の方が空いている」

全席が指定席だ。席の前後の幅も広く、ゆったりしている。前の人の頭が邪魔でスクリーンがよく見えないということもないようだ。日本の映画館よりはるかに立派だ。

「マサル、お腹は空いたか」

「少し空いた」

「それじゃ、カフェに行こう」

カフェは、かなり混雑していた。2人でサラミソーセージとチーズを丸いパンにはさんだサンドイッチを4つ買って、コーヒーとコーラを2つずつ買った。ヴェヌス・モーテルでサラミとチーズのサンドイッチを初めて食べたときのことを思い出した。何度食べてもハンガリーのサラミはおいしい。

「ほんとうにこのサラミはおいしいね」

「ハンガリー人はサラミにはうるさいからね。サラミを注文して外れることはまずないよ。しかし、マサルはこの映画を既に見たんだろう。同じ映画を二度見るのは退屈じゃないか」

「そんなことはないよ。いい映画だったら、何度見てもいい」と僕は答えた。

正直に言うと、僕は『モスクワわが愛』をそれほどいい映画とは思わなかった。ただし、モスクワのあちこちの風景が出てくるのが面白かった。それから、黒海沿岸のソチという街の風景も興味深かった。特にソチの空港に日本では見慣れないソ連製の飛行機がたくさん駐まっているシーンが印象に残った。

僕はこの映画を父と一緒に大宮の南銀座の「東宝白鳥座」で見た。南銀座はあまりがらのいい場所ではないので、中学生だけでここを歩いていると補導されることがある。だから、「東宝白鳥座」に行くときは、必ず大人と一緒に行くようにしていた。

『モスクワわが愛』は、東宝とモスフィルムが共同製作した初の日ソ合作映画ということで、ニュースにもなった。父は、恋愛映画はあまり好きでなかった。父に連れられて見に行くのは、時代劇か戦争映画、まれに喜劇映画だった。映画が終わった後は、南銀座の焼き肉屋か、大宮ステーションビルのうなぎ屋で、食事をおごってくれた。映画だけでなく、外食もあるので、僕は父と映画を見に行くのを楽しみにしていた。

僕が父に『モスクワわが愛』を見たいと言うと、父はすぐに「いいよ」と答えた。僕がソ連やロシア語に関心を持っていることを父は歓迎していたし、それに父は栗原小巻のファンだった。主人公の百合子を演じているのが栗原小巻だった。幼い頃に両親を亡くした百合子は、叔父の商社員、野川に育てられる。百合子が高校を卒業した直後、野川はモスクワ支店長に異動になる。百合子は日本に単身残って自活し、クラシックバレエの勉強を続ける。3

年後、百合子の努力は認められて、モスクワのボリショイバレエ団への留学を認められる。百合子はモスクワで彫刻家のヴァロージャと知り合い、恋に落ちる。ボリショイバレエでも百合子は頭角を現し、「ジゼル」の次回公演のプリマ役を射止める。しかし、練習中に百合子は倒れる。白血病だった。日ソ両国の医師たちの懸命な努力にもかかわらず、百合子はモスクワの病院で死ぬ。百合子に恋をして日本からモスクワまで訪ねてくる哲也とヴァロージャの三角関係が物語を面白くしている。百合子の両親が広島で被爆したという話を盛り込んで、反核、反米という政治的メッセージも伝えている。

映画を見た後、映画館の向かいにある「京城苑」という焼き肉屋で僕と父は食事をした。

「『モスクワわが愛』よりも、同時上映の『青春の蹉跌』の方が面白かった」と父は言った。大学の法学部で、アメリカンフットボール部の選手として活躍しながら、司法試験を目指す大学生・江藤賢一郎の役を萩原健一が演じている。江藤は、家庭教師先の登美子（桃井かおり）と深い仲になり、孕ませてしまう。司法試験に合格する可能性が高いと知った伯父・田中栄介（高橋昌也）は、娘の康子（檀ふみ）と江藤を結婚させようとする。田中家には資産がある。江藤は自分の野心を実現するために、登美子と別れ、康子と結婚することを決意する。登美子に堕胎させようとするが、法的にできない時期になっていると医師から拒絶される。スキー場で、登美子は江藤に心中を迫る。江藤は登美子を殺して雪の中に埋める。しかし、この殺人は警察によって察知される。アメリカンフットボールの試合中に刑事が近寄ってくる。そのとき江藤は、タックルを受けて地面に倒れ、何人ものタックラーがその上に重なるところで映画は終わる。

「お父さんは、どうして『青春の蹉跌』の方が面白いと思うの」

「まず、原作の石川達三の小説がよくできている。それから、萩原健一と桃井かおりの演技が抜群に上手だ。いわゆるエリートには江藤みたいなのがたくさんいる。お父さんの銀行にもああいう類の人間がいくらでもいる。悪役を演じることができる役者をお父さんは尊敬する」

「ふうん。僕にはよくわからない」

「特に下から苦労して成り上がったタイプの人間に江藤みたいなのが多い。若いうちに必要以上の苦労をすると人格に必ず歪みが出る。多分、優君が社会に出て10年くらいしてから、この映画をもう一度見ると、その面白さがわかると思う」

「『モスクワわが愛』は、どこが面白くないの」

「カネはかなりかかっているだろう。しかし、ストーリーが上滑りだ。それにロシア人の普通の生活が感じられない」

「普通の生活？」

「そうだ。食事をするシーンがほとんど出てこない」

「確かにそう言われてみると、パーティーで食事をしているシーンしか出てこない」

「食事をするシーンを見ると、その国の人たちの生活がわかる。どうもあの映画で描かれているソ連の生活が、お父さんには血が通ったもののように見えない。優君は、ソ連を旅行したいと思っているんだろう」

「うん」

「是非、自分の目でロシア人の生活を見てきたらいいと思う。もちろん、観光客が見ることができるのは、その国の一部だけだ。しかし、映画や本で知るのと、実際に旅行してみるのとでは、知識の質がまったく異なる。『モスクワわが愛』を見て、お父さんは、優君が直接ソ連を見た方がいいと強く思った」

正直に言うと、父がこの映画のどこに反発を覚えたのかはよくわからなかった。いずれにせよ、この映画を一緒に見たことで、父が僕のソ連旅行を応援してくれるようになったのは、大きな成果だった。

もっとも、『モスクワわが愛』について、父とこんなやりとりをしたことはフィフィには黙っていた。

「そろそろ映画が始まる。飲食物は席に持ち込めない。早く食べよう」とフィフィが言った。

映画は、二本立てで、最初はソ連の記録映画だった。字幕ではなく、ロシア語の上にハンガリー語をかぶせていた。意味はわからなかったが、ロシアの修道院や教会がたくさん出てきた。秋の落ち葉の中での教会がとてもきれいだった。

「なかなか良い映画だった」とフィフィが言った。休憩にはならずに、そのまま『モスクワわが愛』が始まった。

ロシア語の字幕が出た後で、渋谷や赤坂など、東京の風景が映し出された。あるビルに焦点があてられた。そこにはバレエ教室があって、栗原小巻が扮する百合子が踊っている。ロシア人と日本人がそれを審査している。

19

ロシア人が、百合子を見て「あの子はなかなかいい。才能がある」と評価し、ボリショイバレエ団に入団することが決まる。そこから映画は流れるように進む。モスクワだけでなく、日本の風景も、百合子と哲也の文通を紹介する中で映し出されるので、日本紹介の映画にもなっている。日本で見たときと、まったく異なり、映画の内容がぐっと心に入ってくる。

モスクワで百合子が白血病で入院する。ソチのアトリエで彫刻に取り組んでいるヴァロージャが、百合子が重篤な状態にあるということを聞いて、モスクワの病院に駆けつける。

「ヴァロージャ、よく来てくれたわね」

「百合子、調子はどうか」

「いいわよ。ただ暗いので、カーテンを開けてくれない。それからもっとそばに寄って」

病室の中は明るい。百合子は視力を失っている。ヴァロージャの目から涙がこぼれる。ヴァロージャが百合子に顔を近づける。百合子がヴァロージャの顔をなで、涙に気付く。

「ヴァロージャ、泣いているのね。あなたの姿を見ることができないのが残念だわ。ヴァロージャ、あなた、子どもみたいに泣いているのね」

「君はきっとよくなる」

「わかった。2人でバレエを見に行きましょうね」

「もちろん。わかったよ」

「そうなれば、おとぎ話のようね。アンデルセンの童話のような世界の中で人生を終えるのもいいわね。ただただよい話だけに囲まれて。そして、ある日、突然死ぬ」

「百合子、すべてうまくいくよ」

「ヴァロージャ、すべてうまくいくわ」

ここで病室から広島に画面が切り替わる。七五三のお参りの風景だ。哲也が淋しそうに1人で歩いている。モスクワの野川から送られてきた手紙がナレーションで読み上げられる。

「百合子は死にました。大好きだったモスクワの春が訪れる前に死にました。しかし、百合子は幸せだったと思います。百合子は、ヴァロージャと君に愛されていたから。残念ながら百合子が愛していたのは君ではなかったけれど」

ここで、映画が終わる。

周囲で大きな泣き声が聞こえた。女性客の何人かがしゃくりあげている。男性客でもすすり泣きをしている人が多かった。フィフィの瞳からも涙が溢れている。つられて僕の目も潤んできた。

フィフィは僕を近所のカフェに連れていった。

「マサル、とてもいい映画だった」

「実を言うと、日本で見たときはそんなにいい映画と思わなかったけど、ブダペシュトで見たら印象がまったく変わった。日本紹介としてもよくできている」

「あの海に鳥居が立っている神社はどこにあるのか」

「広島にある厳島神社だ」

「マサルは行ったことがあるか」

「ない。広島には一度も行ったことがない。この映画は、アメリカが日本に原爆を落とすなんていう酷いことをしたというメッセージを出すために、百合子の両親が被爆者で、百合子を被爆者2世に設定したのだと思う」

「しかし、誰も政治映画として見ないと思う。日本人はいい人たちで、僕たちと気持ちが通じ合うという印象を受ける」

「それは確かにそうだ。ソ連にも普通の人間が住んでいるという印象を受ける」

「東京の街が出てきたけれど、あれは中心街か」

「渋谷というところだ。僕の父は毎日、渋谷駅を通って銀行のコンピューターセンターに通っている。僕もときどき行くことがある」

「若者が多い」

「周囲に大学がたくさんあるし、若者の多い街だと思う。東京には、新宿、銀座など若者が多く集まる街が何カ所かある」

「車が多い」

「ブダペシュトと比べると確かにそうだ。でもバスは、ハンガリー製のイカルスの方がずっときれいで性能もいい」

「ハンガリーと日本の共同製作映画ができると、お互いの理解が深まる」

「確かにそう思うけれど、なかなか難しい。ハンガリーは社会主義国なので国家の意思で映画を作ることができるけれど、日本の映画会社は利益の出ないことはしない」

「確かにそうだね。ところで、13日にルーマニアに行くんだろう」

「航空券は買ってある」

「リコンファームをしておいた方がいい。切符はどこで買った？」

「航空会社のオフィスで買った」

「それじゃ、電話でリコンファームできる。いま、切符を持っているか」

「持っている」

　僕はアタッシェケースから切符を取り出した。フィフィは僕の切符を手にして、「そこの公衆電話からリコンファームをする」と言って、席を立った。十五分くらい経ってフィフィが戻ってきた。

「ずいぶん時間がかかったね。何かトラブルがあったのか」

「トラブルはない。ただし、電話が話し中で、なかなかつながらなかった」

「混んでいるのか」

「そうだ。飛行機のオーバーブッキングはよくある。リコンファームをしておかないと予約が取り消されてしまうことがある。そうなると次の切符がなかなか入手できない。特にルーマニア便は席が少ないので、切符を手に入れにくい」

「ワルシャワからブダペシュトへの飛行機は、4発プロペラ（ターボプロップ）機のIl－18で、定員は70人くらいだったと思う」

「ワルシャワ便の飛行機は大型機で、便数も多い。ハンガリーとポーランドを行き来する人が多いからだ。ハンガリーとルーマニアを行き来する人はあまりいない。ハンガリー人はルーマニア人を嫌っている。こういう気持ちは相互的なので、ルーマニア人もハンガリー人を嫌っている。だから、観光客の往来はほとんどない。ブダペシュト－ブカレスト間の飛行機を利用するのは、外国人ビジネスマン、両国の政府関係者くらいだ。だから中型機を使っている。切符のここを見てごらん」

フィフィは、航空券の機種の欄を示した。乱暴な筆跡で、An－24と記されている。

「どんな飛行機だ」と僕は尋ねた。

「Il－18よりもだいぶ小さい双発プロペラ（ターボプロップ）機だ。小さな座席が50くらいついている。便も毎日あるわけではなく、欠航も多い。だからいつも混んでいる。空港にも早めに行って確実に席を確保した方がいい」

「そうする」

「時間が流れるのは早い。4日後にマサルと別れることになるのは淋しい」

「僕も淋しい。でも、また会うことができるよ」

「マサル、ハンガリーの土産にポスターを持っていかないか」

「ポスター？　何の？」

「例えば、今見た映画のポスターだ」

「どこで買うんだ。本屋でポスターを売っているのか」

「そうじゃない。週末にポスターを貼り替える。ポスター貼りとすれ違ったときに頼み込んでみる」

「そううまくいくかな」

「いくと思うよ。僕たちは欲しいポスターがあるときは、いつもポスター貼りから買う。それ以外に、マサルが土産に欲しいものがあるか」

「第二次世界大戦の写真集が欲しい」

「英語版はないと思う」

「ハンガリー語版でいい」

「それだったら簡単に手に入る。キオスクで売っている」

「本屋じゃなくて？」

「新聞と一緒にキオスクで売っているのを最近見た。行ってみよう」

そう言って、フィフィはカフェを出た。大通りを歩いていると、新聞を売っているキオスクがあったので、フィフィが店の売り子に話しかけた。売り子は後ろの棚から、大型の2冊本を取りだした。

「マサル、5月に第二次世界大戦終結30年を記念して出た写真集だ。これでいいか」

まさに僕が欲しかった写真集だ。僕は首を縦に振った。フィフィは100フォリント札を出し、お釣りをもらった。

「100フォリントで買えたのか」

「もちろん。こういう写真集は、政府のプロパガンダなのでとても安い」

表紙はモスクワの赤の広場で、ソ連兵が Adolf Hitler と書いた総統旗を石畳の上に置いている写真だ。アタッシェケースを歩道に置いて、写真集に目を通すと、時系列で第二次世界大戦の写真が並んでいる。日本軍の写真も少しある。驚いたのは、絞首刑台から吊され、首が曲がった男女の写真がたくさんある。また、少女が処刑台に登るところ、処刑された瞬間、さらに処刑された後、ガソリンをかけて焼かれた写真も掲載されている。

「ゾーヤ・コスモデミヤンスカヤだね」とフィフィが言った。

「有名な人か」

「学校で必ず習う。ソ連のパルチザンで、処刑されたのは18歳のときだ。ナチスに放火の容疑をかけられ、激しい拷問を受けた後、絞首刑にされた。さらにナチスは彼女にガソリンをかけて焼いて、その写真をばらまいた」

「酷いことをする」

「そうすれば、ロシア人が震え上がって、抵抗を止めると思ったからだ。しかし、逆効果だった。ロシア人はドイツに対する憎しみを強めた」

「ハンガリーは、ドイツ側だったんだろう。学校でこういう話を聞いてどう思う」

「ナチスは絶対悪だ。僕たちはソ連のことは嫌いだけれども、あの戦争ではソ連が正しかった。そのことに疑念を持っている人はいないと思うよ。とにかく、二度と戦争をしたくないという思いをハンガリー人は強く持っている」

「それは日本人も同じだ」と僕は答えた。

「歩いて家に帰ろう。構わないか」

「地理感覚がよくわからないけれど、どれくらい離れているんだ」

「2キロメートルも離れていない。30分で帰れる」

「それなら構わない」

　フィフィが持っている鞄は僕のアタッシェケースよりも少し大きい。キオスクで買った写真集は、アタッシェケースに入らないのでフィフィに持ってもらうことにした。

家に着く少し前で、フィフィは「ちょっと待って」と言って、広告塔にポスターを貼りつけている作業員に話しかけた。財布から札を出して、作業員に握らせた。作業員は札を黙ってポケットに入れて、ポスターを数枚、フィフィに渡した。フィフィが嬉しそうな顔をして戻ってきた。

「『モスクワわが愛』のポスターも2枚手に入れた。それ以外には、姉の同級生で有名なモデルの水着ポスターもある」

『モスクワわが愛』のポスターは、栗原小巻とオレグ・ビードフが、大きな樹に寄りかかりながら並んでいるポスターだ。

「映画にこのシーンはなかったよね」と僕が尋ねた。

「なかった。別途、ポスター用の写真を撮ったんだろう」

「場所はどこだろう」

「多分、モスクワだと思う。季節は秋だ。いいポスターだ」

「そう思う。『モスクワわが愛』の日本でのポスターは、海の中でヴァロージャが百合子を抱きかかえている写真だった」

「それは映画の中に出てきた。ソチだ」

「日本だとソ連は北国というイメージが強いが、あのシーンで亜熱帯のような街もあるのだと知った」

「ソ連はほんとうに広い国だ。再来年の夏休みに家族とソ連旅行をするのを楽しみにしている」

　家に着くと、フィフィの両親とお姉さんが居間でコーヒーを飲んでいた。

　フィフィとお母さんがハンガリー語で話した。

「今晩、マサルが作ってくれる日本食だけれど、ここではなく、友だちの家のキッチンで作ることになった。構わないか」

「別に何の問題もないけれど、何でそうするの」

「友だちも日本食を食べたいと言っている。それにキッチンも居間も友だちの家の方が大きい」

「全員で何人になるの」

「父は今晩遅く帰ってくるので、わが家からは3人だ。友だちの家は4人だ。マサルを入れて全員で8人になる」

　以前、同級生が5人、大宮の団地に遊びに来て、僕が6人分の炒飯を作ったことがある。8人分でも大丈夫だろう。米を少し多く、2キログラム炊くことにした。

「準備にどれくらい時間がかかるか」とフィフィが尋ねた。

「材料を切り刻むのに5分、米を炊く準備に1時間くらいかかる。それに炒めるのに5分くらいかかる」

「米を炊く準備になんでそんなに時間がかかるんだ」

「水に30分つけてから炊いて、その後、蒸らす。フライドライスなので水を少し減らして固めの御飯にする」

「付け合わせに何を準備する?」

「日本では中華風のスープをつけるが、ここでは材料がない。コンソメスープとサラダを準備してくれ」

「わかった。肉料理を用意する必要はあるか」

「ない。フライドライスに肉が入っている」

フィフィに連れられて同じ建物の中にある友だちの家に行った。キッチンには、昨日、僕がフィフィに指示した米、豚肉、卵、タマネギ、グリーンのパプリカ、人参、塩、胡椒、植物油とバターが置いてある。

僕は、学校の帰りに北浦和駅前の「娘々」でときどき食べる炒飯を思い出した。まず、卵を溶いて中華鍋で薄く焼き、横の皿に取り分けておく。具を炒めて、その後、御飯を入れ、その上に焼いた卵を載せ、しゃもじで炒めながらまぜていく。

「それじゃ、1時間後にフライドライスができるので、フィフィは家に帰っていていいよ」

「僕も手伝いたいのだけれども、邪魔になるか」

「じゃあ、豚肉の塊をできるだけ薄くスライスしてくれ」

「わかった」と言ってフィフィはナイフで肉塊を切り始めた。上手な手さばきだ。キャンプをよくするので、慣れているのだろう。

　僕は米を研いだ。ワラや小石が混入していると思ったが、きれいな米だ。日本でよく見るショートグレイン（短粒米）だ。

「フィフィ。これはどこでとれた米か」

　フィフィは袋の表示を見た。

「東ドイツからの輸入品」

「東ドイツで米がとれるのか」

「多分、とれるんだと思う。あるいはベトナム米が東ドイツで包装されているのかもしれない。質はどうだ」

「いい米だ」

　米を研いで、水につけた。

　その後、野菜をみじん切りにした。母の作る炒飯は、野菜を大振りに切るが、「娘々」ではみじん切りにする。みじん切りの方がフィフィたちに違和感が少ないと思った。それから、薄焼き卵を作った。

客間にみんながやってきたところで、フライパンに油をひいて、米を炒め始めた。しゃもじはないが、木製のスプーンがあったので代用した。フライパンが小さいので、3回に分けて全員分の炒飯を作った。

食卓には白ワインとビールが準備されている。僕は炭酸入りの水にした。

「おいしい」とフィフィのお母さんが言った。フィフィの友人が、「これによく似た料理がハンガリーにもある」と言った。

「フライドライスをよく食べるの」とフィフィの姉が尋ねた。

「週に1回くらいです。正確に言うと、フライドライスは日本食ではなく、中国食と受け止められています」

「典型的な日本食は何ですか」とフィフィの友だちが尋ねた。

「いろいろあるので、何が典型的か述べるのは難しいですが、御飯と味噌汁は必ずつきます。それに魚料理、肉料理、野菜料理などがつきます」

「生の魚を食べるというけれどほんとうですか」

「ほんとうです」

「骨はどうするんですか」

「もちろん、食べません。肉の部分だけをスライスにして、醤油をつけて食べます。あるいは、ライスボールを作ってその上に刺身を乗せて食べる鮨という料理もあります」

「臭いませんか」

「新鮮な魚なので臭いません」

全員が顔を見合わせている。

和気藹々とした雰囲気で夕食を終えた。キッチンで皿を洗おうとすると、この家の人たちから「後はわたしたちがします」と言われたので、僕はフィフィの家族と家に帰ることにした。家に着くとフィフィのお姉さんがホイップクリームを山盛りにしたコーヒーを持ってきてくれた。

コーヒーを飲みながら、フィフィのお母さんが「パードン」と言ってタバコを吸い始めた。

「タバコを吸うんですか」

「ときどき。楽しいことがあると吸います。マサルが家事をよく手伝っていることがわかり、何となく嬉しくなりました」

「フィフィは家事を手伝うんですか」

「男の子にしては、よく手伝います。だから、徴兵で軍隊に行っても、身の回りのことについては心配していません。明日は、どうしますか。観光名所を回ってきたらいいと思います」

「観光名所にはあまり関心がありません。ブダペシュトでは、いろいろな人と会うことができて幸せでした。それから、フィフィにはバラトン湖や映画にも連れていってもらった。普通の観光客ではない、いろいろな経験ができてよかったです」

「あなたは観光客ではなく、わが家の客人です。今回は、あなたが来る時期と私たちのユーゴスラビア旅行が重なってしまい、十分なおもてなしをできずに申し訳なく思っています。次にハンガリーに来るときは、もっと満足してもらえる計画を立てます。その頃は、マサルもフィフィももっと英語が上手になっているでしょう」

「英語だけでなくロシア語も勉強するといいわ」とお姉さんが言った。

「ロシア語は難しい。いくら勉強しても上達しない」とフィフィが言った。

「私やパパは、ハンガリー語とドイツ語の両方が母国語だけど、フィフィたちはハンガリー語だけを話せば生活できる。ロシア語を話せなくても生きていけるのは幸せなことかもしれない」とお母さんは言った。とても嬉しそうだった。

「マサル、明日はどうする」

「荷物の整理をして、日本の家族と友だちに手紙を書く。それから少し数学の勉強をしたい」

「数学？」

「そうだ。９月の初めに数学の試験がある。問題集の中から難しい問題だけが１００題指定されていて、そのうちの10題が出題される」

「まったく同じ問題が出されるのか」

「そうだ。だから、事前にすべての問題を解いて、答えを覚えておかないと、２～３題を解いただけで時間切れになる危険がある。ヴェヌス・モーテルにいたときは、毎日、２時間は数学の問題を解いていたが、こっちに来てからは、楽しくて数学どころじゃなかった。だから遅れを取り戻したい」

「わかった。僕の勉強机を使っていいよ」とフィフィは言った。

　こうしてブタペシュトでのフィフィとの生活は楽しく過ぎていった。

　８月12日に、スーツケースに荷物を整理した。フィフィの両親から、僕の家族にお土産を託された。父にはトカイワインを２本、そして刺繍の入ったテーブルクロスと、母と妹には刺繍の入ったブラウスだ。これらすべてと３日前に買った写真集２冊を入れたらパンパンに膨れたが、何とか閉まった。

「もう一つ、スーツケースを買った方がいいんじゃないか。ハンガリー製のスーツケースは見た目はよくないけれども安い」

「スーツケース2つとアタッシェケースを1人で持つことはできない。身動きが難しくなるので、スーツケースは1つにしたい」と僕は答えた。

午前中に荷物整理と手紙書きが終わった。昼食は、サラミソーセージとチーズのサンドイッチで簡単に済ませた。午後は数学の勉強に集中した。別冊の解答には、ポイントしか記されていないので、証明問題は、自分で考えてノートに模範解答を作成しなくてはならない。これに結構、時間がかかる。結局、10題も解けなかった。この調子だと、日本に帰るまでに宿題を消化できないのではないかと心配になった。

最後の晩は、フィフィ家が勢揃いして、お別れの会をしてくれた。グラーシュとチョコレートケーキがおいしかった。食事の終わりにフィフィのお父さんが、僕に「腕時計を交換しよう」と言う。

「マサルが来た思い出に時計を交換したい。この時計は戦前のスイスの時計だけれど、とても正確で、手入れさえきちんとしていれば、あと100年は使える」

「どうもありがとうございます。僕の時計は最新型のスポーツ時計で防水機能がついています。曜日が日本語と英語の双方で表示されます」

2人で腕時計を交換して、握手をした。

夜、ベッドに入ったときに、フィフィに頼み事をした。

「この腕時計を後で、お父さんに返してくれないか」

「どうして」

「理由は2つある。この腕時計はお父さんの思い出がたくさん詰まっているものだ。お父さんからフィフィに継承されるのが筋だ」

「でも、父はマサルにあげると決めた」

「それからもう一つ、実務的な理由がある。日本の税関規則で、外国で購入もしくは入手した時計は3つまでしか日本に持ち込めない。それ以上、持ち込むときは多額の税金がかけられる。既にブダペシュトで時計を3つ買った。この時計を持ち込むと税金を払わなくてはならなくなる」

「それならわかった。父に戻しておく」

僕はお父さんからもらったスイス製の腕時計を封筒に入れてフィフィに渡した。

第五章　寝台列車

20

翌朝は7時過ぎに目が覚めた。昨晩は、フィフィ一家がお別れ会をしてくれ、たくさん食べたので、食欲がない。食卓に行ったが、みんなお腹がいっぱいなようでコーヒーだけを飲んでいる。

「飛行機は何時か」とお父さんが尋ねた。

「午後3時です」と僕が答えた。

「マレブ（ハンガリー航空）か」

「いいえ。タロム（ルーマニア航空）です」

お父さんは、フィフィの方を向いて、ハンガリー語で早口で話した。

「お父さんは何を言っているんだ」と僕が尋ねると、フィフィは「ルーマニアでの注意事項だ」と言った。

その後、フィフィと僕の間でこんなやりとりがあった。

「タロムは常にオーバーブッキングをしているので、空港には3時間前に行った方がいい」

「3時間も前にか」

「そうだ。先着順に席が埋まっていって、ぎりぎりに空港に来た人は乗れなくなる」

「そんな理不尽な話があるか。だって、僕は予約もリコンファームも済ましているよ」

「マレブやルフトハンザだったらそれで大丈夫だ。しかし、タロムだと状況がまったく異なる。常にオーバーブッキングをしていて、乗りそびれる乗客が出る。特にブカレスト便はとても混んでいる」

僕はマレブを選ばなかったことを悔やんだ。

「それから、ルーマニアの入国審査官や税関職員には気を付けろ」

「何を気を付ければいいのか」

「カネや物を要求してくる。一切、応じる必要はない」

「わかった」

「ルーマニアのホテルは予約してあるか」

「空港に国営旅行社の事務所があるだろうから、そこで予約することになる」

「ブカレストには何泊するのか」

「2泊だ。3日目の夜、列車でキエフに向かう」

「切符は買ってあるか」

「まだだ」

「切符の入手が難しいかもしれない。今日はもう窓口が閉まっていると思うから、明日の朝、一番で中央駅に行って切符を買っておいた方がいい」

「わかった」と僕は答えたが、不安になってきた。プラハで、ホテルを予約するのとワルシャワ行きの寝台列車の切符を買うのに苦労したことを思い出したからだ。ホテルの予約に半日、寝台列車の切符を購入するのに丸1日を費やした。ルーマニアもチェコスロバキアと同じような状況なのかもしれない。

東京でYSトラベルの舟津さんに、「東ヨーロッパでのホテル、飛行機、列車を予約した方がいいんじゃないか」と尋ねたら、「もちろんうちの会社を通じてもできるけれど、1件5000円もかかるわよ。あなたは親の脛をかじっているんだから、自分でできることは自分でして、節約しないと。ルーマニアは、日本人ならば空港でビザを無料で取ることができるので、東京で取らずに、お金を節約した方がいいわ」と言われた。しかし、ビザだけはどうしても不安なので、舟津さんに頼み込んで、YSトラベルで取ってもらった。僕の判断は間違っていなかった。

フィフィ一家は、ルーマニアを嫌っている。しかし、偏見からルーマニアを悪く言っているのではないようだ。ルーマニアは外国人観光客の受け入れ態勢が整っていないので、僕がトラブルに巻き込まれるのではないかと心配しているのだ。

フィフィのお母さんがハンガリー語で何か僕に尋ねた。フィフィが英語に通訳する。

「母さんは、マサルがブカレストでどこか訪ねたいところがあるのかと訊いている」

「特にない。ただルーマニアの首都だから、見てみたいと思った」

フィフィは僕が言ったことをハンガリー語に訳す。お母さんがそれに答えて何か言った。フィフィが英語に訳す。

「母さんは、それならばブダペシュトから列車か飛行機でキエフに直行すればよかったと言っている」

フィフィのお母さんは、一家の中で一番ルーマニアを嫌っているようだ。

8時頃、フィフィの両親とお姉さんが仕事に出かけていき、僕とフィフィが残された。

「11時頃に出かけようと思うが、それまでマサルは何をしているか。数学の練習問題を解くか。それなら僕は席を外す」

「いや、フィフィと話をしたい」

僕たちは、ハンガリーでの共通の思い出について、いろいろ確認した。バラトン湖でテントに泊まったこと、マルガリータの家を訪ねたこと、日本語が上手な店員のいる書店に行ったことなどを懐かしく話した。ハンガリーにもう何年も住んでいるような気がしてきた。

話をしているうちにあっという間に11時半になった。今日の夜は、ブカレストにいることが信じられない。フィフィが、「大きなスーツケースがあるんでタクシーで行こう」と言った。ヨーゼフ大通りに出るとすぐにタクシーを拾うことができた。旧いソ連製の車だ。空港には30分もかからずに着いた。国際空港とは言っても、日本の地方空港のようだ。那覇空港の方が大きい。タロムのカウンターの前には10人くらいが行列していた。一人一人の対応にひどく時間がかかる。1時間半くらい経って僕の番になった。フィフィのお父さんが3時間前には空港に着いているようにと指示したのは正しかった。

ルーマニア航空の女性係員は流暢な英語を話す。僕は切符とパスポートを渡して、「リコンファームもしていますが、きちんと予約されているでしょうか」と尋ねた。ノートを見て、係員は「大丈夫です」と答えた。

「ルーマニアのビザは取れていますか」と係員が尋ねた。

「東京のルーマニア大使館で発給してもらいました。パスポートにスタンプが押してあります」

係員は、僕のパスポートを開いてルーマニアのビザがあることを確認した。

「ルーマニアへの訪問目的は何ですか」

「観光です」

「ルーマニアの後はどこに行きますか」

「ソ連に行きます」

「ソ連のビザは取れていますか」

「取れています。パスポートにホチキスで留めてあります」と僕は答えた。

ソ連のビザは、挿入紙方式で、パスポートのビザ欄にスタンプを押さない。ソ連の出入国スタンプもビザに押して、出国するときには回収されてしまう。従って、ソ連に渡航した記録はパスポートに残らない。

ソ連のビザが取れていることを確認すると、係員は手書きで搭乗券を書いた。タロムの場合、コンピューター化は一切なされていないようだ。係員にスーツケースを預け、受領書を受け取った。これで搭乗手続きは終了した。

「マサル、まだ少し時間がある。カフェに行こう」

「何分前に出国手続きを済ませなくてはならないのだろうか」

「1時間前だ。まだ30分ある」

僕たちは空港2階のカフェに行った。フィフィはビールを、僕はレモネードを注文した。ヴェヌス・モーテルで毎日のように飲んでいた懐かしいレモネードだ。

「マサル、僕が軍隊に行ったら、今までのように頻繁に手紙を書くことはできなくなると思う。悪く思わないでくれ」

「悪くなんか思わない。いつかまた、必ず会おう」

「僕が日本に行くよりも、マサルがハンガリーに来る方が簡単だと思う。次もブダペシュトで会おう」

「この次に会うとき、僕はきっと大学生になっていると思う。ハンガリー語も勉強する。今度は、フィフィの御両親とハンガリー語で話をしたい」

「それはうれしいけれど、恐らく大学ではドイツ語を勉強するだろう」

「僕はロシア語を勉強したいと思っているけど、ドイツ語を選択する可能性も十分ある」

「父も母もドイツ語はハンガリー語と同じくらいよくわかる。マサルがドイツ語をわかるようになれば、僕の両親との意思疎通は問題なくできるよ。それよりも僕は英語をもっとうまくなるようにする。そうすれば、僕が思っていることをもっと正確に伝えることができる」

「僕ももっと一生懸命に英語を勉強する。僕の英語力に限界があるために、フィフィに僕が考えていることの半分も伝えることができなかった」

30分はすぐに過ぎた。

出発ゲートの前でフィフィが僕を強く抱きしめて頰にキスした。

「お父さん、お母さん、妹さんと、猫のミーコによろしく」

「フィフィも、お父さん、お母さん、それからお姉さんにくれぐれもよろしく伝えてくれ。コソノム（ハンガリー語でありがとうの意味）」

空港の待合室からタロム・ルーマニア航空のアントーノフ24（An－24）型機が見える。主翼が胴体の上についている双発のプロペラ（ターボプロップ・ジェット）機だ。3時少し前に搭乗案内があった。飛行機は300メートルくらい離れたところに駐まっているが、バスではなく歩いていくようだ。空港ビルを出たところで「マサル」という大きな叫び声がした。振り向くとフィフィだ。2階の屋上から、大声で「またブダペシュトで会おう」と言っている。僕も「必ず会おう」と叫んで手を振った。

飛行機は満席だった。オーバーブッキングで乗れなかった人もいると思う。僕の席は窓際で、空港ビルが見える。ビルの屋上でフィフィが手を振っている。その姿を見ているうちに思わず涙がこぼれてきた。

滑走路を離れるとアントーノフ24型機は急上昇した。20分くらいで安定飛行に入った。高度が低いせいか、飛行機がひどく揺れる。また、椅子の幅が狭く、布張りで硬い。昔乗った小型車「スバル360」を思い出した。確かスバル360の座席は、戦前、戦中の戦闘機の技術を応用して軽量に作られていたはずだ。安定飛行に入るとスチュワーデスがガス入りのミネラルウオーターとチョコレートバーを配った。

機内には、ビジネスマンがほとんどで、家族連れが何組かいる。ほぼ全員がルーマニア人だ。観光客は一人もいないようだ。ハンガリー人は、ルーマニアを嫌っているので、この国に観光客として訪れることはまずない。仮に出張でブカレストを訪れるときもタロムではなく、マレブ・ハンガリー航空を用いるのだろう。フィフィのお母さんが言っていた、ハンガリー人のルーマニア嫌いを皮膚感覚で覚えた。

飛行機は2時間足らずでブカレスト空港に着いた。空港に着くなり空港ビルの中心に巨大なニコラエ・チャウシェスク大統領の肖像画が掲げられているのに驚いた。チェコスロバキア、ポーランド、ハンガリーでは目にしなかった風景だ。それに空港に軍服を着た人の姿が多い。ルーマニアは軍事国家ではないかという印象を受けた。

ブダペシュト空港では、アントーノフ24型機は小さく見えたが、この空港では大きく見える。空港には年代物の複葉機が何機か駐まっている。10人乗りくらいの小さな飛行機だ。タロムのロゴがついているので、民間機なのだろう。国内線で使っているのだろうか。第一次世界大戦直後くらいにタイムスリップしたような気がした。

飛行機のタラップを降りると、僕たちは、飛行機のそばでしばらく待たされた。作業員が来て、荷物をアスファルトの地面の上に並べている。乗客は、各自、自分の荷物を持って、空港ビルに向かっていく。段ボール箱や大きな布袋を抱えた人が多い。僕のサムソナイトのスーツケースが目立つ。

　入国審査の窓口には列ができている。この時間帯に到着したのは、僕たちが乗ったブダペシュトからの便しかない。アントーノフ24型機の定員は55人だから、待たされてもそれほど時間がかからないと思ったが、誤算だった。入国手続きに30分、税関検査に1時間かかった。

　幸い、僕は資本主義国からの旅行者だったおかげで、係官により行列の先頭につけられた。入国審査官は軍服を着ていてにこりともしない。僕のパスポートを受け取ると写真と照合し、ルーマニアのビザが取れているかを確認する。

「ルーマニアを訪問する目的は」

「観光です」

「ルーマニア人の家庭を訪問する予定はありますか」

「いいえ。この国に知り合いはいません」

「誰かからルーマニア人の友人に託された物を持っていますか」

「いいえ。持っていません」

「ルーマニアにいる外国人と接触する予定はありますか」

「ありません」

「ルーマニアには何日間滞在する予定ですか」

「3日間です」

「ブカレスト以外の都市や町村を訪れる予定はありますか」

「ありません」

「ルーマニアからどこに出国しますか」

「ソ連です」

「ソ連へはどのような交通手段を用いますか」

「列車です」

「切符は既に購入していますか」

「これからブカレスト駅に行って購入するつもりです」

「ソ連からルーマニアに再入国する予定はありますか」

「ありません」

入国審査官は、マニュアルに則して今の質問をしたようだ。書類に記入を済ませ、どこかに電話で報告した。5分くらいすると電話機のベルが鳴った。入国審査官は無表情のままパスポートのビザの上に入国のスタンプを押した。

その後は、中学校の体育館のような場所に連れていかれた。真ん中にカーテンで遮断された場所が2カ所ある。どうもこの中で税関検査をするようだ。

　僕の前に既に検査を受けている人がいるようだった。15分くらい待たされた。税関職員は、僕とあまり年齢が変わらない18歳くらいの少年だった。もちろん制服を着ている。

「パスポートを見せてください」

　僕はパスポートを渡した。税関職員は、パスポートを開いて、ビザの欄に押された入国印を確認した後も僕にパスポートを戻さない。

「ルーマニアで誰かと会う予定がありますか」

「ありません」

「ルーマニアで投函するようにと依頼された手紙やハガキはありますか」

「ありません」

「ルーマニア人に宛てた荷物を預かっていますか」

「いいえ、預かっていません」

「あなたは、住所録、手紙、手帳、既に文字を書いたメモを持っていますか」

「はい」

「全部、出してください」

　僕はアタッシェケースを開けて、高校の生徒手帳、マルガリータからの手紙、住所録、ノート、母に書きかけの手紙を渡した。

税関職員はどこかに電話をした。すぐに別の税関職員がやってきて、手帳、手紙類を預かっていった。没収されるのかと心配になったが、騒ぎ立てると面倒なことになると思って黙っていた。ルーマニア人に宛てた手紙やルーマニア人の住所があるかチェックして、何もなければ、戻ってくるのだろう。

その後、ポケットに入っているものをすべて出せと言われた。僕はTシャツにジーンズなので、ポケットはジーンズにしかない。財布とハンカチを出した。税関職員は財布の中身を見せろと言うので見せた。米ドルと日本円の札を取り出して、番号を控える。札の番号を控えるような税関検査があるとは想像していなかった。

「他にもアタッシェケースにトラベラーズチェックと米ドル、日本円の現金が入っています」と僕が申告したら、税関職員は「それも出せ」と言う。出したら、米ドル札とトラベラーズチェックの番号を控えている。もっとも小額紙幣の1ドル札と5ドル札は番号を控えることはしない。高額紙幣の番号を控えておいて、どこで使ったか後で追跡するのであろうか。それとも闇両替をしないように「牽制」しているのだろうか。

税関職員は、番号を控えると札とトラベラーズチェックをすぐに僕に戻してきた。その後、スーツケースとアタッシェケースの中に入っているものをすべて検査台の上に並べろと言う。

僕は言うとおりにした。

「タバコはないのか」と税関職員は尋ねた。

「ありません。日本では20歳未満の喫煙は禁止されています。だからタバコは持ち歩きません」

「時計が全部で3つあるが、1つくれないか。ルーマニアに無税で持ち込むことができる時計は2つまでだ」

そう言って、税関職員はブダペシュトの時計店で買った東ドイツ製の時計を手に取って、制服のポケットに入れた。

「そうですか。規則には従います。税金を払うので、手続きを取ってください」

税関職員は、東ドイツ製の時計を僕に戻した。

そして「これで検査は終了だ」と言って、サインをした書類を1枚渡した。持ち込み現金とトラベラーズチェックの総額、時計を3個持ち込んだことが記されている。3個目の時計に対する関税は支払わないで済んだ。税関職員は難癖をつけて東ドイツ製の時計を奪おうとしたのだ。僕は嫌な気分になった。スーツケースとアタッシェケースの荷物を詰めるのに15分くらいかかった。

フィフィのお父さんが言っていたルーマニアの税関職員は物を要求してくるというのは本

当だった。ひどい国に来たと思った。

空港の外に出て、バス乗り場を探したが、それらしきものがない。タクシー乗り場はあるが、タクシーは1台も停まっていない。仕方がないので空港のインフォメーションに行って、尋ねてみることにした。幸い、インフォメーションには英語のわかる中年の女性職員がいた。

「市内までバスで行きたいんですけど、何時に出ますか」

「空港と市内を結ぶバスはありません。バスは団体用の貸し切りしかありません」

「市内に行くタクシーはないのですか」

「空港には常駐していません。ブカレストから電話で呼ばなくてはなりません。ただし、タクシーはかなり不足しています」

「それでは空港から市内まで歩いていけというのですか」

「誰かの車に乗せてもらうといいでしょう。ルーマニアに来る人は、予め受け入れ団体に頼んで車を出してもらいます」

「僕は個人の観光客なので、受け入れ団体はありません。そういう旅行者はいないのですか」

「学生の観光旅行客は、通常、列車を利用します。飛行機を使う人は珍しいです。ところで、レンタカーを借りませんか」

「僕は運転免許証を持っていません」

「それは残念です。そうだ、さっきフランクフルトからやってきたドイツ人のビジネスマンがレンタカーを借りました。もうすぐ手続きを終えて、こちらに戻ってきます。インターコンチネンタル・ホテルまで送ってもらうように頼みます。ドイツ人たちもこのホテルに泊まるので、断ることはないと思います」

「ところで、僕はホテルの予約をしていないのですが、インターコンチネンタル・ホテルの予約が取れるのでしょうか。このホテルはかなり高いでしょう」

「シングルルームならば1泊97ドルです」

　闇両替をすれば、これは恐らくルーマニア人の2カ月分の給与にあたる。

「もっと安いホテルはないのですか」

「ありますが、資本主義国からのお客さんを泊めることができるのは、ブカレストではインターコンチネンタル・ホテルだけです。もちろんあなたがルーマニア語に堪能ならば、ルーマニア人が泊まるホテルを利用することもできます。しかし、設備が非常に悪いです。停電と断水があります」

「停電と断水！」

「そうです。一般のホテルに泊まるよりは、警察から特別の許可を受けて民泊した方がいいでしょう。ルーマニア人の比較的裕福な家に泊まることになります」

「そういう応用問題に取り組む余裕はありません。インターコンチネンタル・ホテルを2泊取ってください」と僕は頼んだ。

職員はディスプレーを見ながらキーボードを叩いた。航空会社がオンライン化されていないのにインターコンチネンタル・ホテルはコンピューターで簡単に予約ができるようだ。このホテルはルーマニアで特別な地位を占めているようだ。

しばらくするとドイツ人の2人組がやってきた。職員が僕をインターコンチネンタル・ホテルまで送ってくれと頼んだ。2人は快く引き受けてくれた。車は濃紺のメルセデスだった。2人のうちの若い方がハンドルを握った。

「ルーマニアでは、メルセデスが走っているのでしょうか」と僕は尋ねた。

「政府の高官や外国人はメルセデスに乗ることが多い。だからレンタカーもメルセデスが多い。ルーマニア人は、ダチアに乗っている」年を取った方のドイツ人が答えた。

「ダチア？」

「当初、フランスのルノーがルーマニアでノックダウン生産していたが、現在は、独自の改良をして、国民車になっている。悪い車じゃない。ルーマニア以外の東欧諸国ではあまり見かけない」

「どうしてですか」

「ルーマニア人は、ルーマニアスラブ民族に囲まれたラテン民族の孤島だという意識を持っている。だから、フランスやイタリアに関心が向かう」

「ソ連はイタリアからフィアットの技術を導入しています。ルーマニアは、なぜフィアットではなくルノーと提携しているのでしょうか」

「ロシア人と同じことはしたくないからだと思う。とにかくルーマニア人はソ連に対して強い対抗意識を持っている」

「僕はハンガリーからルーマニアに来ました。僕がホームステイした先の家族はルーマニアを嫌っていました」

「ハンガリー人はみんなルーマニア人を嫌っているよ。もともとハンガリーの国土だったトランシルバニア地方をルーマニアは軍事力で奪った。しかもこの地域のハンガリー人は貧困に苦しんでいる。それに親族訪問も厳しく制限している」

「日本で知ったルーマニアのイメージは、もっと肯定的でした。東欧社会主義国でありながら、自由がある。アメリカのニクソン大統領もルーマニアを訪問した。ルーマニアはワルシャワ条約機構の一員でありながら、1968年の『プラハの春』に対する軍事介入をしませんでした」

「対外的な自主外交と国内統治は違う。この国の内政は実に酷い。ソ連の方がずっと自由だ。おそらく、この国よりも国民に対する抑圧が激しいのはアルバニアしかないと思う。ニコラエ・チャウシェスクに対する個人崇拝は、スターリンを上回っている。対外債務を返済するために、国民に窮乏を強いている。産油国であるにもかかわらず、石油のほとんどを輸出に回しているので、停電が頻繁に起こる。国民の緊張感を維持するために、灯火管制を行っている」

「灯火管制？　どの国がルーマニアに攻めてくるというのですか」

「恐らく、ソ連だと思います」と若い方のドイツ人が、ハンドルを握りながら笑って答えた。

21

40分くらいでホテルに着いた。僕は、同乗させてくれたドイツ人2人にお礼を言って車を降りた。インターコンチネンタル・ホテルは、22階建ての高層ビルだ。ルーマニアにはこれよりも高いビルがないそうだ。4年前の1971年にできた。国立劇場の隣にある西側スタンダードのホテルだ。東欧社会主義国の中でも、ルーマニアがアメリカや西ヨーロッパ諸国と良好な関係を維持していることを象徴的に示しているのがこのホテルだ。

ホテルの中に入ってみた。暗い。時間を見ると午後7時過ぎだが、まだ太陽は沈んでいない。節電をしているのだろうか。

チェックインはすぐに終わった。フロント係は流暢な英語を話す。2泊分の料金として200ドル弱を前払いした。プラハやブダペシュトと比較するとホテル代もひどく高い。ポーターが僕を部屋に案内してくれた。エレベーターの中も廊下も豆電球のような非常灯が点いているだけで、ひどく暗い。気分も滅入ってくる。

部屋の調度品は、ビジネスライクなアメリカン・スタイルだった。電気を点けてみたが、豆電球のようなオレンジ色の電球しか灯らない。徹底した節電をしているようだ。母と妹に手紙を書こうと思ったが、こんな暗い場所では文字が書けない。

風呂に入ろうと思って、バスルームに行った。大きな湯船があるので、湯を張ろうとしたが、ぬるい湯がちょろちょろ流れてくるだけだ。水は勢いよく出てくる。熱い湯船につかることは諦めて、水のシャワーを浴びた。ブカレストの最高級ホテルですらこのような有り様だ。ルーマニアのエネルギー事情は相当厳しいようだ。今朝までいたハンガリーとはまったく別の国だ。

疲れたので、ベッドで横になると、すぐに眠気が襲ってきた。

目が覚めた。時計を見ると午前2時だ。カーテンを開けて、街の様子を見てみた。民家にはほとんど灯りが点いていない。空港からホテルに送ってくれたドイツ人が言っていたように灯火管制が敷かれているようだ。ただし、何カ所かスポットライトがあたっている場所がある。銅像だろうか。明日、訪ねてみようと思い、再びベッドに横になった。

目が覚めると8月14日の午前11時だった。いい天気だ。朝食は10時までだが、ホテルのカフェでサンドイッチくらいは食べられるだろうと思って降りていった。レストランもカフェも閉まっている。レセプションで尋ねると、レストランが開くのは、午後6時で、宿泊客でも予約しておいた方がいいということだ。

「市内のレストランで食事をしたいのですが」とフロント係に尋ねた。

「具体的に行きたいレストランがありますか」

「特にありません。ルーマニア料理を試してみたいと思います」

「外国人の観光客には、ホテルで食事をすることをお勧めしています。物資が欠乏しているので、市内のレストランで満足な食事を出せるところはありません。それから、ルーマニア人の友人がいなくては、レストランでのオーダーにも苦労します」

「わかりました。市内観光をしたいのですが、ツアーはありますか」

「午前のツアーはすでに出てしまいました」

「午後のツアーでもいいのですが」

「満席です」

「明日の午前のツアーはどうですか」

「残念ながら満席です。個人旅行で来られる方用の観光プログラムもありますが、あまりお勧めしていません」

「どうしてですか」

「かなり高いからです。3時間で100ドル以上します」

「何でそんなに高いのですか」

「車と観光ガイドがついているからです」

僕がこれまでに訪ねたチェコスロバキア、ポーランド、ハンガリーと異なり、何をやるにしてもルーマニアではひどく金がかかるようだ。

「それでは、バスや路面電車を使って市内観光をしたいと思うのですが、公共交通機関の案内図をください」

「残念ですが、そういう案内図はありません」

どうもこの国は観光にあまり力を入れていないようだ。日本から持ってきた日本交通公社のガイドブックを頼りに市内観光をすることにした。明日の夜行列車でキエフに行かなくてはならない。まず、駅に行って切符を買うことにした。

「明日の夜行でキエフに行こうと思っています。どこで切符を買えばいいでしょうか」

「国際列車は北駅から出ますので、そこの切符売り場に行くといいでしょう」

「だいぶ混んでいるでしょうか」

「混んでいると思います。もっとも外国人用の枠があるので、買えないことはないと思います」

プラハでワルシャワ行きの切符を買ったときのように半日がかりになるのだろうか。まず、切符を入手することにした。

ブカレスト北駅は、19世紀末にできた立派な建物だった。第二次世界大戦でルーマニアはドイツについた。兵員、貨物（特にルーマニア産の石油）を輸送する重要な拠点がブカレスト北駅なので、連合軍の激しい空襲を受けたという。

切符売り場はすぐにわかった。国内と国際に分かれているので、国際の行列についた。国内の方は100人を超える長蛇の列だ。それに対して、国際は十数人しかいない。これならば1時間くらいで切符を買えると思ったが、大きな間違いだった。1人に20分くらいかかるのだ。正午を少し過ぎた頃に行列についたが、僕の順番が回ってきたのは午後3時を回ってからだった。

「明日の夜、ブカレストを発つキエフ行きの寝台列車の切符をください」と僕は言った。

「あなたは、どこの国から来ましたか」

「日本です」

「外国人用の切符はここでは売っていません。市内の鉄道省事務所に行ってください」

そう言って、係員は事務所の住所を教えてくれた。北駅からそれほど離れていない場所なので、歩いていくことにした。道を歩いていて気付いたが、至る所に警察官がいる。あちこちにカメラの絵の上に大きく×印をつけた標識が立っている。写真撮影禁止という意味だ。それから、あちこちの建物にニコラエ・チャウシェスク大統領の肖像画が掛けられている。その下にスポットライトをあてる装置がついている。夜中、ホテルから見た光があたっている場所にはチャウシェスクの肖像画が掛かっていたのだ。プラハ、ワルシャワ、ブダペシュトでは見たことのない風景だ。日本で東ヨーロッパに関する本を読んだときには、1968年の「プラハの春」に軍事介入をせず、アメリカとも良好な関係を維持し、ニクソン大統領が訪問したルーマニアがいちばん自由な国であるという認識だった。しかし、実際にはルーマニアがもっともスターリン主義的で自由が抑圧されているという印象を受けた。

鉄道省事務所の外国人用切符売り場は空いていた。僕の前には1人、お客さんがいただけだ。切符もすぐに買えた。しかも、外貨ではなくルーマニア・レウで支払うことができる。「明日は23時台の夜行寝台列車に加え、23時台に1本、さらに零時台にもう1本、キエフ行きの臨時夜行列車が出ます。北駅で手続きをしてください」と係員は言った。思ったよりも簡単に切符を買うことができたので、僕は「北駅での手続き」の意味を係員に詳しく尋ねるのを忘れた。駅に30分くらい前に着いていれば、列車に乗れるだろうと安易に考えていた。そのためにちょっとしたトラブルに巻き込まれることになる。

鉄道省事務所を出て時計を見ると、午後4時だった。美術館や博物館を訪れるには遅い。そうかといって、このまま真っ直ぐにホテルに戻ってしまうのもつまらない。僕は事務所の前の停車場から路面電車に乗って、その終点駅まで行ってみることにした。そして、その周辺を歩いてみようと思った。

路面電車の終点駅に着くまで40分くらいかかった。車窓から市街の景色が見えるが、樹木の多いきれいな街だ。それから、至るところにニコラエ・チャウシェスク大統領の肖像画がある。中国の宣伝雑誌『人民中国』では、至るところに毛沢東の写真や肖像画が掛かった各地の写真が出てくるが、それによく似ている。ルーマニアでチャウシェスクに対する個人崇拝がこれほど進んでいることは、日本でルーマニアに関する文献をいくら読んでもわからない。「百聞は一見にしかず」というのは、まさにこのことだ。人々が着ているものもみすぼらしい。一昔前、日本で出たソ連・東欧の写真集で見た景色のようだ。

路面電車の終点は、大きな工場の入口だった。工場の名前が書いてあるが、ルーマニア語なので意味がさっぱりわからない。カメラの絵の上に大きな×印がついている。ここも撮影禁止ということなのだろう。こんな場所を外国人がうろうろしていると誤解を招く危険性があるので、早く離れてしまいたい。しかし、終点なので路面電車からは降りなくてはならない。電車を降りると、人が集まっているコーナーがあるので覗いてみた。清涼飲料水の自動販売機がある。日本で見たことがあるソ連製のソーダ水自動販売機だ。そばに近づいて、行列についた。ガラスのコップが備え付けてある。洗浄装置がついているが、きれいには洗えない。もっとも、回し飲みをしても誰も気にしないようだ。コインを入れるとレモネードが出てきた。薄い黄色をしている。あまり甘くなくておいしい。そばにいる労働者が、「中国人か、ベトナム人か」と話しかけてくる。僕が「日本人だ」と答えると、相手は驚いた顔をする。しかし、それで終わりだ。ポーランドだったならば、身振り、手振りでいろいろ話しかけてきて、「一緒にどこかに行こう」と誘われたであろう。ルーマニア人たちは、外国人には距離を置こうとしているようだ。こういう雰囲気を知ることができただけでも、路面電車に乗って、終点まで何となく旅をしたことには意味がある。

帰りは二度、路面電車を乗り換えてホテルに着いた。通勤時間帯のせいか、路面電車はひどく混んでいた。

ホテルに戻ると、お腹が空いていることに気付いた。昼は切符を買うことに熱中し、腹具合まで考えている余裕がなかった。早速、ホテルのレストランに行った。レストランの入口には満席という札が掛かっていたが、宿泊者カードを見せると、テーブルに案内してくれた。宿泊者用には別枠でテーブルがあるようだ。すぐにウエイターがやってきた。

「ルーマニア料理を食べたいのですが」と尋ねた。

「残念ながら、ルーマニア料理はありません」

「それでは、何がお勧めですか」

「ニューヨーク風のステーキです」

「それではそれをお願いします」

「前菜とスープはどちらにしますか」

「スープにしてください」

「デザートは、アイスクリームしかありません」

「結構です」

「ジャムをかけますか、チョコレートソースにしますか」

「チョコレートソースにしてください」

「ワインはどうしますか。ステーキなので赤をお勧めします」

「アルコールは飲みません。コーラを持ってきてください」

「わかりました」

注文から10分も経たないうちにウエイターはロールパンとコンソメスープを持ってきた。サーブは早いようだ。コンソメスープは薄味だが、牛肉のだしがよく出ていておいしい。ロールパンはひどく堅い。

ステーキは、500グラムくらいある。ウエルダンで中まで火がよく通っている。かなり硬い肉だが、味はいい。他のテーブルを見てみたが、半分くらいの人がこのステーキを取っている。このレストランのお勧め料理なのだろう。客の3分の2くらいはルーマニア人で、ワインを何本も空けて、楽しそうに食事をしている。インターコンチネンタル・ホテル自体がルーマニア人にとっては観光地になっているようだ。

アイスクリームと一緒にコーヒーを注文した。コーヒーは小さなカップに入ったトルコ風でとても濃かった。食事が終わって部屋に戻り、引き出しから部屋に備え付けの絵葉書を取り出した。豆電球のような光の下で母に宛てて「ルーマニアは思ったよりも暗い感じです。日本で本を通じて得た印象と、現実の違いに驚きました」と書いた。

フィフィのお母さんが言っていたように、ブダペシュトから列車で直接キエフに向かった方がよかったのかもしれない。しかし、ルーマニアに立ち寄らなければ、この雰囲気を知ることはできなかった。この旅行にも意味があると前向きにとらえることにした。どの国でも人間の性質がそれほど異なるはずはない。プラハでは、知り合いができなかったが、それはチェコ人の性格が非社交的だからではない。1968年の「プラハの春」の傷が癒えておらず、政府による外国人との接触に対する監視が厳しいので、チェコ人は面倒を避けるために外国人と接触したがらないのだ。ポーランドとハンガリーでは、当局がそれほど厳しく外国人との接触を監視していない。だから、人々は自由に外国人を自分の家に招待することができる。ルーマニア当局の国民に対する規制は、チェコスロバキアよりもはるかに厳しいのだろう。それがルーマニア人の外国人に対するよそよそしい態度につながる。ただし、ルーマニアに関しては、チャウシェスク大統領がソ連に叛旗を翻しているので、「小国だがよく頑張っている」という良い印象のニュースばかりが日本では流れている。従って書物や新聞だけでルーマニアに関する知識を得た人は、この国に対して過剰に良い印象を持つようになる。

ハンガリーは、1956年のハンガリー動乱でソ連軍によって弾圧されたので、ソ連の傀儡政権の下での圧政に苦しんでいる住民は、政府に対して反発しているという印象を、日本での読書を通じて僕は得ていたが、現実はまったく異なっていた。確かにハンガリー人は、ソ連を嫌っている。それだからといって西側に憧れているわけでもない。国民は社会主義体制のハンガリーを愛していて、カーダール政権は支持されている。国民は政治よりも自分の生活に関心がある。家族と友人を大切にできれば、政治的枠組みなどどうでもいいと思っている。普通の日本人と普通のハンガリー人はだいたい同じようなことを考えているのだと思った。

翌朝、ドアをノックする音で目を覚ました。時計を見ると午前11時だ。7時に目覚ましをかけたのだが、止めてしまい、そのまま寝てしまったようだ。扉を開けると清掃係が立っている。チェックアウト時間を過ぎている。荷物は昨晩のうちにまとめておいたので、すぐに1階に降りてチェックアウト手続きをした。昨日の夜のステーキがまだお腹に残っている。ホテルで昼食はとらずに駅に行って、とりあえずスーツケースを預け、身軽になって市内観光をすることにした。駅の手荷物一時預かり所もひどい行列だ。1時間くらい待ってようやく手荷物を預けることができた。受け取るのにも時間がかかりそうだ。キエフ行きの夜行列車は午後11時半に出る。トラブルに巻き込まれる可能性もあるので、9時にはここに戻ってきて、スーツケースをピックアップすることにした。

市内観光といっても、とくに見たい場所があるわけではない。とにかく路面電車に乗って、車窓から市内を覗いて、興味深い建物があったら降りてみることにした。路面電車に乗って気付いたのは、日中、市内を歩いている人が少ないことだ。夫婦共働きで、みんなどこかで仕事をしているのだろう。車窓から見ると教会が多い。市の中心部から少し離れたところで降りて、散歩をした。しばらくすると小さな教会があるので近づいていった。扉には鍵がかかっていないので、中に入った。イコンがたくさん掛かった壁がある。オレンジ色のロウソクが灯されていて、スカーフを被った老婦人が数人いて、熱心にお祈りをしている。僕が教会に入ったことには気付いていると思うが、誰も声をかけてこない。僕は教会の外に出た。アタッシェケースからカメラを取り出して写真を撮ろうとすると、後ろから「ヒュー」という口笛が聞こえた。振り向くと警察官だ。指でカメラの上に×が書いてある標識を指している。教会の隣の建物が撮影禁止になっているようだ。僕はあわててカメラをアタッシェケースの中に入れた。しかし、これほど細かく写真撮影を禁止するのにどのような意味があるのだろうか。建物にはチャウシェスク大統領の大きな肖像画が掛かっている。まるでここは王国のようだ。

結局、市内ではあまり見るものもないので、少し早く駅に行くことにした。駅に着いたのは午後6時頃だが、荷物を取り出すのに1時間半かかった。待合室でノートを広げて、ハンガリー旅行のメモを作成していた。フィフィたちは、今頃どうしているだろうか。大学生になったら、アルバイトをして金を貯めて、今度は経済的に両親の世話にならずにハンガリーを訪れたいと思った。

記憶を整理してノートに記していると時間が瞬く間に過ぎていく。午後11時少し前に大きな音を立てて、キエフ行きの列車が入線してきた。切符を見たが、号車と席番号が書いていない。もっともキエフ行きの寝台車は1両しかないので、そこに向かった。これまで見た車両と異なり、キリル文字で何か書いてある。切符を見せて、中に乗り込もうとしたら、女性の車掌が「モメント」と言って、僕を止める。首を横に振って「ニェット」と言う。「ダメだ」という意味なのだろう。どうして乗せてくれないのだろうか。「この列車に乗れないと、予定通り、キエフに着けなくなるので、日本に帰れなくなってしまいます」と英語で訴えるが、相手は「ニェット」の一点張りだ。それに英語がまったくわからないようだ。周囲に人が集まってきた。「お困りですか」と英語で声をかけてくれた中年の男性がいた。僕は切符を男性に見せた。

「あなたはルーマニア人ですか」

「そうです」

「それじゃ、この切符を見てください。昨日、鉄道省事務所で買った切符です。この切符でキエフに行くことができるという説明を受けました」

男性は、切符を注意深く見た。

「確かにこの切符で、この列車に乗ることができます。いま私が掛け合ってみます」

そう言って、車掌とロシア語で話し始めた。しばらくやりとりをした後、男性は僕に向かってこう言った。

「車掌は、指定席券がないので乗せられませんと言っています」

「指定席券？」

「そうです。この切符には、運賃、急行料金、寝台料金が含まれていますが、指定席券が欠けています」

「そんな話は初めて聞きました」

「たいした値段ではないので、車内で発行することができると思います。もう一度、車掌と掛け合ってみます」

男性が車掌に頼み込むが、車掌は「ニェット」の一点張りだ。

「無理に乗り込んでしまったらいいでしょう。そうすれば、車掌もあきらめて、指定席券を発行すると思います」

そう言って、男性は、私のスーツケースをタラップから列車に乗せようとした。大柄な車掌がそれを実力で阻止する。車掌が怒鳴った。ルーマニア人男性がそれ以上の声で怒鳴り返す。黒山の人だかりになった。

周囲にいる人たちが僕に「乗れ、乗れ」とはやし立てる。僕はその声に勇気を得て、タラップに足をかけたが、車掌が列車の扉を閉じてしまった。しばらくして、ガタンと音を立てて列車はプラットフォームを離れていった。これでキエフに予定通りに入ることができなくなってしまう。僕の目からぼろぼろと涙が流れ出した。

僕を手伝ってくれた中年の男性が、「お役に立てなくて済みません。これから外国人旅行客担当の責任者に会いましょう」と言って、僕を駅の事務室に案内した。その事務室は駅長室の隣にあった。20代の女性に男性がルーマニア語で説明すると、女性は上司を呼び出してきた。上司は50歳くらいの上品な女性だった。外国人担当の室次長ということだ。

「何語を話しますか」と次長は、英語、ドイツ語、フランス語、ロシア語で話しかけていた。僕は泣きじゃくっているので、すぐに返事ができない。しばらくして、「英語でお願いします」と返事をした。

「御迷惑をおかけして済みません。あなたの買った切符を見せてもらえますか」と次長が尋ねた。

「どうぞ」と言って、僕は切符を渡した。

「昨日、切符を売った人は、列車に乗る前に指定席券を買うようにと説明しませんでしたか」

「何か説明していましたが、指定席券を買えということとは思いませんでした」

「寝台列車の場合、席の指定は当日になってからしかできません」

「そうするとこの切符はもう無効なのでしょうか」

「いや、使えます。ただし、寝台車の指定席券は、申し込み時間を過ぎているので、もう取れません。二等席ならば大丈夫です」

「とにかくできるだけ早くキエフに行きたいです。二等席でもいいですから、切符を買いたいです」

「それでは一緒に行きましょう」と言って次長は席を立った。そして、僕に同行してくれた男性に事情をルーマニア語で説明していた。男性は、「この人に任せれば大丈夫です。よい旅行を」と言って、去っていった。

次長は僕を連れて、裏口から切符売り場に入った。職員が、ボールペンで書き込みをした台帳を見て、何か説明している。それを聞いて、次長が僕に説明を始めた。

「午前1時10分に出る臨時列車があります。国境までは二等席しかありませんが、国境からキエフまでは寝台列車になるので、横になって休むことができると思います」

「どんな切符でもいいです。とにかくキエフに行ければいいです」

「レウはまだ残っていますか」

「コインしかありません。いくら必要ですか」

「10レウです」

「ドルでは払えませんか」

「レウしか受け付けません」

「駅の両替所は開いていますか」

「閉まっています。この時間で両替ができるのはインターコンチネンタル・ホテルだけです」

「それでは、これからホテルに行って両替をしてきます」

「いや、それには及びません。私が払っておきます」と言って、次長が指定席券代を支払った。

「相当額のドルを払います」

「私たちは外貨を受け取ることが認められていません。はるばる日本から旅行してきた若い人に迷惑をかけて済まなく思っています。これはお詫びのつもりです」と次長が言った。今度は、嬉しさで僕の目から涙がこぼれた。

「さあ、列車が出るまで1時間半あります。私たちの部屋で、お茶でも飲みましょう」と次長が言った。事務室に戻ると彼女は、部下の若い女性に命じて、紅茶を準備させた。

「今回の旅行はたいへんでしたね」

「正直に言いますがたいへんでした。もう二度と来たいと思いません」

そう言って、僕は空港で税関職員から時計をねだられたこと、空港からホテルまでバスがなく苦労したことなどを話した。次長は注意深く僕の話を聞いた。

「ルーマニア人は、本来、お客さんが好きで、外国人を歓迎します。しかし、政府は外貨を獲得しなくてはならないので、かなり無理をして外国人観光客を誘致しています。観光客を誘致するインフラが十分に整っていない。空港から市内へのバスが準備されていないのもその例です」

そして次長は尋ねた。

「インターコンチネンタル・ホテルにいくら支払いましたか」

「1泊97ドルです。2泊したので194ドル払いました」

「ルーマニア人の3カ月分の賃金に相当します。市内のルーマニア人用のホテルや民宿なら5ドルあれば泊まれます」

「外国人でも泊まれるのですか」

「泊まれます。ただし、現地事情に通じてルーマニア語がある程度わからないと、そういうホテルや民宿を探し出すことができないと思います。まだ外国人を受け入れる態勢が整っていないのです」

「そうすると、今度、ルーマニアを訪れるときは、団体旅行の方がいいということでしょうか」

「団体旅行でも、あるいはソ連旅行の方式で、事前にホテル、交通機関、ハイヤー、ガイドなどをすべて予約しておくのでも構いません。ルーマニアは自由旅行には向いていませんし」

「でも、あなたのような親切な人がいるので助かった」

「個人旅行をする外国人のお手伝いをするのは、よくあります。あなたが事前に切符を買っていたので、比較的簡単な対応で済みました」

「どうもありがとうございます」

「ただし、あなたが乗る臨時列車は、旧い車両なので乗り心地がよくないですよ。それにひどく混んでいると思います」

「指定席なのに混んでいるということですか」

「多分、指定席でも誰か座っていると思います。車掌に言って、座っている人を席から移動させなくてはなりません」

列車に乗ってからも一苦労しそうだ。疲れがどっと出てきた。

22

部下の女性が、紅茶とクッキーを持ってきた。紅茶はロシア式で、ガラスのコップに金属のホルダーがつけられている。

「ロシア式ですね」と僕が言った。

「ルーマニアでもこういう飲み方をする人はたくさんいます」と次長は言った。

「ルーマニア人はロシア人を嫌っているといいますが、実際のところどうでしょうか」

「ロシア人にもいい人もいれば、そうでない人もいます。ルーマニア人にも悪い人間もいれば、善い人間もいる」

「それは日本人でも同じだと思います。善い日本人もいれば悪い日本人もいます」

「ルーマニアのソ連に対する感情は決してよくありません。それはベッサラビア問題があるからです」

「ベッサラビア？」

「モルダビアです」

「キシニョフが首都の？」

「そうです。キシニョフとはルーマニア語で『新しい泉』という意味です。もともとモルダビア人という民族はいません。ルーマニア人です。モルダビア人とは、スターリンがベッサラビアの併合を正当化するために人為的に作った民族です」

モルダビアという共和国がソ連にあることは知っていた。しかし、モルダビア人とルーマニア人が同じ民族だという話は初めて聞いた。

「そうなると、モルダビア語はルーマニア語の方言になるわけですか」と僕が尋ねた。

「方言というよりも、ルーマニア語そのものです。モルダビアに行って、ルーマニア語で話せばそのまま通じます。ただし、文字が異なります」

「というと」

「ルーマニア語はラテン文字で表記しますが、モルダビア語はキリル（ロシア）文字を使います」

「ロシア人が押しつけたのですか」

「その要素もありますが、ルーマニア語も19世紀初めまではキリル文字を使っていました。だから、キリル文字で表記しても困ることはありません」

「モルダビアに行ったことがありますか」

「いいえ。一度行ってみたいと思うのですが、叶いません。キシニョフは外国人にも開放されていますが、ルーマニア人の場合には、訪問をまず認められません。ですからソ連に行く場合は、キシニョフを通過してキエフに直行することになります」

「日本人ならば問題ありませんか」

「問題ないはずです。キシニョフは第二次世界大戦の激戦地だったので、歴史的建造物は破壊されてしまいましたが、並木道がきれいな街だといいます」

次長と話しているうちに、悪かったルーマニアの印象がだいぶ変化してきた。部下が淹れてくれた紅茶もおいしい。

「おいしい紅茶ですね。それにクッキーもおいしいです」

「臨時列車なので食堂車がついていません。夕食は食べていないでしょう」

「ええ。列車に乗れるかどうかわからないので、食欲が湧きませんでした」

「もうすぐお腹が空きます。クッキーとキャンディーしかありませんけれど、食べておいた方がいいです」

「英語が上手ですけれど、何カ国語を話すのですか」

「英語以外には、ロシア語、フランス語、ドイツ語、イタリア語を話します。ブルガリア語も話しますが、仕事で使うことはほとんどありません」

「どこで外国語を勉強したのですか」

「ブカレスト大学です。ルーマニアだけでなく、ソ連やブルガリアでも、外国語教育は資本主義国と比較して充実していると思います。どうしてかわかりますか」

僕は次長の質問の意味がよくわからなかった。

「比較したことがないので、わかりません」

「社会主義国の場合、外国に留学して実地で英語やフランス語やドイツ語を勉強する可能性はないという前提で、会話を含めて外国語教育をするからです」

「ドイツ語の場合、東ドイツに留学する可能性はないのですか」

「西ドイツと比較すれば可能性が高いですが、それでもほとんどありません。留学する場合は科学技術系の知識を身につけるか、あるいは文学ならば博士論文を書くようなかなり高度な研究になります。ドイツ語を勉強するために留学するというコースはありません。逆にルーマニア国内で、完璧に語学を習得していないと、外国人と接触する仕事には就けません」

「ブカレスト大学でアルバニア語を勉強することはできますか」

「アルバニア語⁉　確かアルバニア語の講座が開かれていたと思います。ただし、受講生はほとんどいなかった。言語学者以外、アルバニア語に関心を持つ人はいないと思います。あなたはアルバニアに関心があるのですか」

「あります。東ヨーロッパで日本と外交関係がない唯一の国です。日本からの観光客も受け入れていません」

「アルバニアは中国と関係がいいですよね。中国からの観光団に加わってアルバニアを訪れることはできないのですか」

「日本から中国に観光旅行で渡航することはできません」

「日本側で何か制限を加えているのですか」

「いや、友好参観団という形でないと中国が受け入れません。北京—チラナ間は中国民航機が飛んでいることは知っていますが、日本人が利用することは事実上不可能です」

「アルバニアは航空会社を持っていません。タロム（ルーマニア航空）で、ブカレストからチラナに入る人もいます」

「アルバニアとルーマニアは関係がいいと本には書かれています」

「確かにアルバニアからの留学生が何人かブカレスト大学にもいました。ただし、それほど多くのアルバニア人がルーマニアを訪ねることはありません。アルバニアは事実上の鎖国状態にあります。不思議な国です。もっともユーゴスラビアのコソボ自治州にはアルバニア人がたくさん住んでいます。コソボならば西側の人々でも自由に訪ねていくことができます」

「ルーマニアとユーゴスラビアの関係はどうですか」

「ソ連から距離を置くという点では共通点があります。もっともルーマニアはユーゴスラビアほど豊かではない。ユーゴスラビアの観光政策はとてもうまくいっている。羨ましいです。例えば、夏に海水浴でドゥブロブニクを訪れた人は、来年もまた行きたいと思う。ルーマニアを観光で訪れても、あなたの例でわかるように、『もう二度と来たくない』と思う人が少なからずいます。私としてはとても残念です。観光局としてはできるだけのことをしているのですが、率直に言ってルーマニアには外国人観光客を受け入れる十分な態勢がありません。しかし、ルーマニア人はお客さんが好きで、観光客には親切な民族です」

「それはよくわかります」と僕は答えた。

「ソ連への入国日は予定通りですか」と次長が尋ねた。

「この騒動で数時間遅れましたが、日付は同じだと思います」

「いずれにせよ通常、資本主義国の観光客が乗ることのない列車でソ連に入国するので、一応、『ザヤブレーニエ』を準備しておいた方がいいと思います」

「ザヤブレーニエ？」

「ロシア語でステイトメント（声明文）のことです」

「ずいぶん大袈裟ですね」

「ステイトメントというと大袈裟ですが、ソ連では何か小さな変更があるたびに書類の提出を求められます。あなたはロシア語を勉強したことがありますか」

「独学で勉強しました。キリル文字でアルファベットは書けます」

「ステイトメントは自筆の方がいいです。これから私がゆっくり口述するので書き取ってください」

そう言って、次長はロシア語で口述を始めた。僕には次長が何を言っているのか全くわからない。当然、書き取ることなどできない。

「全然わかりません」

「もう少しゆっくり話しましょうか」

「いくらゆっくり話していただいても、僕のロシア語力がないので書き取れません」と僕は正直に言った。

「わかりました。それじゃ、今晩、起きたことをロシア語で書いておきます。国境でソ連の国境警備隊員にこのステイトメントを見せてください。先方が『署名せよ』と言うならば、日付を書いて署名してください」

そう言って、次長は引き出しから無地の便箋を取り出して、ロシア語の筆記体で文章を書き始めた。30分くらいでステイトメントは仕上がった。

「これで大丈夫です」と次長は言った。

ステイトメントは、便箋3枚になった。書類になると何かたいへんな事件に巻き込まれたような気になってくる。ソ連入国時にトラブルに巻き込まれるのだろうか。僕は心配になってきた。

「そろそろ列車が入線します」と次長が言った。

「お世話になりました。どうもありがとうございました」と言って事務室を出ようとすると、次長が「私たちも一緒に行きます」と言った。次長は部下に命じて事務室の鍵をかけさせた。次長と部下が僕を先導する。部下の女性が「片手が空いていた方がいいです」と言って僕のスーツケースを持ってくれた。

列車が入ってきたホームは黒山の人だかりだ。こげ茶色のかなり旧式の客車が停まっている。もしかすると第二次世界大戦前にできた客車かもしれない。皆、大きな荷物を持って我先にと列車に乗り込もうとする。車両ごとの出入口は1つしかない。そこに女性の車掌が立って切符をチェックしている。僕の車両の車掌は身長は175センチメートルくらい、体重は軽く100キログラムを超えている。

「あの車掌はロシア人ですか」と僕は尋ねた。

「いいえ。ルーマニア人です。これからあなたのことをお願いします」と次長が答えた。

とにかくもの凄い勢いでたくさんの乗客が車両の出入口に向かってくる。スーツケース以外に段ボール箱や木箱をいくつも持っている乗客もいる。列車の床はホームから1メートル20センチメートルくらい上にある。一人旅の客はいないようで、まず一行のうち1人がデッキに上がって、ホームから荷物を受け取る。この作業にかなり時間がかかり、出入口付近は混乱の極みになっている。車掌が大きな声で怒鳴っている。

「何て言っているんですか」と僕は次長に尋ねた。

「停車時間はまだあります。押し合わないでと言っています。性格の良さそうな車掌なので、きっとあなたに便宜を図ってくれます」と次長は言った。

次長が車掌に近づいていった。2人で話し込んでいる。車掌が何回か頷いた。

「この車掌はあなたの状況をよく理解しています。あなたの指定席には、現在、別の人が座っていますが、席を移動してもらいます」

「そんなことができるんですか」

「指定席でも空いていれば誰かが座るというのがルーマニアでの常識です。ただし、指定席券を持った人が現れれば移動します。それから、この列車は時刻表では国際列車になっていますが、実際は国内列車です」

「どういうことですか。この列車ではソ連に入国できないのですか」

僕は急に不安になった。

「ソ連には確実に入国できます。その点については心配しないでください。ただし、国境駅のルーマニア側で、全員が車両から降ろされます。おそらく、そこから徒歩で橋を渡ることになります。あるいは、ソ連の列車がルーマニア側の駅で待っているかもしれません。それは現地でしかわかりません」

「わかりました。ほんとうにお世話になりました。あなたと会えてとても幸せです。また、必ずルーマニアを訪れます」と言って僕は列車に飛び乗った。

夜行列車だからなのだろうか、暗い豆電球しかついていない。人間の姿がようやく見えるくらいだ。車掌が僕を先導して、車両の中央に案内してくれた。通路にもリュックサックを背負った人がたくさん座っている。正確に言うと座っているのではなく、何人かで塊になって寝ている。女性の比率が7割くらいだ。ブカレストで降りる人はあまりいないようだ。車掌は20キログラムくらいの重さがある僕のスーツケースを軽々と運んでいる。相当、筋力がありそうだ。

僕のコンパートメントの前にやってきたようだ。扉のノブに手をかけるが、内側から鍵がかかっているようで動かない。車掌が激しく扉を叩き、大声で叫ぶと扉が開いた。コンパートメントは、4人掛けの長椅子が向かい合わせになっていて8人掛けのはずだ。しかし、長いすには6人ずつ腰掛け、床で3人が寝ている。この小さなコンパートメントに15人が詰まっているとは夢にも思わなかった。

車掌は乗客の切符をチェックする。結局、指定席券を持っているのは、7人だけで、それ以外の人はコンパートメントから追い出された。そして、僕は窓側の席に案内された。追い出された人が、天袋からスーツケースや段ボール箱を取り出すのを見て、僕は申し訳ない気持ちになった。

同室の7人のうち、2人は都会風の服を着た中年の夫婦だった。5人は、身なりから判断して農民のようだ。7〜8歳くらいの男の子とその両親、それに祖父母が乗っている。僕の向かいは男の子だ。その隣に祖父が座っている。男の子が物珍しそうに僕を見ている。

僕が英語で「日本から来たんだ。この列車でキエフに行く」と言うと、男の子が祖父に「ジャポニア」と言っている。お祖父さんがフランス語で話しかけてきたので、僕は首を横に振った。すると今度は、ドイツ語で話しかけてきた。僕は、たどたどしいドイツ語で「Ich spreche Deutsch sehr schlecht. Sprechen Sie Englisch?（僕はドイツ語をほとんど話せません。英語を話しますか）」と尋ねた。お祖父さんは「ナイン」と言って首を横に振った。その後、身振り、手振りと、5カ国語会話帳の助けを借りながら意思疎通をした。5人は家族で、ソ連との国境地帯に住んでいる親戚を訪問するとのことだった。途中、何度も「コムニズム（共産主義）、ナイン」、「ソビエト（ソ連）、ナイン」と言って、共産主義体制やソ連を嫌っていることを露骨に示していた。孫の質問に答えてお祖父さんはルーマニア語で説明をしている。両親はお祖父さんの発言を遮ることはしない。疲れているのだろうか。目をつぶって寝ている。

お祖父さんは、袋から缶詰を取り出した。金色のブリキの缶詰で、何が入っているのか表示されていない。お祖父さんはポケットから小さなナイフを取り出して缶詰とともに孫に渡した。孫が缶詰の蓋に近い横腹にナイフを入れると「プシュッ」という音がした。まだ幼いのに孫は見事な手さばきで缶詰を開けた。レバーペーストの缶詰だ。孫は開けた缶をお祖父さんに渡した。お祖父さんは足元の布袋から大きなパンを取り出した。ライ麦の入ったブラウンブレッドだ。お祖父さんは、パンを大きく切って、それにナイフでレバーペーストをたっぷり塗って、僕に渡す。ルーマニア語で何か言った。ジェスチャーで「食べろ」と伝える。

パンは今朝焼いたのだろうか。まだ軟らかい。レバーペーストも塩味がそれほどきつくなくおいしい。僕は親指を上にあげて「おいしい」と身振りで示した。孫もお祖父さんもレバーペーストをたっぷり塗ったパンを食べる。お祖父さんは、布袋から瓶を取り出した。中に赤ワインが入っているようだ。「ナイン」と言って断った。するともう一本、別の瓶を取り出して、孫に与えた。水が入った瓶のようだ。孫が喉を鳴らしておいしそうに水を飲んでいる。僕も喉が渇いてきたので、身振りで「水が飲みたい」と示した。孫が瓶を僕に渡してくれた。水をラッパ飲みした。とてもおいしい。

ハンガリーの鉄道では車内販売があったが、この列車にはそのようなサービスはない。列車は移動するという目的のためだけに存在しているようだ。この列車の座席もひどく硬い。戦前の三等列車が現在も使われているのだろう。

お腹が一杯になったら眠くなった。旧式の列車のせいか、停止と出発のときにひどく揺れ、目が覚める。だから、熟睡することはできなかった。どれくらい時間が経っただろうか。誰かが僕の肩を叩くので、目が覚めた。僕の肩を叩いたのは、さっきのお祖父さんだった。ルーマニア語で何か言っているが、意味がさっぱりわからない。僕に大きなブラウンブレッドを半分切って、それからレバーペーストの缶詰を渡す。缶詰を渡しながら僕に何か尋ねるが、わからないので黙っていた。するとお祖父さんは、ポケットからナイフを取り出して、缶の蓋を半分くらい開けて僕に渡した。きっと「缶切りかナイフを持っているか」と尋ねたのだろう。家族5人は下車の準備をしている。「キエフまではまだ長いので、途中でこのパンとレバーペーストを食べろ」ということなのだろう。お祖父さんの気遣いに胸が熱くなった。何か土産に渡すものはないだろうか。日本製の人形、財布、絵葉書などの土産物はすでにすべて配ってしまった。ポケットにブカレスト駅の事務室でもらったキャンディーが入っていることを思い出した。ポケットからキャンディーを全部取り出して孫に渡した。孫は喜んで、早速、包み紙を開いて食べ始めた。両親からお礼を言われたが、ルーマニア語なので意味が全くわからない。ルーマニア人の一家は、十数個の荷物を持って列車から降りていった。この夜行列車の経験で、次長が言っていたルーマニア人は外国人に対して親切だというのは、ほんとうのことだと思った。

ルーマニア人の家族が下車すると、コンパートメントは僕一人だけになった。トイレに行きたくなったので、通路に出た。ブカレストで列車に乗り込んだときは、通路も人で一杯だったが、現在は誰もいない。ただし、新聞紙や食べ物のカスが散乱している。小学生のとき、レースが終わった後の大宮競輪場に友だちと赤鉛筆を拾いに行ったときの情景が思い浮かんだ。あのときの車券売り場前がこんな雰囲気だった。列車のトイレは、便座が壊れていて、床に穴が空いているような状態だった。それに金属が腐食していて、床が抜け落ちそうだ。この車両は第二次世界大戦前に作られたものだと確信した。

コンパートメントに戻って30分ほどすると、車掌がやってきて、荷物をまとめて下車するようにと身振りで指示した。そろそろ国境が近づいているようだ。

列車が停まった。まだ駅ではないようだ。制服を着た人が数名、乗り込んできた。まずは、税関職員で、入国時の外貨申請と手持ちの外貨に差がないかをチェックする。訛りのある英語で、持ち金を見せろと言うので、現金とトラベラーズチェックを見せたら、先方は数えずに「しまっていい」と言った。その後、入国管理官がやってきて、英語でパスポートとルーマニアのビザを見せろと言う。僕は、入国管理官にパスポートを渡した。入国管理官は「ソ連のビザは取れているのか」と尋ねるので、「取れている。パスポートに貼付してある」と答えた。入国管理官はルーマニアとソ連のビザをチェックすると、「パスポートを一時預かる」と言って、コンパートメントの外に出ていった。西ドイツからチェコスロバキアに入国したときも、パスポートチェックはかなり厳しかったが、パスポートを預かられることはなかった。僕は少し不安になってきた。

10分くらい経って、列車が動き出した。5分ほどして駅に着いた。いつの間にか、他の車両は切り離されていて、客車は僕の乗った車両だけになっていた。乗客は10人もいない。僕はスーツケースとアタッシェケースを持ってホームに降りた。さっきルーマニア人のお祖父さんからもらったパンとレバーペーストは、検疫に引っかかる可能性があるので、もったいないけれどコンパートメントの椅子の下に置いてきた。

ホームを歩いて駅舎の方に向かうと私服の職員がやってきて、僕だけもう一度、列車に戻れという。身なりから判断して、外国人は僕だけのようだ。僕は荷物を持ってもう一度、列車に乗った。車掌がもといた場所ではなく、デッキに一番近いコンパートメントを使うようにと指示した。30分くらいして、夜が明け始めてきた。窓の外の景色がおぼろげに見える。

ソ連への出国が認められないのではないかと不安になってきた。

　それから、15分くらいして今度は英語に堪能な私服の職員がやってきた。さっき入国管理官に渡した僕のパスポートを持っている。

「ルーマニア滞在中に、ルーマニア市民の家を訪ねたことがありますか」

「いいえ」

「ルーマニア人から手紙や物品を託されていませんか」

「いいえ」

「拳銃や猟銃を所持していますか」

「いいえ」

「爆発物を所持していますか」

「いいえ」

「ルーマニア通貨を持っていますか」

「いいえ」

「近い将来にルーマニアに再入国する予定がありますか」

「いいえ」

　ここまでは、すべて「いいえ」という答えが期待される質問ばかりだった。

「メモ帳や手帳を持っていますか」

「はい」

「見せてもらえないでしょうか」

「はい」と言って、僕はアタッシェケースからメモ帳と住所録を取り出した。

私服職員は、「ちょっと預からせていただきます。パスポートはお返しします」と言って、コンパートメントから出ていった。

30分くらい待たされた。私服職員が、メモ帳と住所録を持ってコンパートメントに戻ってきた。

「何か問題がありましたか」と僕が尋ねると、私服職員は「規則なので、一応、お預かりしただけです。どうも失礼しました」と答えた。

「これからどうすればいいのでしょうか。列車を降りればいいのでしょうか」

「いいえ。この列車はソ連側の国境駅まで行きます。そこで列車を乗り換えてください」と言って私服職員は去っていった。ルーマニア人の乗客は徒歩で国境を渡るようだが、資本主義国からの観光客である僕だけは、列車で移動しなくてはならないようだ。私服職員が去ってから5分くらいして、列車が動き出した。列車といっても機関車に客車が一両繋がっているだけだ。ルーマニアの国境警備兵が自動小銃を持って鉄橋を警備している。国境地帯には有刺鉄線が張られている。社会主義国間とは思えないほど厳重な国境警備だ。いったいソ連からルーマニアに、あるいはルーマニアからソ連に亡命しようと考える人がいるのだろうか。そう考えると厳重な国境警備が何だかおかしく思えてきた。

5分もしないで列車は国境を越えた。すぐに制帽に緑色の線が入った国境管理官が入ってきた。ロシア語訛りの英語で、「ソ連邦にようこそ。パスポートを見せてください」と言う。ずいぶんソフトな対応なので拍子抜けした。

「入国手続きに少し時間がかかるので、こちらにどうぞ」と案内された。国境管理官は、駅舎内の立派な部屋に僕を通した。きっと責任者の部屋なのだろう。壁にはブレジネフ・ソ連共産党書記長とコスイギン・ソ連首相の肖像画が掛かっている。マホガニーの大きな執務机の後ろの壁にはレーニンの肖像画が掛かっている。ソ連にやってきたという実感がした。上司らしき人が、部屋に入ってきた。にこにこ笑って握手を求める。英語はできないようだ。さっきの国境管理官が、英語に通訳する。

「予定の列車に乗りそこねてしまいました。ステイトメントを書いてきたので、読んでください」と言って、通訳を経由して書類を上司に渡した。上司は、書類を読んで、「ハラショー（いいでしょう）」と言って、僕に戻した。そして、国境管理官に早口のロシア語で何か指示をした後、僕にもう一度、握手を求めて、「ウエルカム」と言った。旅行記でソ連の国境管理官は無愛想だという話しか読んだことがないので、不思議な感じがした。上司が去った後、国境管理官は、「お腹が空いていませんか。ルーマニアの列車に食堂車はついていなかったでしょう」と言った。

「列車の中でルーマニア人にパンを分けてもらったので、それほどお腹は空いていません」

「しかし、何か少しとった方がいいです。紅茶とサンドイッチを用意するので、少し待ってください」

どうも上司は、「こいつは腹を空かしているようなので、何か食べさせてやれ」と指示したようだ。すぐに女性が紅茶とオープンサンドイッチを持ってきた。白パンの上にバターがたっぷり塗られて、サラミソーセージ、チーズが載っている。付け合わせにピクルスがついている。

「どうぞ遠慮せずに食べてください」

そう言って、国境管理官も紅茶を飲んで、サンドイッチを食べ始めた。

「軽食をとっている間に入国審査が終わります」と国境管理官は言った。

「キエフ行きの列車はいつ頃出ますか」と僕は尋ねた。

「3時間後になります。モスクワ行きの寝台列車ですが、キエフで降りるのですか」

「その予定です」

「寝台列車なので食堂車がついています。温かい食事は食堂車でとることができます」

「ドルで支払うことはできますか」

「できません。ルーブルしか受け付けません。ルーブルは持っていますか」

「いいえ」

「隣に税関があります。税関では、銀行職員が24時間勤務しているので、外貨からルーブルへの両替ができます」と国境管理官は言った。

23

国境管理官が、「税関まで御案内しましょう」と言った。「場所を教えていただければ、1人で行けます」と答えたが、国境管理官は「税関では英語が通じないので、いずれにせよ手伝いが必要になるので私も行きます」と言った。どうも僕を1人で放置してはいけないらしい。

大きな駅で、税関まで10分くらい歩いていかなくてはならなかった。税関職員の女性が2人いたが、英語を話す人はいなかった。国境管理官が、ロシア語で何かを説明している。税関職員はにこやかな顔をして僕を見る。国境管理官が英語で、こう言った。

「あなたの荷物検査はしません。ですからスーツケースをここに持ってきて開ける必要はありません。念のために聞いておきますが、拳銃、手榴弾などの武器や、イコン（聖画像）や高価な美術品は入っていませんね」

「入っていません」

「ルーブル紙幣を持っていますか」

「持っていません」

「ルーマニアの紙幣を持っていますか」

「紙幣は持っていませんが、硬貨は何枚かあります」

「硬貨ならば、お土産として所持することが認められています。ドルなどの外貨は持っていますか」

「米ドルと日本円をキャッシュで、米ドルと西ドイツ・マルクをトラベラーズチェックで持っています」

「それでは、キャッシュとトラベラーズチェックに分けて、所持金をここに書いてください。金額は数字だけでなく、文字でも書いてください」と言って、国境管理官は僕に税関申告書を渡した。わら半紙のような質の悪い紙に刷られている。東京のYSトラベルの舟津さんが税関申告書の書き方見本をくれたので、記入自体は難しくなかった。僕は書類を書き終えて、国境管理官に渡した。国境管理官がその書類を税関職員に渡すと、僕が数字と文字を書いた部分を青色のボールペンで囲んで、その上にスタンプを押した。後で数字を変更することができないようにしているのだろう。税関職員がロシア語で話すのを、国境管理官が英語に通訳してくれる。

「この書類をなくすとソ連から出国するときに外貨を持ち出せなくなることがあります。ですから、たいせつに保管してください」

「僕が持っている現金とトラベラーズチェックをお見せしますか」

「それには及びません。あなたは正直に申告していると思うので、チェックはしません」

旅行ガイドでは、ソ連の税関検査はとても厳しいと書いてあったのに、実態はだいぶ異なるようだ。

「ルーブルへの両替をどれくらいしますか」と税関職員が僕に尋ねた。

「ホテル代と食事代は予め払い込んでいます。交通費もガイド代も日本で払いました。どれくらいのお金がかかるでしょうか」

「それならば、1日5ルーブルもあれば十分でしょう。キエフやモスクワには『ベリョースカ』（ロシア語で白樺を意味する。外貨ショップ）があるので、お土産類や飲み物は外貨で買えます。2週間の滞在ならば70ルーブルもあれば十分だと思います」

1ルーブルが0・9ドルだ。80ルーブルも両替しておけば十分だろう。ここで僕の心の中で好奇心が頭をもたげた。

「日本円の両替はできますか」と僕は尋ねた。

国境管理官が、僕の要望をロシア語で伝えると、税関職員は「ダー（はい）」と言って、早口のロシア語で何か言った。

「日本円を見るのは生まれて初めてですと彼女は言っています」と国境管理官は僕に伝えた。僕は一万円札を出して、「これをルーブルにしてください」と言った。税関職員は分厚い本を持ってくる。各国の紙幣と硬貨の写真が実物大で掲載されている。周囲に紙幣の特徴について注意書きがロシア語で記されている。偽札を警戒しているのだろう。しかし、ソ連のような監視国家に偽札を運び込むようなリスクを冒す犯罪者がいるのだろうか。僕はとても不思議に思った。

税関職員は、一万円札を眺めながら、あちこちページをめくっている。僕にも一緒に本を見ろという。聖徳太子の千円札や板垣退助の百円札が出ている。百円札を最後に見たのは2〜3年前だ。聖徳太子の千円札を見たのは小学1年生の頃だと思う。もっともそのときには千円札のほとんどが伊藤博文になっていた。僕が見たことのない聖徳太子の百円札、高橋是清の五十円紙幣、国会議事堂が描かれた十円札の写真がある。こんな古い紙幣が現在も通用するのだろうか。税関職員は、この本に掲載されている紙幣と貨幣は現在流通しているものだという。ロシア語（キリル文字）のアルファベットの並びで、日本はいちばん最後になる。本の末尾に聖徳太子の一万円札の写真があった。

税関職員は、レーニンの絵が描かれたピンク色の10ルーブル紙幣を中心に、5ルーブル、1ルーブル紙幣と硬貨を混ぜて、両替してくれた。紙幣が子ども銀行のもののように小さい。10ルーブル紙幣は日本円ならば、3300円になる。縦が6・2センチ、横が11・3センチしかない。3・5ルーブル紙幣はもっと小さく縦が5・7センチ、横が11・3センチ、いちばん小さい1ルーブル紙幣は縦が5・3センチ、横が10・5センチしかない。

日本の紙幣は、一万円札が縦8・4センチ、横17・4センチ、千円札が縦7・6センチ、横16・4センチだ。米ドルは縦が6・6センチ、横が15・6センチだ。

ルーブル紙幣は異様に小さい。カネが重要でないことを象徴的に示しているのだろうか。

税関職員は、両替証明書を作成するとともに税関申告書の裏に1万円をルーブルに両替したと書いてスタンプを押した。この記録が残っていると、出国時に使い残したルーブルを外貨に再両替することができる。

「無事に両替ができてよかったですね」と国境管理官が言った。

「あなたのおかげです。スパシーバ（ありがとう）」と僕は答えた。

「モスクワ行きの列車が出るまで、約3時間あります。残念ながら、この地域には外国人の立ち入りが認められていません。通常はこの駅で外国人が降りることもないのでインツーリストの事務所もありません。先程の部屋で出発まで待っていてください」

僕たちは、再びブレジネフとコスイギンの肖像画が掛かっている部屋に戻った。

「お茶にしますか、コーヒーにしますか」と国境管理官が尋ねた。

「喉は渇いていません。何も飲みたくありません」

「わかりました。テーブルの上にミネラルウオーターと栓抜きがあるので、喉が渇いたら遠慮なく飲んでください。私は隣の部屋で仕事をしています。何かあったら遠慮なく声をかけてください」と言って、国境管理官は部屋を出ていった。

僕はアタッシェケースから便箋を取り出して、両親に手紙を書くことにした。ルーマニアは、予想外に酷い国で、外国人観光客の受け入れがまったくなっていないと書いた。夜行列車の指定席券を買いそびれ、危うくソ連に入れなくなるところだったが、ブカレスト北駅の外国人観光客を担当する中年の女性が親切にしてくれたので、何とかルーマニアから逃げ出すことができたと説明した。国境では自動小銃を持った兵士が、列車に銃口を向けて警備していたことも書いた。もっともこんな話が続くと、両親も心配するだろうから、ソ連の国境管理官と税関職員が親切なので、この先のソ連旅行はきっと楽しく進むだろうと書いた。

　記憶を整理しながら手紙を書いたので、かなり時間がかかった。手紙を書き終えるとすぐに国境管理官が部屋に入ってきた。

「列車が入線しました。出発まではまだ1時間以上ありますが、寝台車ですので、ベッドで横になることができます。出発までこの部屋にいますか。それとも列車に早く乗り込みますか」

　あまりこの部屋に長居をして、国境管理官に迷惑をかけるといけないので、「寝台車で横になりたいです」と答えた。

　ソ連の列車には、硬席（ハード・シート）と軟席（ソフト・シート）がある。この機会にその差を聞いてみることにした。

「硬席と軟席はどう違うんですか」

「硬席が西側でいう二等車で軟席が一等車です。ソ連には階級がないという建前なので、一等、二等という表現をしないだけです」

「実際にどう違うのですか。軟席のベッドは軟らかいのですか」

「そんなことはありません。ベッドの硬さは同じです」と言って、国境管理官は笑った。

「軟席の方が部屋は広いのですか」

「軟席にはトイレとシャワールームがついているという話を聞いたことがあるのですが、ほんとうでしょうか」

「それはかなり昔の話です。寝台列車のトイレは共用で、シャワーはついていません。長距離列車の場合、停車中に駅のシャワールームを使うことになります。確かに軟席にはかなり大きな洗面所がついているので、そこで身体を拭くことができます。硬席には洗面所はついていません。東ドイツ製の新型寝台車なので、硬席でも快適です」

「少し広いですが、ベッドの幅は同じです」

国境管理官は、モスグリーンの寝台車の出入口まで僕に同行した。そこで女性の車掌にロシア語で説明した。車掌は頷いて、手振りで僕に車両に乗るようにと示した。列車の床が僕の頭くらいのところにある。かなり大きな車両だ。スーツケースを持って梯子を登ることができない。すると車掌が、片手でスーツケースを楽々と持ち上げて、車両の中に入れた。すごい筋力だ。

車掌に案内されたコンパートメントは、ちょうど車両の真ん中だった。ジュラルミンでできた機能的なコンパートメントだ。ベッドの幅も広い。プラハからワルシャワに行くときに乗った狭いコンパートメントの三段ベッドの寝台車とは全然違う。これならば、1週間でも乗っていることができそうだ。車掌は、下の段のどちらかを使うようにと身振りで示した。

僕は扉を入って左側のベッドを選んだ。天井が高いので、上段のベッドはかなり高いところについているが、日本の寝台車のような梯子がない。それに柵がついていないので、寝返りを打って、上段から落ちると怪我をしかねない。車掌が下段のベッドを勧めてくれてほんとうに良かった。日本の寝台車と異なり、ベッドにカーテンがついていない。これでは同室になった人同士のプライバシーはない。ロシア人はそういうことを気にしないのだろうか。

ベッドに横になると、すぐに寝てしまった。昨日からいろいろなことがあったので、かなり疲れていたのだと思う。どれくらい経っただろうか。扉の開く音で目が覚めた。時計を見ると1時間も経っていない。中年の夫婦と、初老の男性が入ってきた。見慣れぬ東洋人がいたのでびっくりしたようだ。僕は「ヤー・ヤポーネッツ（僕は日本人です）」とたどたどしいロシア語で言った。そうすると3人とも笑顔になり、ロシア語で話しかけてくるが、僕には意味がさっぱりわからない。僕のベッドの上段には初老の男性が、向かい側のベッドの下段には中年の男性が、上段には奥さんという割り当てになった。しかし、上の段の人たちも下段のベッドに座って話をしている。どうも消灯まではこういう風に話をしながら旅をするのが習慣のようだ。3人とも終点のモスクワまで行くということだ。キエフには明日の午前に着くらしく、20時間近くこの列車に乗るようだ。キエフからモスクワは、さらに20時間くらいかかるとのことだ。3人はスーツケースからウオトカ、ワイン、チーズとサラミソーセージを取り出して、宴会を始めた。僕も誘われたが、乗り気がしないので、食堂車に行くことにした。車掌に「ワゴン・レストラーン」と尋ねると、進行方向を指差した。

列車はかなり揺れる。車両と車両の間は、大きな扉で閉ざされている。大きな取っ手に力を入れて回さないと扉が開かない。京浜東北線の扉のようにはいかない。扉を開けると渡し板がない。線路がそのまま見える。ここから落ちたら列車に轢かれて確実に死ぬ。食堂車にたどり着くのも命がけだと思った。幸い、食堂車は2両先にあったので、車両間のジャンプは2回で済んだ。

食堂車には、制服を着たウエイターがいる。客はあまりいないので、すぐに案内してくれた。4人掛けのテーブルだ。日本の食堂車だとテーブルも椅子も小さいが、ここでは車両自体が大きいので、大宮ステーションビルのレストラン・ニユートーキヨーのテーブルより少し大きいくらいだ。メニューはロシア語と英語で書かれている。

メニューはたくさん書かれているが、鉛筆でHETという印がついている。ロシア語で「無い」という意味だ。前菜、スープ、肉料理、魚料理、鶏料理、デザート、コーヒー／紅茶の順番でメニューが並んでいる。

前菜にトマトとキュウリのサラダを頼んだ。スープは、ボルシチとサリャンカと書いてある。ボルシチは、日本で飲んだことがあるので、サリャンカを注文した。メインはキエフ風カツレツを注文したが、品切れということだ。そこでフィレステーキを頼んだ。デザートはアイスクリームにして、紅茶を頼んだ。ウエイターが「ワインかウオトカを飲まないか」と尋ねるので、僕は「酒は飲まない。コーラはないのか」と尋ねた。ウエイターは、「ペプシはないが、ガス入りのミネラルウオーターならばある」と答えたので、それを注文した。

ウエイターは、すぐにミネラルウオーターを持ってきて、栓を抜いてコップに注いだ。冷やしていないので生温い。勢いよく泡が立つ。サイダーのようだ。一口飲んで、思わず吐き出しそうになった。塩辛いからだ。薬品のような臭いがする。ブダペシュトで飲んだすっきりしたミネラルウオーターとは、まったく違う味だ。温泉水を炭酸水で割ったような感じだ。「郷に入りては、郷に従え」ということなので、ウエイターに文句をつけるのはやめて、この水を飲むことにした。

前菜に出てきたサラダにも驚いた。ざく切りにしたトマトとキュウリだけが出てきた。ドレッシングもかかっていなければ、味付けもまったくされていない。テーブルの真ん中に、塩を盛った皿がある。どうもこの塩をつけて食べるようだ。岩塩を削ったもののようで、結晶が大きい。キュウリに少しだけ塩をつけて食べてみたが、これが実に美味しい。新鮮なキュウリだ。トマトも日本産と比べると小振りだが、味はいい。食堂車は、種類は少ないが美味しい食材を揃えているようだ。

次にスープが出てきた。薄いオレンジ色をしている。トマトの色かと思ったら、そうではないようだ。恐らくパプリカの入ったソーセージが使われているので、その色が出ているのだと思う。牛肉、ソーセージ、ザワークラウト、ピクルス、それに黒色のオリーブが大量に入っている。オリーブを食べてみたが、ひどく苦い。オリーブは除けて、残りは全部たいらげた。スープと一緒に黒パンが山盛りになって出てきた。今までポーランド、ハンガリー、ルーマニアで食べたライ麦パンとは全く別の種類のパンだ。ライ麦の割合が高く、生地が密に詰まっていて、酸っぱい。大きさは日本の食パンの半分くらいだが、食べ応えがある。この黒パンがサリャンカとよく合う。これでかなりお腹が膨れてきた。まともな食事をしたのは2日振りなので、ほっとした。サリャンカを飲み終わっても、なかなかメインが出てこない。ソ連の食堂では、食事に2時間かかると書いてあったが、食堂車でも事情は同じようだ。30分くらい待って、メインのフィレステーキが運ばれてきた。ひどく硬かった。それに肉の真ん中まで、これでもかというくらい火を通している。ナイフを入れると肉の線維が崩れてくる。付け合わせは、何とも形容できない調理をしたジャガイモだ。フライドポテトとはちょっと違う。皮付きのジャガイモを細切りにして、油をたっぷり引いたフライパンで炒めたようだ。べたべたしている。それに一部が焦げていて、油から奇妙な臭いがする。シベリアに11年間抑留されていた「日ソ友の会」（モスクワ放送のリスナーズクラブ）の篠原利明会長が、「佐藤君、ロシア人はひまわり油をよく使う。最初は臭いが鼻について抵抗があるが、慣れてくるとひまわり油なしの食事だと物足りなくなる」と言っていたことを思いだした。これがきっとひまわり油なのだろう。しかし、いつになってもこの臭いと味に慣れることはないと思った。

肉は350グラムくらいある。硬くてパサパサしているが、味自体はいい。ソ連旅行記で、「レストランで出る肉は、不味くて食べられない」という話を読んだが、そんなことはない。この食堂車で出た食事のレベルはトータルでかなり高い。デザートにアイスクリームが出てきた。乳脂肪分がかなり高い濃厚なアイスクリームだ。スグリのジャムがかかっている。このジャムが酸っぱい。甘いアイスクリームが酸っぱいジャムとよく調和している。アイスクリームに少し遅れて紅茶が出てきた。金属のホルダーにきゃしゃなガラスのコップが入っている。熱湯を注いだようで、熱くてすぐに飲むことはできない。レンガのような長方形の角砂糖がついている。角砂糖を紅茶に入れるが、なかなか溶けない。社会主義国の砂糖は、なぜか溶けにくい。西側と製法が異なるのだろうか。

すっかりお腹が一杯になったので、ウエイターに伝票を頼んだ。6ルーブルちょっとだ。日本円にすると1620円強だが、この内容からするとかなり安い。もっとも毎食、こんな調子で食べていると、日本に帰る頃には、体重が10キログラムくらい増えてしまう。こういう食事は、1日に1回とればいい。あとはサンドイッチやスープで、空腹を紛らわせばいい。いろいろ考え事をしながら、紅茶を2杯飲んだ。時計を見ると、食堂車に着いてから2時間半が経っている。コンパートメントのロシア人たちは、まだ宴会を続けているのだろうか。それだとウオトカを強要されて、面倒なことになると思った。

自分の車両に戻り、コンパートメントの扉に手を掛けた。話し声は全くしない。扉を開けると同時にウオトカ、黒パン、ピクルスの合わさったような臭いがした。ただし、部屋の中はきれいになっている。どうもかなり速いピッチでウオトカを飲んだので、眠くなってしまったらしい。そこで、店仕舞いをして、二段ベッドで寝てしまったようだ。僕も下段のベッドで横になっていると自然に眠くなってきた。

一度、目が覚めてトイレに行った。扉を開けて通路に出ると、そこにはオレンジ色の常夜灯が点灯されている。薄暗い通路を歩いてようやくトイレにたどり着いた。トイレは金属製で、便座は木製だ。便座が汚れているので、腰を掛ける気にはならない。僕は中腰で用を済ませた。トイレの下の穴から線路が見える。タンク式のトイレになっていない。しかも、トイレットペーパーがない。トイレの隅には16分の1に切った新聞紙がある。これをトイレットペーパーとして使うようだ。トイレの文化については、ソ連は日本の1960年代前半くらいの水準のようだ。いや、僕が生まれた1960年でも、トイレットペーパーかちり紙はトイレに必ず備えられていたと聞く。汲み取り式のトイレでもそうだ。そう考えると、トイレの水準は日本の1950年代と同じだ。トイレの中にゴミ箱があり、使用済みの新聞紙が山積みになっている。このトイレ文化にはどれだけ時間が経っても慣れることはないだろう。

コンパートメントに戻って、ベッドで横になった。列車の揺れが気になって、1時間くらい寝付けなかったが、いつの間にか熟睡してしまった。扉が開く音で目が覚めた。車掌が4つ紅茶を用意してきた。それに紙で包装したビスケットだ。朝食の代わりに配っているようだ。紅茶には、食堂車で出たのと同じレンガ形の角砂糖がついている。紅茶に入れてみたが、なかなか溶けない。ビスケットを口に入れてみた。そこそこ甘いが、バターやミルクがほとんど入っていない。素朴な味がする。ソ連の菓子類も悪くないと思った。

車掌は、「あと4時間でキエフに着く」と言った。いよいよ本格的なソ連旅行が始まる。上段のベッドの2人が降りてきて、紅茶を飲みながら話をしている。初老の男性は、冗談ばかり言っているようだ。中年の夫婦が話を聞いて大声で笑う。ロシア語がわからない僕には、何について話をしているのかすら、まったく想像がつかない。いつか本気でロシア語を勉強し、ロシア人の普通の会話を聞き取ることができる能力を身につけたいと思った。

キエフに着く30分くらい前に、初老の男性がトランクからウオトカの瓶とショットグラスを4つ取り出した。僕の道中無事を祈って乾杯しようと提案しているらしい。この提案は断ってはいけないと思い、4人で乾杯してウオトカを飲み乾した。飲んで数秒して、胃から食道に向かって、熱い液体が逆流してくるような感じがした。頭がくらくらする。中年夫婦が「これを飲め」と言って、コップにガス入りのミネラルウオーターを注いでくれる。ロシア語ができれば、この人たちとも意思疎通ができた。今度、ソ連を訪れるときは、片言でもロシア語を話せるようになっておこうと決意した。

キエフ駅には昼前に着いた。列車からホームに降りると、中年の男性から「ミスター・マサル・サトウ」と声をかけられた。胸に「INTOURIST」というバッジがついている。インツーリストの送迎係のようだ。

「予定では今朝着く列車に乗っているはずだったので、少し心配していました」と送迎係が言った。僕は、ルーマニアで指定席券を買いそびれてしまい、予定の列車に乗れなかったことを説明し、詫びた。

「ルーマニア経由で来る個人の観光客はときどきトラブルに巻き込まれることがあります。夏なので臨時列車が出ていてよかったです。切符が買えないと、ルーマニアで2～3日、足留めになることもあります」

「そういうときは、どうなるのでしょうか」

「ソ連からの出国日は決まっているので、それに合わせて旅行日程を組み替えることになります。当初、予定していた都市のいくつかは、訪問を諦めざるを得なくなります」

「半日、ソ連入国が遅れましたが、日程に影響はありますか」

「半日ならば影響はありません。まず、ホテルにチェックインしましょう」

「ホテルはどこになりますか」

「ドニプロ・ホテルです。もっともドニプロというのはウクライナ語で、ロシア語ではドニエプロになります。キエフの最高級ホテルです」

ポーターがやってきて、僕のスーツケースを運んだ。

「スーツケース2つまでは、東京から振り込んでいただいた送迎費に含まれています。チップは必要ありません。ソ連旅行では、基本的にチップは不要です」

そう言って送迎係は、駅前に停まっているハイヤーに僕を案内した。黒色のハイヤーは、かなり年季が入った中型車のボルガだ。送迎係は助手席に座り、僕は後方の座席に座った。ツンと鼻をつく嫌な臭いがする。

「何か気になりますか」と送迎係が尋ねた。

「ちょっと変な臭いがします」と僕は言った。

「ガソリンの臭いです。西側と比較して、ソ連のガソリンは臭いがします。すぐに慣れます」

「この車は、いつ頃のものですか」

「5年前の車です。ソ連では20年以上走っているボルガもあるので、5年くらいでは旧い車にはなりません。ボルガは公用車が多いですが、個人で購入することもできます」

「自動車を購入するときは、だいぶ長い間、待たなくてはならないという話を聞きました」

「ボルガはそれほど人気がないので、3年くらい待てば順番が回ってきます。中古車ならば、もっと早く手に入れることもできます。ただし、人気があるジグリは5年以上、待たなくてはなりません」

「そんなに長期間、よく待つことができますね」

「私たちは、待つことには慣れています。それにバス、路面電車、トロリーバス、地下鉄などの公共交通機関が発達しているので、自家用車がなくても生活に不自由はありません。ソ連では車の数が少ないので、西側のような交通渋滞もありません。だから、車があるととても便利です」

ポンコツのボルガは、時速80キロくらいのスピードで目抜き通りを走っている。15分くらいでホテルに着いた。

「まずチェックインをしましょう。その後、部屋に行く前にインツーリストのカウンターに行きましょう」

「インツーリストのカウンターで何をするのですか」

「あなたがこれから使う切符やホテルの食券を渡します。それから、ソ連滞在中の注意事項について説明します」と送迎係は言った。

24

送迎係は、「インツーリスト」という大きな看板の掛かった部屋に僕を連れていった。

「恐らく説明に1時間くらいかかると思います。その後、部屋に案内します。明日の出発は夜行の急行列車なので、キエフ・パサジールスキー（旅客）駅を午後8時半に出ます。ですから、観光は今日でも明日でもどちらでもいいです」と送迎係は言った。

YSトラベルで、キエフ—モスクワ間は航空便を予約した。なぜ列車になっているのだろうか。

「東京では、キエフからモスクワへは、アエロフロートの国内便で移動するという予約をしました。電報で切符も取れているという返事を受けています。列車で移動というのは何かの間違いだと思いますが、調べてもらえますか」

「私たちのところへは、あなたは列車で移動するという指示が来ています。いずれにせよ、インツーリストの係員に聞いてみるといいでしょう。車の準備の都合があるので、お聞きしたいのですが、観光は今日にしますか、それとも明日にしますか」

「ルーマニアでトラブルに巻き込まれたので、だいぶ疲れています。今日はホテルでゆっくり休みたいと思います。観光は明日にします」

「わかりました。明日の午後、観光を手配しておきます。ところで、ソ連旅行は初めてですか」

「はい」

「ソ連のホテルに泊まるのも初めてですね」

「そうです」

「ソ連のホテルは、規則がヨーロッパとは異なるので、少し戸惑うかもしれません。私が案内します」

「どうもありがとうございます」と僕は答えた。

インツーリストの部屋では大柄な中年女性に席を勧められた。MASARU SATO, JAPANと書かれたファイルを持っている。

女性はファイルから、切符とクーポン券を取り出して、英語で説明を始めた。

「ここに列車の切符が2枚あります。1枚は、キエフ―モスクワ、もう1枚はハバロフスク―ナホトカです」

「東京では、キエフ―モスクワ間の移動は飛行機になるとの説明を受けました」

「モスクワのインツーリスト本社からは、夜行列車で移動するとの指示を受けています。モスクワに着いてから、ホテルまでのガイドと車も準備してあります。飛行機よりも寝台列車の方が料金が高いですから、あなたが損をすることはありません」

「わかりました。日程に影響は出ないでしょうか」

「出ません。寝台車はいずれも硬席になります。4人のコンパートメントです。それぞれ2食分の食券がついています。ワインやウオトカを飲まなければ、追加料金を支払う必要はありません」

「僕はまだ15歳です。日本では20歳未満はアルコール飲料を飲むことが禁止されています」

「御両親がモスクワに勤務しているのですか」

「いいえ。一人旅です」

「15歳の少年が一人旅をするというのは、私も長年、インツーリストで勤務していますが、初めての経験です。御両親がよく許してくれましたね」

「若いうちに社会体制の違う国を見ておくことはいいことだと父は言っています」

「いいお父さんをお持ちですね。お父さんの職業は？」

「銀行員です」

「銀行を経営しているのですか」

「いいえ。銀行の職員です。ただし、銀行業務には従事していません。コンピューター技師です」

「お母さんも働いていますか」

「専業主婦ですが、週に何回か、近所の病院で事務を手伝っています」

「御両親にソ連旅行でのよい土産話ができるように、私たちも精一杯協力させていただきます」

日本で読んだソ連旅行記では、インツーリストは国営会社なので、職員は無愛想だということだったが、どうもそうではないようだ。ルーマニアからソ連に入国したときの国境管理官もとても親切だった。今のところ、ソ連で嫌な思いをしたことはない。

「次は飛行機の切符です。モスクワからサマルカンドに出ます。サマルカンドでブハラ行きに乗り換えます。ブハラからタシケントに出ます。タシケントからハバロフスクに出ます。荷物は20キログラムまで無料です。ただし、西側の航空会社と異なり、機内持ち込み手荷物も計量するので注意してください。超過した場合、1キログラムあたり、航空運賃の2パーセントを支払わなくてはなりません。超過手荷物料金支払いの手続きは面倒なので、荷物は20キログラム以内に収めることをお勧めします」

「わかりました」

「次はホテルのクーポン券です。キエフ1泊、モスクワ3泊、ブハラ2泊、タシケント2泊、ハバロフスク1泊になります。モスクワは、デラックスクラス、それ以外の都市はファーストクラスになります」

「モスクワは当初3泊の予定でしたが、夜行列車を使うので、クーポン券が1枚余ります」

「確かにそうですね。モスクワのホテルに着いたら、すぐにインツーリストのデスクに行って、クーポン券と引き換えにスプラーフカを書いてもらってください」

「スプラーフカ？」

「事情変更証明書のことです。それから、これから渡す朝食券1枚と昼食・夕食兼用券2枚をスプラーフカに貼付して、日本の旅行社に提出してください。そうすれば、ホテル代金1泊分の払い戻しを受けることができます」

モスクワのホテルは、1泊80ドル（2万4０００円）もする。これが返金になるとかなり大きい。

インツーリストの係員は食券について説明した。

「朝食券2枚は、昼食・夕食兼用券1枚に相当します。ホテルの食事は、食券でまかなえる範囲内の値段設定になっています。食券を使わなかったときは、外貨ショップのベリョースカでタバコやチョコレートに交換することもできます。あなたはホテルに9泊するので、朝食券が9枚、昼食・夕食兼用券が18枚になります。それから中央アジアでは、天候の関係で飛行機が飛ばないことがあります。その場合、空港付属ホテルに宿泊することになります。空港付属ホテルは無料なので、ホテルのクーポン券が余ります。次に泊まるホテルのインツーリストでスプラーフカを発行してもらってください。そのとき、必ず朝食券1枚と昼食・夕食兼用券2枚も残しておいてください。そうすれば、日本でホテル代の払い戻しが受けられます」

「わかりました。飛行機が飛ばない場合、日程の組み替えになるのでしょうか」

「その点については、インツーリストに委せてください。ナホトカから横浜に向けて出航するバイカル号には間に合うようにするので、心配しないでください」

「飛行機が無事に飛ぶことを願っています」

「しかし、中央アジアの飛行機は、まず定刻通りには飛ばないと考えていた方がいいです。いずれにせよ、何とかなります。それから、各都市では、1回3時間のガイド付き観光旅行が組まれています。モスクワの場合は、毎日、3時間ずつガイド付きの観光が組まれています。モスクワでは、デラックスクラスの部屋に泊まられるので、観光プログラムも自由に組むことができます。運が良ければ、日本語ができる観光ガイドがつきます」

「モスクワ放送局を訪れたいと思っているのですが可能でしょうか」

「オスタンキノのテレビ塔でしょうか」

「いいえ。モスクワ放送東京支局のアナトリー・オフシャニコフ支局長から、国際放送の日本課を訪ねるようにと言われています」

「紹介状がありますか」

「紹介状ではないですが、名刺をもらっています」

僕はオフシャニコフ支局長から預かった名刺をインツーリストの係員に見せた。

「多分、大丈夫だと思います。モスクワでインツーリストの係員に相談してください。空港や駅とホテルの送迎は、すべて手配済みです。何か質問はありますか」

「特にありません」

「それでは、これからチェックインの手続きを始めます。パスポートを出してください」

僕は係員にパスポートを渡した。

「パスポートは出発まで、ホテルで預かります。その間は、このホテルカードがパスポートの代わりになります」そう言って、係員は、名刺大の紙を渡した。ドニプロ・ホテルという名が、ウクライナ語、ロシア語、英語で書かれている。係員は、そこにローマ字で僕の名前と部屋番号を書き込んだ。紙から酸っぱい臭いがする。神保町のナウカや日ソ図書に入ったときに鼻をつくソ連製インクの臭いだ。

「鍵はどこで受け取ればいいのですか」

「あなたの階のジェジュールナヤ（鍵番）が鍵を管理しているので、そこでホテルカードを渡すと、引き換えに鍵をくれます。外出するときは、鍵を鍵番に預けてください」

ずいぶん複雑な仕組みになっている。

インツーリストの部屋を出るときに時計を見ると1時間が過ぎていた。ロビーで送迎係が待っていた。

「問題はありませんでしたか。切符やバウチャーはすべて受け取りましたか」

「受け取りました」

「それでは、部屋まで案内します。5階ですね。エレベーターを使いましょう」と送迎係は言った。

エレベーターは檻のような作りで、箱の中の人の姿が見える。ずいぶん旧式のエレベーターだ。とてもゆっくり動いている。恐らく、階段を上った方が早い。

「ソ連のエレベーターは遅れています。それによく停まります。最近、キエフでも10階以上の高層住宅がたくさん建っていますが、エレベーターが停まると階段で移動するのがたいへんです。3～4階の低層住宅の方が住みやすいです。ホテルのエレベーターは、あまり停まらないので助かります」

エレベーターから降りたところに机と椅子があり、初老の太った女性が腰掛けていた。鍵番だ。ホテルカードと交換で鍵を受け取った。鍵にはドアノブ大の木製ホルダーがついている。ペンキで部屋番号が書いてある。こんな大きなホルダーがついていては、ホテルの外に持ち出すことは難しい。

送迎係は、「お茶やコーヒーが欲しくなったら、ジェジュールナヤに頼んでください。準備してくれます」と僕に言ったあと、鍵番に早口で何か言って、去っていった。僕は部屋に行って、鍵で扉を開けようとしたが、なかなか開かない。部屋を間違えたのかと思ったが、キーホルダーに書かれた番号と部屋番号は合っている。鍵は鍵穴に入る。しかし、回すことができない。手に力を入れすぎて、親指とひとさし指の先が赤くなった。仕方がないので、鍵番のところに戻って助けを頼んだ。

鍵番は英語がわからないので、鍵が合わないことを身振りで説明した。鍵番は「ダー、ダー」と言って、部屋の前までついてきてくれた。鍵番が鍵を入れると、嘘のように簡単に鍵は回り、扉が開いた。扉を閉めて僕も試してみたが、鍵が回らない。鍵番が手本を示してくれる。鍵を奥まで入れずに少し余裕を残して回すのがコツのようだ。鍵番と同じようにやると、鍵は簡単に開いた。

部屋の中は殺風景だが、清潔な感じだ。天井が高い。3メートル近くある。シャンデリアのような立派な照明がついている。部屋にテレビはないが、壁に縦20センチ、横30センチのラジオがついている。チューナーはなく、ボタンで3つの局から1つを選択する。ボタンを押すと大きな音量で、ジャズが流れてきた。ボリュームつまみで音を絞った。スピーカーには、マイクロフォンの機能もある。きっとこのラジオは、盗聴器の役割も果たしているのだと思った。

そういえば、ソ連に入国してから、1人になったのは、このホテルの部屋の中が初めてだ。このホテルの部屋にしても、鍵番が24時間態勢で監視している。ソ連人は親切だと思ったが、別の見方をするならば、僕の動きは厳重に監視されているのだ。もっともこういう不愉快でない、ソフトな監視ならば歓迎だ。困ったことや、わからないことがあれば、監視係に尋ねればよいからだ。ホテルはツインルームで、シングルベッドが2つあり、バスルームにはトイレがついている。部屋の広さは40平方メートルくらいある。事務机とソファがある。事務机の上には白熱電球のスタンドがある。日本の電球は曇りガラスだが、ハンガリーでもソ連でも電球は透明で、フィラメントが見える。小学生の頃、秋葉原で買った真空管を思い出した。

糊がきいた厚手の木綿の白いシーツにはきちんとアイロンがかかっている。ただし、掛け蒲団からは酸っぱい臭いがする。ソ連製の綿の臭いなのだろうか。それとも蒲団カバーの臭いなのだろうか。気になる。大きな枕が2つあるが、これでは寝ていて首が痛くなりそうなので、1つを外した。

バスルームを探検してみることにした。大きなバスタブの上にシャワーがついている。早速、蛇口をひねって湯を出してみた。激しい勢いで湯が流れてくる。トイレは、ロシア人の体が大きいせいか、日本の洋式便器より一回り大きい。便座は木製だ。トイレの隣にビデがついている。バスルームには大判の水色のタイルが貼られている。

風呂にはタオルが備え付けられているが、ゴワゴワしている。さらに小さな石鹸がついているが、泡立たない。シャンプーはないので、石鹸で髪の毛を洗うようだ。風呂に入ったのは、ルーマニアのインターコンチネンタル・ホテルが最後だったので、生き返るような思いがした。今頃、ブダペシュトでフィフィは何をしているのかと思った。風呂から上がって、埼玉の家族とブダペシュトのフィフィあての絵葉書に「ルーマニア旅行はあまり楽しくなかったけれど、ソ連は楽しい。キエフより、マサル」と書いた。

ホテルのレストランは午後3時から6時が昼休みだ。レストランが開くまでに、まだ2時間くらいあるので、ベッドで横になることにした。

目が覚めると、外は薄暗くなっていた。時計を見ると午後7時半だ。日もだいぶ短くなってきたようだ。部屋の中もかなり涼しい。「ロシアでは8月は秋だ」という話を聞いたことがあるが、確かにそんな感じがする。財布に昼食・夕食兼用券を入れ、鍵番に鍵を渡して、2階のレストランに降りていった。

レストランの中からつんざくような音がする。生バンドが入っているようだが、なぜこのような大音量で演奏するのだろうか。レストランの中央では、何十人かがダンスを踊っている。フロアマネージャーが僕に「予約はしてありますか」と尋ねた。

「予約はしていませんが、宿泊客です」と僕は答え、ホテルカードと昼食・夕食兼用券を見せた。フロアマネージャーは、「アジン・モメント（ちょっと待って）」と言って、ウエイターを呼んだ。ウエイターがやってくると、フロアマネージャーは早口で何か指示をした。ウエイターは、ホテルの端の方の席に僕を案内した。4人掛けの席だが、3人分のフォークとナイフを片付けたので、相席になることはなさそうだ。

「飲み物は何にしますか」とウエイターが尋ねた。

「コーラにしてください」

「ペプシは切らしています」

「何がありますか」

「ガス入りのミネラルウオーターがあります。それからモルスもあります」

「モルス？　クワスではないのですか」

「クワスではありません。モルスはクランベリーのジュースです」

正確に言うと、モルスはジュースではなく、クランベリーやコケモモを発酵させた液体にシロップと水を加えて作るロシア独特の飲料だ。

「モルスとミネラルウオーターを持ってきてください」

「冷たい前菜は何にしますか」

「どういうメニューがあるかよくわかりません。何か勧めてください」

「蟹のマヨネーズがけ、肉類の盛り合わせはいかがでしょうか。おいしいですよ」

「それでお願いします」

「温かい前菜は何にしますか」

「温かい前菜？」

「まず冷たい前菜、それから温かい前菜が出てきます。マッシュルームのジュリアンと、蟹のジュリアンがあります。冷たい前菜で蟹をとっているので、マッシュルームのジュリアンをお勧めします」

「ジュリアンとは何ですか」

「マッシュルームにサワークリームとチーズをかけてオーブンで焼いたものです。おいしいです」

「それをお願いします。ボルシチを注文したいのですが」

「残念ですが、夕食でスープは出ません。明日の昼、来てください。おいしいボルシチを用意します。メインは何にしますか」

「キエフ風カツレツをお願いします」

「残念ながら、今日は鶏肉が切れています。チョウザメのムニエル、フィレステーキ、レニングラード風カツレツがお勧めです」

「レニングラード風カツレツはどんな料理ですか」

「見た目はキエフ風カツレツに似ています。中身は鶏肉、牛肉のミンチにキノコが入っています」

「それでは、レニングラード風カツレツにしてください」

「コーヒーとアイスクリームはいかがですか」

「紅茶とアイスクリームにしてください」

「わかりました」と言って、ウエイターはキッチンの方に行った。

相変わらず音楽はうるさく鳴っている。これでは落ち着いて話をすることができない。もっともロシア人は、耳元で囁きながら会話をしている。ザ・ピーナッツの「恋のバカンス」が何度か流れた。ソ連では人気がある歌のようだ。

ウエイターはすぐにミネラルウオーターとモルスを持ってきた。ミネラルウオーターは少し塩からいが、モルスは甘さが控え目でおいしい。

15分くらいしてウエイターが冷たい前菜を持ってきた。蟹は、缶詰を開けただけのシンプルなものだ。脇にマヨネーズがついている。肉の盛り合わせの皿には、牛タン、サラミソーセージ、ハム、それに白い得体の知れない脂肪のようなものがのっている。

「これは何ですか」と脂肪のようなものを指して尋ねた。

「サーロです。豚の脂身のハムです。ウクライナの名物です」とウエイターが言った。小皿にからしとホースラディッシュが山盛りになっている。

「サーロにはからし、牛タンにはホースラディッシュが合います」とウエイターが言った。まず、何もつけずに蟹を食べてみた。日本の蟹缶と同じ味がする。タラバガニだ。歯ごたえのあるおいしい蟹肉だ。恐らくオホーツク海で獲っているのであろう。マヨネーズは、日本製のものよりも、色が薄い。恐らく卵の黄身の色が薄いのでこうなるのだろう。味も少し癖がある。ひまわり油を使っているせいだと思う。

肉の皿から、恐る恐るサーロをとってみる。からしを少し付けて食べてみる。マグロのトロのような味がする。豚肉の脂身とは思えないおいしいハムだ。肉料理は、サラミソーセージだけは、ハンガリーで食べたものの方がおいしかったが、それ以外はここで食べたものが今回の旅行でいちばんおいしかった。ソ連は思ったよりも食事がおいしい。パン皿には黒パンと白パンが山盛りにされている。球状になったバターが小皿の上にのっている。バターは無塩だ。黒パンにバターを塗ってハムをのせてオープンサンドイッチにしてみた。なかなかおいしい。

次にマッシュルームのジュリアンが出てきた。底の深い小型フライパンが2つ出てきた。そばに小さなスプーンがついている。チーズの少し焦げた芳ばしい香りがする。見た目はグラタンのようだ。食べてみると、薄味のマッシュルームグラタンといった感じだ。

前菜が出てから30分ほどしてメインが出てきた。レニングラード風カツレツだ。見た目はサツマイモのような形をしているが、キノコ入りのメンチカツだ。付け合わせは、油で炒めたジャガイモだ。炒めるというよりは、低温で揚げたという感じで、べたべたしている。レニングラード風カツレツは特に珍しい味ではないが、不味くはない。ただし、前菜の量がかなりあったので、半分残した。ジャガイモにはほとんど手をつけなかった。

続いてアイスクリームと紅茶が出てきた。アイスクリームにはスグリのジャムがたくさんかかっている。紅茶には、角砂糖がついてきたが、なかなか溶けない。

ずいぶん食べたので追加料金がかかるかと思ったが、ウエイターは「食券で十分賄える額です」という。この調子では、ソ連滞在中にルーブルを使うことはほとんどないようだ。5階に戻ると、鍵番が交替していた。前の鍵番よりも10歳くらい若い中年女性だ。鍵番は、「トゥモロウ、ワン、サイトシーイング」とたどたどしい英語で僕に伝える。明日、午後1時から市内観光なので、それまでにチェックアウトと昼食を済ましておくようにということなのだと受け止めた。僕は「オーケー」と言って、鍵を受け取り、部屋に行った。今度は上手に鍵を開けることができた。

ベッドに入ってからも、しばらく寝付けなかった。ルーマニアは別として、チェコスロバキア、ポーランド、ハンガリーはヨーロッパの国だった。まだキエフにしか滞在していないが、ソ連は雰囲気がだいぶ異なる。建物も極端に大きい。階段を上るよりも遅いエレベーターは、ハンガリーやポーランドでは見なかった。それに当直による鍵の管理システムも異常だ。外国からの旅行者だけでなく、国内の旅行者も監視しているということだ。そもそもホテル、交通機関だけでなく、空港や駅からの送迎と観光ガイドまで予約しないとソ連のビザ（査証）は取れない。ソ連は、基本的に閉ざされた世界なのである。それと比べるとハンガリーは、ほぼ開かれた社会だ。仮に僕がソ連の高校生と文通していても、フィフィとのような親しい関係を構築することはできないだろう。社会主義国といってもソ連とハンガリーではだいぶ違うと思った。

もっとも東ドイツ旅行は、送迎と観光ガイドの予約は必要ないが、ホテルと交通機関を日本で予約して、料金を前払いしておかないとビザが取れない。今回は日程の関係で東ドイツを訪れることはできなかったが、ブダペシュトのマルギット島でブラウエル一家と知り合った。とても感じの良い人たちで、ハイケとは文通する約束をした。東ドイツでも外国人との接触は比較的自由なようだ。それと比べると、ソ連では、住所を教えてくれる人がいない。外国人との接触には、明らかに制限がある。これから10日間程度だが、ソ連社会を徹底的に観察しようと思った。

目が覚めると午前10時過ぎだった。昨晩、たっぷり食べたので、お腹はまったく空いていない。当直に頼んで、コーヒーをいれてもらった。インスタントコーヒーだがなかなかおいしい。ソ連のインスタントコーヒーは、日本やアメリカのものよりもずっと濃い。ソ連のコーヒーが、トルココーヒーに近いので、人々が濃いコーヒーを好むのだろう。昨日の夕食には2時間かかった。昼食でも1時間はかかるだろうから、11時半にレストランに行くことにした。逆算すると11時にチェックアウトしなくてはならない。荷物を整理して、鍵番に「チェックアウトしたい」と言った。すると鍵番が「モメント」と言って、引き出しから書類を取り出して僕の部屋についてきた。蒲団、枕、机の上のスタンドの電球、さらにトイレに入り便座、風呂の栓、トイレットペーパーなどを点検して、紙のリストにチェックをしている。部屋の備品を壊したり盗んだりしていないというチェックのようだ。最後にサインをして、僕にその紙を渡して「チェックアウト」と言う。どうやら、チェックアウトのときには、部屋の点検書類を提出することが義務づけられているようだ。プラハやブダペシュトのホテルでは、こういう点検はなかった。

25

1階に降りると「ミスター・マサル・サトウ」と声をかけられた。昨日の送迎係とは別の人物だ。ワロージャと名乗った。胸にラテン文字で「INTOURIST」と書かれたバッジをつけている。

「今日、市内観光を担当するのは私です。チェックアウトは無事に済みましたか」

「部屋は引き払いました。ただし、まだパスポートは受け取っていません」

「確かモスクワへは、夜行列車で行くのでしたね」

「そうです」

「それならば、パスポートは観光が終わってから引き取る方がいいでしょう。万一、観光の途中で失くすと、面倒なことになります。スーツケースも預けておいた方がいいです。パサジールスキー（旅客）駅を列車は、午後8時30分に出るので、7時にホテルを発てばいいです」

そう言って、ワロージャは僕をインツーリストの部屋に連れていった。昨日、話をした係員の姿が見えない。

「昨日、お世話になった係員にお礼を言いたいのですが、席を外しているのですか」

「インツーリストの職員は、1日おきに勤務しています。ですから偶数日と奇数日では、違うチームが仕事をしています」

「日本では考えられません」

「インツーリストやレストランなど、1日の拘束時間が12時間を超える職場は、すべて1日おきに仕事をしています。ですから、明日のレストランの予約を今日取ることはできません。ただし、明後日、4日後の予約ならば、今日取れます」

「どうしても明日の予約を取りたいときは、どうすればいいのですか」

「明日の朝、一番で予約をすればいいです。もっとも、ドニプロ・ホテルに宿泊している外国人旅行者のためには、別途、席が用意されているので、予約を取らなくてもレストランに入れます」

「ホテルの宿泊客でない場合、レストランの予約を取るのは難しいのですか」

「このホテルのレストランの予約は難しいです。職場から手紙を出してもらわないとならない」

「レストランの予約に職場からの手紙が必要なのですか」

「一級のレストランはそうです」

ブダペシュトでは、フィフィが事前に電話をするだけで、簡単にレストランを予約することができた。マルギット島では、予約しないでレストランに行っても、断られたことはない。ソ連ではだいぶ事情が異なるようだ。

ワロージャは、ロシア語で、カウンターに座っている中年の女性に早口で話している。女性は、「ダー、ダー、オーケー」と答えている。「オーケー」もロシア語になっているようだ。

「それでは、昼食を済ませてから、12時半にここでお会いしましょう。昼食は、2階のレストランに行けば、ウエイターが席に案内してくれます。支払いは食券でできます」

「ワロージャは、昼食をどこでとるのですか」

「職員食堂に行きます」

「一緒に食事をしませんか」

「お邪魔じゃないですか」

「1人で昼食をとるのは寂しいです。ワロージャがいてくれると嬉しいです」

「それではご一緒しましょう」

ワロージャは腕時計を見て、「レストランは11時半から開きます。まだ10分ありますが、中には入れてくれるでしょう」と言った。

ワロージャに連れられてレストランに行くと、ウエイターが窓側の席に案内してくれた。昨日は奥の席で、しかも、生バンドが大音量で演奏をしていたので、喧噪なレストランだという印象だったが、今日はまったく違う。とても静かだ。窓は大きな広場に面していて、森とドニエプル川が見える。

「キエフは初めてですか」

「そうです。ソ連を訪れること自体が初めてです」

「佐藤さんは、確か15歳ですよね」

「そうです」

「お父さんか親戚がモスクワで働いているのですか」

「何度かその質問をされました。答えは、ノーです」

「それでは、どうしてソ連を旅することにしたのですか」

「高校に合格した祝いに、両親が、夏休みに海外旅行をすることを認めてくれました。そこで、ハンガリーのペンフレンドを訪ねることにしました。その機会にソ連も訪問することにしました」

「日本の高校生で、ソ連やハンガリーを旅行する人は珍しいんじゃないですか。それも一人旅で」

「確かにそうかもしれません」

「佐藤さんのご両親は、お金持ちですか」

「いいえ。借家に住んでいますし、自家用車もありません」

「しかし、ソ連旅行は、西ヨーロッパを旅行するのと比べて、かなりお金がかかるはずです」

「それはそうですが、幸い、両親が認めてくれました」

「いいご両親ですね。ところで、キエフではどこを見たいですか」

「日本語の旅行ガイドブックには、キエフに関する記述がほとんどありません。ウラジミール公の銅像くらいしか、是非、見てみたいという場所はありません」

　こんなやりとりをしているところに、ウエイターが注文を取りに来た。

「飲み物は何にしますか」とワロージャが尋ねた。

「昨日飲んだモルスがおいしかったです」

「それじゃ、モルスを頼みます。ミネラルウオーターはいりますか」

「お願いします。ただし、炭酸の入っていない水はありますか」

ワロージャはロシア語でウエイターと話していた。

「残念ながらありません。炭酸が入っていないと、水道水しかありませんが、お勧めしませ
ん」

「わかりました。モルスだけでいいです」

「昼ですから、メニューも少ないです」

「何がお勧めですか」

「首都風のサラダ（サラダ・スタリチュナヤ）とボルシチをお勧めします」

「ボルシチがあるのですね」

「昼間はレストランでも出ます。ボルシチの起源はウクライナです。このレストランのボル
シチはおいしいので、是非試してください」

「お願いします」

「メインは何にしますか」

「何がありますか」

再びワロージャは、ウエイターとロシア語でやりとりした。ウエイターが「ニェット」と何回か繰り返し、首を横に振る。どうしたのだろうか。

「メニューにはいろいろ書いてあるけれど、フィレステーキ以外、メインはないということです」

「それじゃ、ステーキにしてください」

「その後は、コーヒーとアイスクリームでいいですか」

「そうしてください。こんなに注文して食券で払えますか」

「十分です」とワロージャは答えた。

ウエイターはすぐにモルスとポテトサラダと白パン、黒パンを持ってきた。ポテトサラダは人参、グリーンピース、キュウリ、鶏のささみ肉、ゆで卵が入って、マヨネーズであえてある。そして、細く刻んだ青草がかかっている。食べてみると、マヨネーズにひまわり油が使われているせいか、日本のポテトサラダとはだいぶ雰囲気が異なる。

「これがどうして首都風なのですか」

「ささみ肉や卵など、いろいろなものが入って、豪華だからです」

「このきつい臭いのする青い草は何ですか」

「英語で何と言うかわかりませんが、ロシア語ではウクロプと言います」

どうしてもこの草の名前を知りたいので、アタッシェケースから露和辞典を取り出して、ワロージャに渡した。〈Укроп（植）ういきょう〉と書かれた部分を示した。

「日本語でも何のことかよくわかりません」

「日本人はウクロプを食べないのですか」

「少なくとも僕は食べたことがありません」

「ウクライナでもロシアでも毎日のように食べる青草です。アゼルバイジャンやグルジアでは、ウクロプが皿に山盛りになって出てきます」

あまりに強烈な香りがするので、この青草を除けて、僕はサラダを食べた。

「ウクロプは嫌いですか」

「嫌いというよりも、慣れていないという方が正確です」

「それでは、ボルシチにはウクロプを入れないように頼んでおきましょう」

そう言って、ワロージャはウエイターを呼んで、ロシア語で指示をした。しばらくして、ステンレス製の小さな洗面器のような器に入ったボルシチを持ってきた。そのまま飲むのかと思ったら、スープ皿に移し替えた。ウエイターは、ワロージャのボルシチの上だけにウクロプを振りかけた。そして、小皿に揚げパンを置いていった。

「これは何ですか」

「パンプーシュカという、ウクライナのパンです。ニンニクのソースがかかっています。食べてみてください。ウクライナでは、ボルシチにはパンプーシュカが必ずついてきます」

揚げパンにニンニクソースがかかっている不思議な味のするパンだ。ボルシチはビーツがたくさん入っているせいか、赤紫色だ。ビーツの影響でかなり甘い。それにニンニクがかなり入っている。

「ワロージャ、ニンニクがだいぶ入っていますね」

「嫌いですか」

「そんなことはありません。日本でボルシチを飲んだことがありますが、ニンニクは入っていませんでした」

「このレストランのボルシチはおいしいです。メインが出てくるまでに、少し時間がかかるでしょうから、午後の観光コースについて説明します」とワロージャは言った。

ワロージャの説明では、988年にキリスト教の導入を決めたキエフ・ルーシのウラジミール公の銅像がある丘とキエフ大学と帝政ロシア時代に建てられた宮殿をいくつか見るということだ。その後は、博物館に行くか、デパートや自由市場（ルイノック）などの市民生活を視察するかのいずれかを選ぶことができるという。僕は、「市民生活を視察したい」と言った。

しばらくして、ウエイターがステーキを持ってきた。ポーションは思ったよりも小さかった。揚げたタマネギが山ほどステーキの上に盛ってある。肉は硬いが、味は悪くない。ただし、パンプーシュカを食べたので、お腹がいっぱいだ。ステーキを半分くらい残し、デザートのアイスクリームは2匙くらいしか食べることができなかった。

ウエイターがやってきたので、2人分と思って食券を2枚渡したが、1枚しか受け取らない。ワロージャは、「私の分は、インツーリストが支払いますから、心配しないでもいいです」と言う。どうもワロージャは、外国人から奢られるのが好きでないようだ。

「下で車が待っています」

「東京では、モスクワ以外の地方都市での観光は、バスツアーになるとの説明を受けました」

「あなたが購入しているクーポンには、駅からの送迎と、3時間、車を借り上げて、ガイド付きの観光をする料金が含まれています。ただし、観光客が多く、個別の対応ができないときは、団体旅行に合流してバスで観光することになります。バスよりも車での移動の方が楽です」

ハンガリーやポーランドでは、バスや路面電車で移動し、ガイドもつけずに観光した。それと比べると、ソ連旅行は手間がかからない。インツーリストの職員は、誰もが親切だが、それ以外の人と接触する機会はほとんどない。外国人観光客が普通のソ連人と接触することができないような仕組みになっている。

車は旧式のボルガで、エンジン音が大きい。もっともブダペシュトやワルシャワと比べると交通量が少ないので、移動にほとんど時間がかからない。ウラジミール公の銅像の下まで行くのかと思ったら、案内されたのは、展望台で、銅像を斜め後方から見下ろす場所にある。ワロージャは、ウラジミール公がギリシアから正教を受け入れた歴史について、こんな伝説を話してくれた。ウラジミールのもとに、イスラム教、ユダヤ教、カトリック教、正教の代表者がやってきて、それぞれの宗教を勧めた。まず、ユダヤ教は、国家を失い、民族が離散してしまっているので除外された。イスラム教は酒を飲むことができないので、ロシア人には不向きと判断された。カトリック教と正教の礼拝を比較すると、正教の礼拝の方が美しいので、それを採用した。現在、ウクライナ人やロシア人の大多数は、無神論者で、キリスト教のような迷信は信じていない。しかし、歴史遺産として、正教を尊重しているということだった。

「現在も活動している教会がキエフにはありますか」と僕は尋ねた。

「いくつかあります」とワロージャは答えた。

「観光で訪ねることはできますか」

「できます。ただし、教会の中には信者の人しか入れません。行ってみますか」

「是非、お願いします」

「キエフ大学のすぐそばなので、教会の前で車を降りて、大学まで歩いていきましょう」

ウラジミール公の銅像から教会までは、10分もかからなかった。黄色の立派な教会だ。

「ここは聖ウラジミール大聖堂と言います」

「ウラジミール公を記念した教会ですか」

「そうです」

「古い教会ですか」

「それほど古くはありません。1896年に完成した教会です。革命後は、一時期、閉鎖され無神論博物館になっていました」

「教会が無神論博物館になったのですか」

「そうです。そういう例は珍しくありません。この教会は、第二次世界大戦中も破壊されませんでした」

「どういう人が教会に通うんですか」

「老人です。特に女性が多い。しかし、私の両親のように無神論者で、教会に通わない人の方が多いです」

「僕は、幼児の頃から、母に連れられて、よく教会に行きました」

「仏教の寺院ですか」

「いいえ。プロテスタントの教会です」

「日本にも正教会があるという話を聞いたことがあります」

「東京にニコライ堂という大きな教会があります」

「佐藤さんは、その教会に行ったことがありますか」

「一度だけあります。ロシア語の聖書を買いに行きました」

「聖書を売っているのですか」

「日本語の聖書しか売っていませんでした。神父から外国語の聖書を専門に売っている本屋を教えられ、そこで買いました。書店で聖書は売っているのですか」

「売っていません。それに聖書を欲しがっている人はいないと思います」

　そんなことはないと思ったが、ワロージャはこれ以上、宗教の話をしたくないようなので、僕は話題を変えた。

「ワロージャは、これから行くキエフ大学の出身なのですか」

「そうです。この大学の本部は真っ赤に塗られています」

そう言って、ワロージャは建物を指差した。確かに真っ赤な4階建てのビルだ。

「共産主義のシンボルということで、建物を赤く塗っているのでしょうか」

「違います。第一次世界大戦のときに兵役を拒否した学生がいるのに激怒した皇帝が、大学の建物を赤く塗らせたという伝説があるのですが、戦争よりもずっと前から大学と建物は赤色でした。なぜ、赤いのかはよくわかりません。佐藤さんは、大学では何を専攻しようと思っているのですか」

「まだ決めていません」

「将来は、どんな職業に就こうと思っているのですか」

「この前までは、中学校の英語の教師になりたいと思っていましたが、最近は、実際に外国語を使う仕事に就きたいと考えることもあります」

「教師になるならば、教育大学に進むのですか」

「日本の場合、教育大学や総合大学の教育学部に進まなくても、教師の資格を取ることができます。大学進学は、2年半後なので、もう少し考えてみようと思います」

聖ウラジミール大聖堂からキエフ大学のキャンパスを歩いていると、あっという間に1時間が経ってしまった。少し疲れが出てきた。

「これからデパートに行きましょうか」とワロージャが尋ねた。

「観光の時間は、あとどれくらいありますか」

「1時間弱ですけれど、少しくらい時間が延びても、問題ありません」

「少し疲れたので、ホテルに戻ります。カフェに座って、日本の両親に手紙を書こうと思います」

「わかりました。それでは、ホテルまで送ります。午後7時にホテルのインツーリストの部屋に行ってください。送迎係が待っています。駅まで送ってくれます」

ホテルに戻ると、ロビーの横のカフェに行った。小さなカップに入ったコーヒーを飲みながら、両親と妹に宛てて手紙を書いた。その後、今日、一日の出来事をもう一度考えてみた。ワロージャは親切だったが、自分の家族や大学で何を勉強したかについては何も話さなかった。それに、教会や聖書の話になると、できるだけ早く切り上げようとした。インツーリストの職員は、確かに親切だ。しかし、一緒に写真を撮っても自宅の住所は教えてくれない。ドニプロ・ホテルのインツーリスト気付と書けば届くという。外国人に自宅の住所を教えることが禁止されているのかもしれない。そういえば、国際文通案内の本で、ソ連の学校の住所がいくつか書いてあったので、そこに「ペンフレンドを紹介してほしい」という手紙を3～4回送ったが、返事は一度も来なかった。その本に書いてあるハンガリーのペンフレンド協会に手紙を送ったら、2カ月後にはフィフィから手紙が来た。外国人との接触の制限については、実はソ連はとても厳しいのではないだろうかという気がしてきた。僕の旅行も、誰かがいつも監視している状況の中で行われている。そう考えると、気味が悪くなってきた。

悪いことを考えると、昔の記憶から嫌なことが次々思い浮かんでくる。まず、幼稚園の2年目のとき、先生が体操の時間に、「それでは悪い見本を見てみましょう」と言って、みんなの前で僕にスキップをやらせたときの情景が浮かんできた。あれから、毎朝、幼稚園に行く時間になると38度を超える高熱が出るようになった。この熱が昼前になると引いてしまうのである。僕は登園拒否になって、2カ月、幼稚園を休んだ。僕の話を聞いて、母はスキップが上手にできない僕の運動機能に何か問題があるのではないかと考え、大宮中央病院の小児科に連れていかれた。小児科の先生は、僕に何度も階段を上り下りさせた。その結果、「優君の運動能力にはまったく問題がありません。ただし、この子は感受性が強いので、担任の先生の言葉に過剰に反応しているのだと思います。幼稚園なんか行かなくても人生に支障はありません。今の幼稚園に通うのが優君の負担になっているのですから、幼稚園を変えるか、それとも幼稚園に通わずに、自宅にいればいい。問題の原因は、優君ではなく担任の先生にあります」という診断を先生は母に伝えていた。母が幼稚園に退園したいという話をすると、園長と担任の先生が僕の家に飛んできた。母は、医師から聞いた話を2人に伝えた。担任の先生は、「悪気はなかった」と言って、泣き出した。担任の先生が泣いているのを見て、僕は自分が何かとても悪いことをしているような気がした。そして、「ママ、僕は明日から幼稚園に行く」と言った。翌日、幼稚園に行くと、担任の先生の僕に対する態度は、以前と変わって、とてもていねいになった。もっとも、体操の時間に「悪い見本」を見せるという、この先生のやり方は変わらなかった。ただし、犠牲者が僕以外の園児になっただけだ。幼稚園は楽しくなかったけれども、僕は無理をして通い続けた。もう高熱が出ることはなかった。

小学校の入学式の日、母はものすごく心配そうな顔をして、僕を学校に連れていった。僕が登校拒否になることを心配していたようだ。担任の堀部美代子先生は、母と同じくらいの歳で、人格者だった。先生は、勉強を教えるのがとても上手だった。それに一人一人の児童にていねいに接した。学校でおしっこを漏らした女の子がいたが、先生は教室に児童用の下着を用意してあり、その子に着替えさせたあと、汚れた床の掃除をした。そして、「誰だって緊張したら、おしっこを漏らすことはあるんだから。いじめたらダメですよ。それから、授業中におしっこをしたくなったら、遠慮なく手を挙げるんですよ」と僕たちを指導した。また、給食で残ったパンをいつも家に持って帰る男の子を、誰かが「こいつの家は貧乏だから、いつも家にパンを持って帰るんだ」と言って、からかったら、堀部先生は猛烈に怒った。「みなさんのなかには、お金持ちの家の人も、中くらいの家の人も、そうでない人もいます。

しかし、子どもは親を選ぶことはできないんですよ。学校では、どんな家の子どもでも、平等です。わかりましたね」と厳しく言った。大砂土小学校では、1〜2年生は同じ先生が担任をつとめた。僕たちは、堀部先生を第二のお母さんと思って慕った。3年生になるときに、先生は別の学校に転勤になった。2年生の終業式で、僕たちは全員泣いたし、堀部先生も泣いた。

あるとき、母が父に「優君が登校拒否になると、半分くらい覚悟していたけれど、そうならなくて良かった」と話しかけると、父は「幼稚園が嫌だった分、小学校が楽しいんだろう。幼稚園に行かせたことも無駄にはならなかった」と答えた。そのやりとりを聞きながら、僕は、父の分析は正しいと思った。

その後、急性肝炎で、小学6年生の2学期を休んだときの、それまで通っていた病院の医師とのトラブルの記憶、中学2年生のとき、同じ団地に住む同学年のライバルが自殺したときの記憶が甦ってきた。僕は憂鬱になった。旅行を切り上げて、早く日本に帰りたくなった。しかし、そんなことはできない。フィフィに「今、キエフにいるけれど、ブダペシュトが懐かしくなった」と短い手紙を書いた。

昼、きちんと食べたせいか、夕方になってもお腹が空かない。僕は、カフェにずっといた。夕方に直径10センチくらいの大きなクッキーを食べて、夕食の代わりにした。

午後7時にインツーリストの部屋に行った。僕を駅まで送る係が来ていた。待機していたボルガに乗って、キエフの旅客駅に行った。列車がまだ着いていないので、インツーリストの待合室でしばらく待っていた。30分くらいで列車が入線した。僕の車両は、キエフに来たときと同じ東ドイツ製の新型寝台車だった。僕のベッドは下段だった。ベッドに入るとすぐに眠くなった。

窓から入ってくる陽の光で目が覚めた。時計を見ると午前8時半だ。同室の3人は、全員男性でソ連人のようだ。1人がロシア語で何か話しかけてくるが、意味がまったくわからない。僕が「ヤポニア（日本）」と言うと、その人は「ハラッショー（いいね）」と答えて微笑んだ後、話しかけてこなくなった。車掌が紅茶を運んできた。列車は午前10時頃にモスクワのキエフ駅に着いた。

ホームでインツーリストのバッジをつけた送迎係が待っていた。この列車に乗っている外国人観光客は僕だけのようだ。大きな駅で、天井が高い。駅を出ると黒塗りのボルガに乗せられた。送迎係は、「これからホテル・メトロポールに向かいます」と言った。YSトラベルを経由して、ホテル・ペキンを希望したが、通らなかったようだ。僕は「ホテル・ペキンではないのですか」と尋ねると、送迎係は「ペキンよりもメトロポールの方がランクが上のホテルです」と答えた。

ボルガは川沿いの道を通って、6車線の大きな道路に出た。左側に近代的な高層ビルが見える。僕が「あれは何のビルですか」と尋ねると、送迎係は、「コメコン（経済相互援助会議）本部です」と答えた。本の頁を開いたような、不思議な形のビルだ。

（下巻につづく）

この作品は二〇一八年三月小社より刊行されたものです。

十五の夏　上

佐藤優

令和2年8月10日　初版発行

発行人——石原正康
編集人——高部真人
発行所——株式会社幻冬舎
〒151-0051東京都渋谷区千駄ヶ谷4-9-7
電話　03(5411)6222(営業)
03(5411)6211(編集)
振替00120-8-767643
印刷・製本—図書印刷株式会社
装丁者——高橋雅之

検印廃止

幻冬舎文庫

ISBN978-4-344-43006-8　C0195　さ-38-2